utb 5816

Eine Arbeitsgemeinschaft der Verlage

Brill | Schöningh – Fink · Paderborn
Brill | Vandenhoeck & Ruprecht · Göttingen – Böhlau · Wien · Köln
Verlag Barbara Budrich · Opladen · Toronto
facultas · Wien
Haupt Verlag · Bern
Verlag Julius Klinkhardt · Bad Heilbrunn
Mohr Siebeck · Tübingen
Narr Francke Attempto Verlag – expert verlag · Tübingen
Psychiatrie Verlag · Köln
Ernst Reinhardt Verlag · München
transcript Verlag · Bielefeld
Verlag Eugen Ulmer · Stuttgart
UVK Verlag · München
Waxmann · Münster · New York
wbv Publikation · Bielefeld
Wochenschau Verlag · Frankfurt am Main

TUBA ISIK · NACIYE KAMCILI-YILDIZ

Islamische Religionsdidaktik

Ein Leitfaden für Unterricht und Studium

BRILL | SCHÖNINGH

Die Autorinnen:
Dr. Tuba Isik, studierte Rechtswissenschaften und Pädagogik in Göttingen, Islamische Religionslehre in Osnabrück und Bursa, Katholische Theologie in Paderborn und Rom. Sie wurde 2013 in Paderborn in der Komparativen Theologie promoviert. Seit 2020 ist sie Lehrstuhlinhaberin und Professorin für Islamische Religionspädagogik und Praktische Theologie am Berliner Institut für Islamische Theologie der Humboldt Universität zu Berlin. Ihre Forschungsschwerpunkte liegen in der Entwicklung von Konzepten der ästhetisch-kulturellen sowie ethischen Bildung.

Dr. Naciye Kamcili-Yildiz, studierte an der Universität Dortmund die Fächer Deutsch und Erdkunde auf Lehramt und Pädagogik auf Diplom, Islamische Religionspädagogik an der Universität Osnabrück. 2020 wurde sie an der Universität Duisburg-Essen promoviert. Sie ist Mitarbeiterin am Paderborner Institut für Islamische Theologie (PIIT). Zu ihren Forschungsschwerpunkten gehören die Professionalisierung von islamischen Religionslehrkräften und das interreligiöse Lernen in Bildungseinrichtungen.

Online-Angebote oder elektronische Ausgaben sind erhältlich unter **www.utb.de**

Bibliografische Information Der Deutschen Nationalbibliothek

Die Deutsche Nationalbibliothek verzeichnet diese Publikation in der Deutschen Nationalbibliografie; detaillierte bibliografische Daten sind im Internet über http://dnb.d-nb.de abrufbar.

Internet: www.schoeningh.de

Printed in Germany.
Herstellung: Brill Deutschland GmbH, Paderborn
Einbandgestaltung: Atelier Reichert, Stuttgart

UTB-Band-Nr: 5816
ISBN 978-3-8252-5816-0
eISBN 978-3-8385-5816-5

Inhaltsverzeichnis

Vorwort

Seit der Einführung des islamischen Religionsunterrichts (im Folgenden IRU) in einigen Bundesländern ist die Frage nach dem religionsdidaktischen Profil, d. h. nach dem Verständnis und der Aufgabe religionsunterrichtlicher Fachdidaktik, stärker in die wissenschaftstheoretischen Überlegungen gerückt. Die grundsätzliche Frage lautet dabei, wie am Lernort Schule religiöse Lernprozesse konzipiert, durchgeführt und reflektiert werden können, um Bildungsprozesse bei muslimischen Schüler*innen im Hinblick auf ein verantwortliches Denken und Handeln mit der Religion zu initiieren und zu begleiten. Nun sind muslimische Schüler*innen in Deutschland in ihren religiös-kulturellen Prägungen sehr unterschiedlich, was viele neue fachlich-didaktische und methodische Fragen aufwirft.

Dieses Studienbuch, das Sie in den Händen halten, ist für angehende und bereits im Schuldienst befindliche muslimische Religionslehrkräfte konzipiert. Es setzt sich mit den Aspekten der islamischen Religionsdidaktik für den Schulkontext auseinander, die nach der Erfahrung und Auffassung der Autorinnen für die Gestaltung von religiösen Lehr- und Lernprozessen grundlegend sind.

Es ist das Produkt zweier muslimischer Religionspädagoginnen mit jahrelangen Lehrerfahrungen an der Universität, der Schule und in Fortbildungen für muslimische[1] und nicht-muslimische Religionslehrkräfte in Deutschland.

Die erste Auflage stellt sich der Aufgabe, gegenwärtige fachdidaktische Prinzipien, Lernbereiche und Zugänge gebündelt vorzustellen. Die religionspädagogische Forschung in Deutschland steht noch weit am Anfang. Im Bereich empirisch-religionspädagogischer Forschung, bspw. zur moralischen Urteilsbildung der Schüler*innen oder der Professionsforschung mit Blick auf die Lehrkräfte, liegen erst wenige Arbeiten vor. Zugleich gibt es einen großen Fortschritt in der konzeptionellen Entwicklung der Fachdidaktik, die wir in diesem Lehrbuch um weitere Zugänge wie das ästhetische Lernen oder das ethische Lernen erweitert haben.

In diesem Lehrbuch wird nicht nur ein umfangreich ausgearbeiteter Entwurf islamischer Religionsdidaktik präsentiert, sondern es werden auch fachdidaktische Inhalte mitsamt kurzen theologisch-theoretischen Grundlagen veranschaulicht. Uns Autorinnen ist viel daran gelegen, angehende und bereits im Schuldienst befindliche muslimische Religionslehrkräfte bei der Entwicklung ihrer fachdidaktischen Kompetenzen zu begleiten und zu unterstützen. Angesichts des begrenzten Formats eines Lehrbuches haben wir den Fokus auf die zentralen religionsdidaktischen Aspekte des IRU gelegt. Um die Praxisrelevanz der behandelten Bereiche aufzuzeigen, orientieren wir uns bei den Ausführungen exemplarisch an den derzeit gültigen Kerncurricula der Länder Baden-Württemberg, Nordrhein-Westfalen und Niedersachsen, die einen IRU von der Grundschule bis zur Sekundarstufe II etabliert haben.

1 In der wissenschaftlichen Literatur hat sich die Bezeichnung *islamische* Religionslehrkraft etabliert, die die Lehrkraft eher über die Tätigkeit beschreibt, dass sie islamischen Religionsunterricht erteilt. In diesem Studienbuch stellen wir die religiöse Identität der Lehrperson in den Vordergrund und bezeichnen sie als muslimische Religionslehrkraft.

Das Lehrbuch beginnt im *ersten Kapitel* mit einer kurzen Klärung des juristischen und bildungstheoretischen Rahmens des IRUs. Im *zweiten Kapitel* beschäftigen wir uns mit grundlegenden fachdidaktischen Prinzipien, die die Rahmenbedingungen des Religionsunterrichts bilden. Hierzu gehören die Subjekt- und Kompetenzorientierung sowie Sprach- und Geschlechtersensibilität. Im *dritten Kapitel* stellen wir konkrete Inhaltsbereiche für den IRU vor, die Aufschluss und Orientierung für eine subjektorientierte Gestaltung unterrichtlicher Lehr- und Lernsituationen geben. Im *vierten Kapitel* werden religionspädagogische Zugänge vorgestellt, die unterschiedliche religionsdidaktische Umgangsformen aufzeigen.

In jedem Kapitel wird jede neue Thematik mit einer kurzen inhaltlichen Zusammenfassung eingeführt, auf die eine Anforderungssituation folgt. Die Anforderungssituation soll die Religionslehrkräfte in eine denkbare Situation aus dem Klassenzimmer versetzen, die die spezifische Thematik aufgreift und einen Fall konstruiert, der am Ende jeder Thematik unter dem Punkt *Anregungen zur persönlichen Vertiefung* erneut aufgegriffen wird und die Religionslehrkräfte zur Bearbeitung einlädt. Um deren religionsdidaktische Reflexionsfähigkeit zielgerichtet zu unterstützen, finden sich an dieser Stelle weitere biografische, theologisch-anthropologische, bildungstheoretische und didaktische Aufgabenstellungen, mit denen die Thematik vertiefend betrachtet wird.[2]

Da uns eine geschlechtersensible Sprache wichtig ist, haben wir durchgängig alle generischen Maskulina mit dem Gender-Stern (*) neutralisiert.

Für die Koranzitate haben wir die Übersetzung von Muhammad Asad herangezogen und vereinzelte individuelle Übersetzungsanpassungen kenntlich gemacht. Arabische Begriffe haben wir nach den Transkriptionsvorgaben der Deutschen Morgenländischen Gesellschaft (DMG) transkribiert und koranische Prophetennamen in der arabischen Version verwendet.

Das Vorwort möchten wir mit einigen wenigen Danksagungen abschließen. Allen voran sei Gott für die Kraft und Ausdauer gedankt, die Er uns für die Fertigstellung geschenkt hat. Im Nächsten danken wir in tiefer Verbundenheit unserer geschätzten Kollegin und Freundin Monika Tautz für ihre fachlichen und inhaltlichen Hinweise, Kritiken und Anmerkungen. Zugleich sei auch all jenen Korrekturleser*innen gedankt, die Expert*innen ihres Faches sind und so freundlich waren, entsprechende Kapitel im Buch gegenzulesen und zu kommentieren. Das größte Dankeschön gebührt den einzelnen Mitgliedern unserer Familien, die uns geduldig den Rücken freigehalten und uns mental unterstützt haben.

Dieses Lehrbuch widmen wir allen muslimischen Schüler*innen Deutschlands.

In der Hoffnung und dem Gebet, dass dieses Lehrbuch ein Segen für alle Verwender*innen sein möge.

Naciye Kamcili-Yildiz und Tuba Isik

2 Die Grundoptionen religionsdidaktischer Reflexion sind in Anlehnung an Woppowa (2018) entwickelt worden.

I. Rahmenbedingungen Islamisch-Religiöser Bildung in der Schule

Islamisch-religiöse Bildung gehört seit einigen Jahrzehnten nunmehr in den Schulkontext Deutschlands. Die Etablierung des IRU wird einerseits mit Bezug auf die grundgesetzlich vorgegebenen Rahmenbedingungen beleuchtet. Andererseits wird zugleich der Zusammenhang von Bildung und Religion bildungstheoretisch dargelegt und begründet. Islamischer Religionsunterricht ist ein eigener Zugang zur Weltdeutung und hat einen eigenen Bildungswert, der sich im Rahmen der anderen schulischen Fächer plausibel machen lässt.

1. Einführung

In Deutschland liegt der schulische Unterricht und damit auch der Religionsunterricht in der Verantwortung der einzelnen Bundesländer. Die föderalistische Pluralität erlaubt jedem Land, länderspezifische rechtliche Regelungen vorzunehmen, auch wenn sich alle an den grundgesetzlichen Bestimmungen orientieren.

Diskussionen über die Etablierung des IRU reichen in der Bundesrepublik Deutschland bis in die 1970er Jahre zurück und waren eng an den Anspruch geknüpft, den muslimischen Kindern der eingewanderten Gastarbeiter*innen ein angemessenes religionspädagogisches Angebot zu machen. Das Vorhaben war damals von der Vorstellung geprägt, dass muslimische Schüler*innen zu jener Gruppe von Migrant*innen gehören, die nach absehbarer Zeit wieder in ihre Herkunftsländer zurückkehren und zum Zweck einer besseren Integration in die Herkunftsgesellschaft die dortige Kultur und Sprache schulisch vermittelt bekommen müssten.[1] 50 Jahre später hat sich die Diskussion über ein schulisches Angebot für muslimische Schüler*innen längst verlagert. Mittlerweile gibt es unterschiedliche Unterrichtsangebote, die sowohl nur vom Staat als auch in Kooperation mit muslimischen Landesverbänden im Sinne von Art. 7 Abs. III des Grundgesetzes gestaltet werden. Dieser Artikel gibt den bundesverfassungsrechtlichen Rahmen für die Erteilung des Religionsunterrichts vor. Der Religionsunterricht ist demnach das einzige ordentliche Lehrfach, dessen Existenz gesetzlich verbrieft ist. Bis dato wird der Etablierungsprozess des IRUs vorangetrieben. Allerdings unterscheiden sich diese Angebote in ihrer Ausrichtung wesentlich:

unterschiedliche Angebote

Nordrhein-Westfalen (NRW), Niedersachsen, Baden-Württemberg, Rheinland-Pfalz und das Saarland bieten einen bekenntnisgebundenen Religionsunterricht an. Bayern und Schleswig-Holstein hingegen präferieren einen religionskundlichen Unterricht in alleiniger staatlicher Trägerschaft. Hessen geht einen Sonderweg, indem das Bundesland sowohl ein bekenntnisgebundenes Angebot in Kooperation mit der *Ahmadiyya Muslim Jamaat* vorsieht als auch einen religionskundlichen Islamunterricht in staatlicher Trägerschaft. Daneben gibt es in Hamburg einen *Religionsunterricht für alle*, an dem alle Religionsgemeinschaften beteiligt sind. Bremen bietet ebenfalls einen religionskundlichen Unterricht für alle an. In den neuen Bun-

1 Vgl. Kamcili-Yildiz (2021).

desländern ist die Anzahl der muslimischen Schüler*innen zu gering, um entsprechende Angebote etablieren zu können.[2]

2. Rechtlicher Bezugshorizont des IRUs

res mixta

Religiöse Vielfalt bedeutet für den weltanschaulich neutralen Staat die Herausforderung, Religionen gleichzubehandeln. Mit der Überführung des deutschen Staatskirchenrechts 1919 in ein allgemeines Religionsrecht wurde allen Religionen in Deutschland die volle Freiheit und Gleichheit in religiöser Hinsicht garantiert. Der Staat ist angehalten, mit Religionsgemeinschaften bestimmte Lebensbereiche in Kooperation (*res mixta*) zu regeln, wie z.B. Religionsunterricht, Friedhöfe, Militär- und Gefangenenseelsorge, und hierfür die notwendigen rechtlichen Strukturen zu schaffen.

Derartige rechtliche Beziehungen zwischen dem Staat und den Religionsgemeinschaften werden durch das sogenannte Religionsverfassungsrecht geregelt, das eben nicht mehr die Fokussierung auf die Organisationsform Kirche hat.[3] Die Anpassungsfähigkeit des Religionsverfassungsrechts, auf Religionsgemeinschaften zu reagieren, die keine kirchenidentischen Strukturen aufweisen, hat sich in den vergangenen Jahrzehnten bereits abgezeichnet, etwa in der Anerkennung kleiner religiöser Gruppen, wie beispielsweise der Zeugen Jehovas oder der Religionsgemeinschaft der Ahmadiyya.

säkularer Staat

Um allerdings etwas über die Gestaltung des Rechtsverhältnisses zwischen dem Staat und muslimischen Religionsgemeinschaften und im Letzten über die Stellung des IRUs sagen zu können, ist in Erinnerung zu rufen, dass der säkulare Staat in Deutschland in einem kooperativen Verhältnis zu Religionsgemeinschaften steht. Aus der Sicht des Rechts beschreibt Säkularität nur die Trennung der Religionen von der Ausübung staatlicher Macht. Zudem darf der säkulare Staat sich nicht in innerreligiöse Debatten einmischen oder sich religiöse Überzeugungen zu eigen machen.[4] Das deutsche Verständnis von Säkularität hat keinen religionsfeindlichen Unterton. Der Staat hat nicht – wie in Frankreich – das Ziel, seine Bürger vor Religionen zu schützen. Er ist verpflichtet, alle Religionen gleichzubehandeln, völlig unabhängig davon, ob eine Religion historisch in Deutschland ihre Wurzeln hat oder nicht.

2 Vgl. AIWG (2020).
3 Näheres hierzu in Heinig/Walter (2007).
4 Vgl. Rohe (2012), 16.

In Bezug auf den Religionsunterricht kooperieren Staat und Religionsgemeinschaften miteinander. Der Staat formuliert für einen Religionsunterricht die Rahmenbedingungen und entwickelt in Rücksprache mit der Religionsgemeinschaft Infrastrukturen; das heißt, der Staat etabliert die nötigen Strukturen für einen Studiengang für islamische Religionslehre an Schulen, sodass u. a. Religionslehrkräfte ausgebildet werden können, ferner richtet er Kommissionen ein, die gemeinsam mit Repräsentanten der muslimischen Religionsgemeinschaften Curricula für den Religionsunterricht konzipieren. Die Bindung an die grundgesetzlichen Vorgaben schließt auch die Verpflichtung des Staates ein, Unterrichtsangebote auf ihre Übereinstimmung mit den Werten und Normen des Grundgesetzes hin zu prüfen. Schließlich gewährleistet wertorientierte Bildung in einer Demokratie den Respekt vor der Überzeugung des Anderen, verlangt aber auch ein eindeutiges Bekenntnis und die Bindung an demokratische Rechtsstaatlichkeit.[5] Die muslimischen Religionsgemeinschaften hingegen haben die Aufgabe, die schulformspezifischen Lehrpläne in den jeweiligen Bundesländern inhaltlich mitzugestalten, Schulbücher zuzulassen und muslimischen Religionslehrkräften mit einer Idschaza, also der Befähigung zum islamischen Religionsunterricht, die Unterrichtserlaubnis zu erteilen.

Welche Glaubensgrundsätze der islamischen Lehre inhaltlicher Gegenstand des IRU sind, bestimmen ausschließlich muslimische Religionsgemeinschaften. Die religiösen Glaubenssätze der Religionsgemeinschaft, die die Grundsätze der Religionsgemeinschaft abbilden, wird vom Staat als neutraler „Konkretisierungsprimat“[6] gerahmt.

2.1. Bildungstheoretischer Bezugshorizont des IRUs

Wenn auch der Religionsunterricht per Gesetz garantiert ist, ist er im gesellschaftlichen Diskurs keine Selbstverständlichkeit. Die Etablierung des IRU in vielen Bundesländern erfordert zugleich eine zeitgemäße bildungstheoretische Grundlegung des IRU und seiner Didaktik.

Persönlichkeitsentwicklung

Bildung als ein umfassendes Geschehen, das die Persönlichkeitsentwicklung einbezieht, ist ebenfalls ein Anliegen sowohl der Theologie als auch der Religionspädagogik. Denn beide Disziplinen beziehen sich implizit und explizit auf die Selbst- und Weltdeutung

5 Busch (2000), 27.
6 Vgl. Frisch (2004), 594.

eines Menschen, fordern ihn zur kritischen Selbstreflexion heraus und bieten für diese Orientierung die nötigen Ressourcen. Im Schulkontext hat sich die Frage nach der Wahrheit des islamischen Gehalts verschoben hin zur Frage nach ihrer persönlicher Bedeutung. Religionsdidaktik muss induktiv vorgehen und Erschließungswege anbieten: zeigen, hinweisen, anstoßen, teilnehmen lassen, neugierig machen. Religion zielt auch auf Gefühle, Empfindungen, Haltungen und Lebenseinstellungen, d. h. auf bedeutsame Erfahrungen. Religionsdidaktik hat so einen ganz eigenständigen Aufgabenbereich.

Bekenntnisorientierung

Die juristische Grundlegung in Art. 7 GG legt bereits die konfessionelle Verbundenheit für die Gestaltung des IRUs fest. Das bedeutet, die Religionslehrkraft muss die muslimische Verbindung aufweisen, dessen Religionsunterricht er/sie erteilen möchte. Dieses Verständnis spiegelt sich ebenfalls im Lehrkonzept des *Teaching Islam* ab[7]. Dieses Konzept besagt, dass die Bekenntnisorientierung an die Unterrichtsgestaltung und ihre Inhalte geknüpft ist. Im Mittelpunkt stehen die muslimischen Schüler*innen, für die der IRU ein Angebot religiöser Bildungszugänge macht. In diesem Sinne steht in einem bekenntnisgebundenen IRU die Binnenperspektive des Islam im Vordergrund.

Der IRU hat im Angesicht der Säkularität das Ziel, die Tür für religiöse Räume zu öffnen, ohne aber zu versuchen, die Schüler*innen hineinzuzwängen bzw. zu missionieren. Das bedeutet, der IRU ist nicht als ein Lernort zu begreifen, der intentional zum Glauben führen möchte respektive *glaubendmachend* konzipiert ist. Es geht aber sehr wohl darum, eine selbstverantwortete und begründete Haltung in Glaubensfragen zu fördern. Die muslimische Religionslehrkraft ist Begleitperson für die individuellen religiösen Lernprozesse der Schüler*innen. Sie bietet Hilfestellung und Deutungsmuster an und weiß darum, dass Glauben letztendlich Herzenssache ist und damit ergebnisoffen. Die persönliche Entscheidung, wie sich die Schüler*innen gegenüber der Religion letztlich verhalten, ob und wie sie die Perspektive des Glaubens für sich übernehmen oder ausprobieren möchten, bleibt damit unverfügbar und ist nicht mehr Gegenstand des Unterrichts oder seiner Ziele. Das Ziel aber ist, diesen Reflexionsprozess anzustoßen und die Schüler*innen hierfür entsprechend zu qualifizieren.

---

7 Vgl. Berglund (2018).

Lernort Schule ≠ Lernort Gemeinde

Diese strukturellen Koordinaten, wie sie uns in Deutschland heute vorliegen, kennt die islamische Tradition des Lehrens und Lernens nicht. In traditionellen islamischen Diskursen wird das Lehren und Lernen an höheren Bildungseinrichtungen, wie z. B. einer Madrasa, vor allem unter den Gesichtspunkten der Wissensbewahrung und -vermittlung diskutiert. Dieses Verständnis wurde ohne große Umbrüche bis heute weiter tradiert und ist in vielen muslimischen Gemeinden im vorherrschenden Lehr- und Lernverständnis verankert. Vor diesem Hintergrund stellt islamisch-religiöse Bildung im Kontext der Schule unter der Prämisse des staatlichen Bildungsauftrages in der Tat eine spezifische Herausforderung dar. Sie besteht nicht zuletzt darin, zwischen dem Lernort der islamischen Gemeinde und dem Lernort Schule zu unterscheiden. Diese Entwicklung fordert eine differenzierte Auseinandersetzung mit der islamischen Tradition und der Rezeption von religiöser Erziehung, Bildung und Pädagogik, um die Schätze der Tradition für die Bedingungen religiöser Bildung an Schulen fruchtbar machen zu können.

2.2. Was bedeutet islamisch-religiöse Bildung?

Wenn Bildung auf das eigenständige Verstehen und die Mündigkeit, die Entfaltung der eigenen, inneren Kräfte und Potenziale und nicht zuletzt auf eine kritische Urteilsfähigkeit abzielt, ist zu fragen, ob sich solche Ziele mit dem Islam als Religion vereinbaren lassen. Das Interesse an Bildung ist im Islam als einer „Buchreligion“ ausgeprägt. Kenntnis und Verständnis der koranischen Überlieferungen sind unerlässlich. Das erklärt, weshalb klassische Texte aus dem 8. bis 18. Jahrhundert zur islamischen Bildung und Erziehung zumeist von einem ganzheitlichen Bildungsdenken ausgehen und Bildung in weitreichendem Sinne gefördert wurde.[8] Für den Islam ist der Zusammenhang von Glauben und Lernen unabweisbar. Der islamische Glaube hat einen bestimmten Glaubensinhalt, nicht nur in Form von Glaubenssätzen und -prinzipien, vor allem aber eine gelebte Form des Glaubens, die durch die Handlungen des Propheten Muhammad tradiert ist.

Welche übergreifenden Ziele kann Bildung für religionspädagogisches Sehen, Denken und Handeln bereitstellen? „Bildung“ als Grundbegriff der Religionspädagogik gesetzt, verweist auf den anthropologischen und ethischen Horizont. Solch einem Verständnis liegt die anthropologische Annahme zugrunde, dass Religion zum

8 Näheres hierzu in Günther (2017).

Ziel hat, den Menschen darin zu unterstützen, seine inneren Anlagen und Potenziale so gut wie möglich auszubilden, um sich mit sich selbst, den Menschen und mit der Welt auseinandersetzen zu können und charakterlich zu reifen.

Die theologisch-anthropologische Verständigung darüber, was Menschsein ausmacht, steht in Verbindung zur Frage, was Menschen tun sollen. Denn anthropologische Argumente stellen eine grundlegende Orientierung für das menschliche Selbstverständnis dar. In dieser Perspektive verstehen wir den IRU als eine Möglichkeit der religiösen Handlungsbefähigung. Hierin betrachten wir zwei übergreifende Zielsetzungen islamisch-religiöser Bildung im Raum der Schule. Im Angesicht der pluralen Lebenswirklichkeit kommt gegenwärtig ein weiteres, drittes Ziel, die Pluralitätsfähigkeit, hinzu. Im IRU steht die Auseinandersetzung mit religiösen Inhalten im Fokus, die dem Aufbau der eigenen religiösen Identität im Sinne einer kritisch-reflexiven individuellen Bildung dienen.

Ziele religiöser Bildung

- **Bildung aus dem Glauben heraus** zielt auf den Erwerb und die Reflexion religiösen Wissens und soll Schüler*innen mit Formen der Weltdeutung vertraut machen, um ihnen einen persönlichen Beziehungsaufbau zum Glauben anzubieten. Dabei steht die Binnenperspektive des Islam im Zentrum pädagogischen Handelns.
- **Urteils-, Handlungs- und Kommunikationsfähigkeit**; im Angesicht der Herausforderungen einer säkularen Gesellschaft mit den vielfältigsten Lebens- und Weltdeutungen bedarf es zunehmend einer Lebensorientierung, für die in grundlegenden Fragen die islamischen Quellen maßgeblich sind. Die Außenperspektive ist durch den Anspruch sowohl der Schulgemeinschaft als auch der Gesellschaft ebenso von Relevanz. Die Formulierung einer eigenen religiösen Position fordert eine Auskunfts- und Gesprächsfähigkeit über den eigenen Glauben ein.
- **Bildung zu Pluralitätsfähigkeit**; die kulturell wie auch religiös plurale Gesellschaft, in der sich der Mensch zurechtzufinden versucht, baut auf eine Verständigungsfähigkeit, die mehrdimensional ist: intra- und interreligiös. Es geht um die Wahrnehmung unterschiedlicher Deutungen von Religion innerhalb der islamischen Kulturen und zu unterschiedlichen Zeiten (intrareligiös) wie auch gegenüber anderen Religionen und nichtreligiösen Weltanschauungen (interreligiös).

2.3. Religion als Teil der Allgemeinbildung

Modi der Weltbegegnung

Der Bildungswissenschaftler Jürgen Baumert unterscheidet vier verschiedene Zugänge der Weltbegegnung, von denen jeder Modus einen Eigenwert hat und nicht durch einen anderen ersetzt werden kann. Jeder dieser Modi hat eine eigene Perspektive, eigene Wahrnehmungsmuster (Methoden) und eigene Erkenntnisräume. In der *ästhetisch-expressiven* Gestaltung geht es um sprachlich-musische Bildung und Welterschließung, im *mathematisch naturwissenschaftlichen* Aufgabenfeld um eine kognitiv-instrumentelle Modellierung der Welt und in der *normativ-evaluativen* Auseinandersetzung um die Handlungsfelder von Wirtschaft und Gesellschaft. Im vierten Modus geht es um Probleme *konstitutiver Rationalität* und damit um Grundfragen und Grunddeutungen des Lebens – ein Feld, dem die Religion zugeordnet wird. D.h., Religion wird in ein großes Spektrum unterschiedlicher Facetten der didaktischen Welterschließung eingeordnet. Religion ist wie andere Weltzugänge durch eine charakteristische Eigenlogik gekennzeichnet, die sich komplementär zu den anderen Modi verhält und nicht beliebig austauschbar ist.[9]

Beispiel: 4 Modi des Weltzugangs

Die Modi des Weltzugangs lassen sich an folgendem Beispiel konkretisieren: Wenn die Biologielehrkraft über eine Tulpe im Unterricht spricht, thematisiert sie naturwissenschaftliche Kenntnisse wie etwa die Gattung der Tulpe, ihre Verbreitung und ihren Aufbau. Die Geschichtslehrkraft folgt einem geisteswissenschaftlichen Verständnis, indem sie die Tulpenmanie behandelt, die erste sogenannte Spekulationsblase des Preisanstiegs und -verfalls von Tulpen im Winter 1636/37 in den Niederlanden. Im Kunstunterricht hingegen wird die Tulpe unter einem ästhetisch-expressiven Weltzugang am Beispiel des expressionistischen Künstlers Claude Monet und seines Gemäldes ‚das Tulpenfeld' aus dem Jahre 1872 behandelt. Die Religionslehrkraft hingegen nähert sich der Tulpe, um daran Gottes Wirken zu erläutern, aus einer Zwiebel eine Pflanze mit einer beeindruckenden Blüte hervorzubringen. Dieser Zugang kann im IRU durch den ästhetisch-expressiven Modus ergänzt werden, indem über die mit der Tulpe verbundene Symbolik in der osmanischen Kunst und Literatur gesprochen wird. Denn die Tulpe gilt wegen ihrer Ähnlichkeit mit Alif, dem ersten Buchstaben des arabischen Alphabets, als ein Symbol für die Einheit Gottes. Heute noch gehört sie zu den beliebtesten Blumenmotiven auf Kacheln in Moscheen.

9 Baumert (2002), 112f.

Die Schule als zentrale Sozialisationsinstanz hat vor diesem Hintergrund die allgemeine Aufgabe, (muslimischen) Schüler*innen eine reflexive Begegnung mit ihrer Religion zu eröffnen, wodurch ihnen ermöglicht wird, selbstständig und verantwortet zu handeln.

Für den Religionsunterricht bedeutet das im Besonderen, dass religiöse Bildung in der schulischen Didaktik eine kritische Instanz darstellen kann, die einseitige Belehrung oder sogar Indoktrination verhindert. Im IRU lernen muslimische Kinder, zwischen tradierten Bräuchen, die ihre Eltern oft noch als islamisch ansehen, die aber eher kulturell oder aus ihrer persönlichen Frömmigkeit begründet sind, und islamisch-theologischen Inhalten zu differenzieren. Die Auseinandersetzung mit eigenen und fremden religiösen Traditionen hilft erwiesenermaßen, die eigene Gegenwart und Zukunft besser zu verstehen. Insofern bildet der Religionsunterricht, sei er jüdisch, christlich oder islamisch orientiert, einen eigenständigen und unverzichtbaren Teil jeder Allgemeinbildung.

Es ist in der gegenwärtigen islamischen Religionspädagogik in Deutschland weitgehend Konsens, dass der IRU über die bloße Reflexion von Religion hinauskommt und diese Religion auch als von realen Menschen gelebten Glauben zugänglich und erfahrbar machen muss; über die konkreten, methodischen Wege aber, wie dies zu bewerkstelligen ist, gibt es erhebliche Auffassungsunterschiede.

II. Religionsdidaktische Prinzipien

Unter religionsdidaktischen Prinzipien verstehen wir in Anlehnung an den lateinischen Begriffsursprung (lat. principium = Anfang, Beginn, Ursprung) Grundsätze unterrichtlichen Handelns, die bei der Planung des IRUs herangezogen werden. Religionsdidaktische Prinzipien orientieren sich an allgemeinpädagogischen bzw. -didaktischen Erkenntnissen, die aus der Perspektive der islamischen Religionspädagogik betrachtet werden.

Im Zentrum jeglicher Unterrichtsgestaltung stehen muslimische Schüler*innen mit ihren psychischen, physischen, sozialen und kulturellen Voraussetzungen. Ohne deren Berücksichtigung ist die Initiierung religiöser Lernprozesse nicht sinnvoll. Dieses Prinzip der *Subjektorientierung* im IRU erfordert, muslimische Schüler*innen bei ihrer religiösen Entwicklung zu begleiten und zu unterstützen.

So wie in allen schulischen Unterrichtsfächern gilt auch im IRU das Prinzip der *Kompetenzorientierung* als Grundlage der Planung und Gestaltung. Das konfessionelle Profil zeichnet sich durch die Vermittlung religiöser Kompetenzen aus.

Religiöse Sprachbildung baut die Vorstellungswelt des Religiösen auf und hilft, eine Beziehung zu dieser Welt zu entwickeln und über diese sprachfähig zu werden. In der Initiierung von Lernprozessen ist das Prinzip der *Sprachsensibilität* fundamental. Hierbei wird das spezifische Verhältnis von religiösem und sprachlichem Lernen in den Blick genommen und gefragt, wie sprachsensibles Lernen fachspezifisch präsentiert werden kann.

Das Prinzip der *Geschlechtersensibilität* ist eng verbunden mit der Sprachsensibilität. Denn Sprache kann auch Geschlechterdifferenzen etablieren und zementieren. Um Rollenstereotypen in (religions-)pädagogischen Lehr- und Lernsituationen gegenzusteuern zu können, müssen die Religionslehrkräfte ein Bewusstsein für sie entwickelt haben.

II.1. Subjektorientierung

Muslimische Schüler*innen bilden im IRU den Ausgangspunkt und das Ziel religionsdidaktischer Überlegungen. Um im Unterricht religiöse Lernprozesse zielgerecht und subjektorientiert planen zu können, bedarf es einer Analyse der religionssoziologischen und -psychologischen Prozesse, unter welchen gesellschaftlichen Bedingungen muslimische Kinder und Jugendliche aufwachsen und sich ihre Religiosität entwickelt. Das Kapitel geht mithilfe empirischer Studien dieser Frage nach. Weil es bislang nur wenige Untersuchungen gibt, die sich in dieser Hinsicht mit muslimischen Kindern und Jugendlichen befassen, werden im Folgenden auch Studien aus Nachbardisziplinen herangezogen.

Anforderungssituation
Stellen Sie sich vor: Der Ramadan, die muslimische Fastenzeit, ist am letzten Wochenende zu Ende gegangen. Sie als muslimische Religionslehrkraft fragen die Schüler*innen, wie sie das Fest begangen haben. Schülerin 1: „Wir haben unsere Verwandten besucht und viel Baklava gegessen." Schüler 2: „Wir haben gar nicht am Sonntag, sondern am Montag gefeiert, weil meine Eltern sich an Saudi-Arabien orientieren." Schüler 3: „Meine Eltern fasten gar nicht, aber wir feiern das Fest trotzdem." Schülerin 4: „Im Libanon isst man Mahmoul, eine Art Plätzchen mit Walnüssen." Schülerin 5: „Bei uns heißt das Fest şeker bayramı (Zuckerfest), aber meine syrische Freundin sagt dazu ʿīd al-fiṭr (Fest des Fastenbrechens)." Schüler 6: „Ich habe meiner Großmutter die Hand geküsst und von ihr 50 Euro Taschengeld bekommen." Schülerin 7: „Wir küssen nicht die Hand. Wir umarmen uns und geben Küsse auf die Wangen."

1. Thematische Einführung

religiöse Heterogenität

Die in dieser Szene deutlich werdende innermuslimische Vielfalt im Klassenzimmer einer Schulklasse gehört zum Alltag der Muslim*innen in Deutschland. Während in den Herkunftsländern der Muslim*innen die Zugänge zum Islam, aber auch ihre Ausgestaltungen sich nur minimal unterscheiden, ist das Bild des Islam in Deutschland von einer religiösen wie kulturellen Heterogenität geprägt. Einfach formuliert könnte man sagen: In Deutschland trifft sich die muslimische Vielfalt! Diese tritt nirgendwo deutlicher in Erscheinung als in Bildungseinrichtungen wie Kindergarten und Schule. Die muslimischen Religionslehrkräfte stehen angesichts dessen vor der Herausforderung, die muslimischen Schüler*innen in ihrer

Subjektwerdung zu fördern und ihnen individuelle Lernperspektiven für ihre Fragen nach Glaube und Gott, nach dem Sinn des Lebens, nach Wahrheit etc. zu eröffnen. Der islamische Religionsunterricht leistet mit subjektorientierten Lernangeboten ihren Beitrag zur individuellen religiösen Identifikation und ihrer Ausgestaltung in der Klasse und der Gesellschaft.

Exkurs: Menschenbild im Islam

Unter allen Geschöpfen wird dem Menschen von Gott eine Sonderstellung zugesprochen. Gott verleiht dem Menschen eine Würde, die der Mensch sich nicht erst durch Leistung bzw. Pflichterfüllung verdienen muss, sondern die als eine gottgegebene Auszeichnung zum Menschsein gehört. „Gewiss, Wir verliehen den Kindern Adam Würde/Ehre. Wir trugen sie über Land und Meer, Wir versorgten sie mit guten Dingen, und Wir zeichneten sie vor vielen von denen, die Wir erschaffen haben, aus.“[1]

Diese Sonderstellung wird bereits im Schöpfungsakt des ersten Menschen deutlich. Im Akt der Schöpfung wird nämlich nicht nur die Würde, sondern auch die Ambiguität des Menschen zum Ausdruck gebracht. Hierfür sind zwei koranischen Stellen von wesentlicher Bedeutung. In der Schöpfungserzählung in der Sure 2, Verse 30–39, spricht Gott mit den Engeln darüber, dass Gott auf Erden einen ḫalīfa erschaffen wolle. Der Begriff wird allzu schnell als *Stellvertreter* oder *Nachfolger* übersetzt, was oft zu Missverständnissen führt. Muna Tatari deutet diesen Begriff als eine Herausforderung und Auftrag, sich als Mensch soweit zu qualifizieren, um sich *in die Nachfolge Gottes* auf Erden stellen zu können.[2] Es geht um eine Qualifizierung, die Vision Gottes, die Welt in Barmherzigkeit und Gerechtigkeit zu gestalten. Die Engel jedoch äußern Zweifel und Bedenken, weil sie im Menschen ein ambivalentes Potenzial erkennen, das auch Schwächen und einen Hang zum Niedrigen in sich birgt. Der Einwand der Engel wird von Gott nicht abgewiesen, sondern aufgenommen und in den größeren Kontext gestellt, indem Gott den Engeln seinen Zuspruch in die Fähigkeiten des Menschen vorführt. Er zeigt den Engeln, dass er den Menschen mit der Fähigkeit der Sprache und der Fähigkeit zum begrifflichen Denken ausgestattet hat, indem er den Menschen alle Namen gelehrt und ihn mit der Rechtleitung ausgestattet hat. In Anbetracht dieser Ausstattung verbeugen sich die Engel vor dem Menschen.

An einer weiteren koranischen Stelle wird auf die ambivalente Verfassung des Menschen hingewiesen. Adam bricht das Versprechen, das er Gott gegeben hat, und nähert sich, aufgrund der Einflüsterung des Iblis – der wohl erste Satan –, zu-

1 Koran 17:70.
2 Vgl. Tatari (2016), 62.

sammen mit Eva dem verbotenen Baum und sie essen von ihm.[3] In dieser Schöpfungserzählung zeigt sich die wohl entscheidendste Schwäche des Menschen: Beide werden dafür kritisiert, dass sie den Bund mit Gott vergaßen und „keinen festen Willen" hatten.[4] Der fehlende feste Wille könnte eine Anspielung auf den Zwiespalt sein, die dem menschlichen Willen immer schon innewohnt. Eben wegen ihrer mangelnden Festigkeit im Willen, fallen die ersten Menschen der Einflüsterung des Iblis anheim. Es wird deutlich, wie sehr Menschen mit der eigenen Endlichkeit und Kontingenz hadern, obwohl ihre Schwäche eigentlich auch mit ihrer Stärke zu tun hat, die sie gegenüber den Engeln in eine überlegene Position bringt. Mitunter zeigt sich trotz dieser Schwäche ebenso, dass der Mensch offen ist für den Empfang der Offenbarung und damit auch für die Rechtleitung durch Gott. Der Mensch dokumentiert so nicht nur sein Entwicklungs- und Lernpotenzial, sondern auch seine Hinwendung zu Gott. Das in der Schöpfungserzählung und anderen Stellen verdeutlichte ambivalente Potenzial des Menschen, die Neigung zum Bösen und die Neigung zum Guten, gehört folglich zur menschlichen Verfasstheit. Seine Fehlbarkeit bedarf einer besonderen Anstrengung, die negativen Kräfte in sich zu bändigen und so Gott nahezukommen, indem der Mensch in seiner Hinwendung zu Gott seine Geschöpflichkeit erkennt und sich in Freiheit an Gott bindet, seine Gottessehnsucht pflegt und gestaltet. Er hat dafür das Versprechen Gottes, dass er ihm als sein Versorger und Erhalter (*rabb*), Weisung und Orientierung geben wird.

Nach der islamischen Anthropologie gehört zur menschlichen Verfasstheit auch eine natürliche Veranlagung (*fiṭra*), die den Menschen ausgestattet und befähigt, Gott zu finden.[5] Diese Ausgerichtetheit auf Gott (*fiṭra*) kann als ein innerer Kompass bzw. ein Vermögen verstanden werden, die eine Beziehung mit Gott ermöglicht. Um diesen Kompass aktivieren und seinen Lebensweg finden und meistern zu können, muss der Mensch an sich arbeiten.

3 Vgl. Koran 7:20–22; 20:121.
4 Koran 20:115.
5 Vgl. Koran 30:30.

2. Als Muslim*in in Deutschland aufwachsen

Nach Berechnungen des Bundesamtes für Migration und Flüchtlinge lebten im Jahre 2019 zwischen 5,3 und 5,6 Millionen Muslim*innen in Deutschland. Da die Zugehörigkeit zu einer Religionsgemeinschaft nicht systematisch erfasst wird, können keine genauen Zahlen vorgelegt werden. Die Zahlen des BAMF beziehen für die Hochrechnung Personen ein, die selbst oder deren Eltern aus einem muslimisch geprägten Herkunftsland stammen.[6] Daher bilden die Zahlen nicht ab, ob Menschen tatsächlich gläubig sind, sondern allein ihre Herkunft.

Migration als prägende Erfahrung

Eine geringe Anzahl von muslimischen Kindern und Jugendlichen bringen selber Migrationserfahrung mit, z.B. als Kriegsflüchtlinge aus Syrien oder dem Irak. Eine deutlich größere Anzahl ist in Deutschland geboren und aufgewachsen, ihre Eltern oder Großeltern sind meist in den letzten 60 Jahren als Gastarbeiter emigriert, z.B. aus der Türkei oder aus Marokko, als Kriegsflüchtlinge in den 90er-Jahren aus Bosnien oder aufgrund der instabilen Sicherheitslage in den Herkunftsländern, z.B. aus Afghanistan. Sie alle sind Teil der bundesdeutschen Gesellschaft geworden. Auch wenn die Mehrheit der muslimischen Schüler*innen mittlerweile in dritter bzw. vierter Generation hier leben, ist die Migrationserfahrung ein Teil ihrer Identität, die sie religiös, kulturell und sozial noch stark prägt.

Bei der konfessionellen Zugehörigkeit ist davon auszugehen, dass die große Mehrheit der muslimischen Schüler*innen sunnitische Muslim*innen sind, da auch die Mehrheit der Muslim*innen in Deutschland mit etwa 74 % sunnitisch ist. Eine genaue Zuordnung zu den Rechtsschulen entsprechend der Relation ‚Herkunftsland identisch mit der Rechtsschule' lässt sich allerdings nur für die aus dem Iran stammenden Migranten vornehmen, die der schiitischen Konfession angehören.[7] So können z. B. syrischstämmige Schüler*innen der hanafitischen oder der šāfiʿītischen Rechtsschule angehören.

6 Vgl. Pfündel/Stichs/Tanis (2021), 193.
7 Vgl. ebd., 183.

2.1. Bildungsniveau muslimischer Schüler*innen

geringere Bildungschancen von Kindern mit Migrationshintergrund

Bislang gibt es keine Studie, die sich explizit mit dem Bildungserfolg muslimischer Schüler*innen beschäftigt. Ausgehend davon, dass Personen aus der Türkei zahlenmäßig die größte Zuwanderergruppe in Deutschland bilden und mehrheitlich muslimisch sind, lassen sich die Ergebnisse der Bildungsforschung zur Situation der Schüler*innen mit Migrationshintergrund durchaus auf Muslim*innen beziehen. Von den Ergebnissen der unterschiedlichen Studien kann man festhalten, dass die Bildungschancen von Kindern mit Migrationshintergrund, zu denen mehrheitlich muslimische Schüler*innen gezählt werden, deutlich geringer sind als von Kindern ohne Migrationshintergrund. Verglichen mit Gleichaltrigen ohne Migrationshintergrund zeigen türkischstämmige Kinder und Jugendliche bei der Einschulung einen geringeren Entwicklungsstand, was sich auch in den schulischen Leistungen niederschlägt, die sie im Verlauf der Grundschulzeit erzielen. Daher wechseln sie nach der Grundschulzeit seltener zu der anspruchsvollen Form einer weiterführenden Schule. Der Anteil derer, die ein Gymnasium besuchen, ist geringer als in der Gruppe ohne Migrationshintergrund, womit auch die Unterrepräsentanz in der Gruppe der Abiturient*innen zu erklären ist.[8]

Für die geringeren Bildungschancen gilt die geringere Bildung der Eltern als eine wichtige Ursache. Das niedrige Bildungsniveau, insbesondere unter den türkischstämmigen und nordafrikanischen Muslim*innen hängt historisch damit zusammen, dass Arbeitsmigrant*innen und ihre Familienangehörigen überwiegend aus bildungsfernen sozialen Schichten stammen. Der große Bildungsrückstand türkischer Migrant*innen der zweiten Generation zeigt sich weiterhin im Vergleich zu Nachkommen der anderen Arbeitsmigrant*innen.[9] Als Gründe hierfür können die nicht ausreichenden Sprachkenntnisse der Eltern, die starke Konzentration der Mitbürger*innen mit Migrationshintergrund in bestimmten Wohngebieten und Schulen und die sich daraus ergebende leistungsbezogene und soziale Homogenität in Schulklassen genannt werden.

8 Vgl. Sachverständigenrat deutscher Stiftungen (2017), 6.
9 Vgl. Pfündel/Stichs/Tanis (2021), 152.

2.2. Religiosität muslimischer Jugendlicher in soziologischen Studien

In der empirischen Forschung gibt es zahlreiche Studien, die die Religiosität Jugendlicher untersuchen. Allerdings liegt der Schwerpunkt dieser Arbeiten auf jugendlichen Mitgliedern der Mehrheitsgesellschaft, sodass muslimische Jugendliche nur am Rande betrachtet werden. Da diese Ergebnisse helfen, die Religiosität unter den muslimischen Jugendlichen in Ansätzen zu erfassen, sollen die beiden soziologisch ausgerichteten Studien, die Shell-Jugendstudie und die Sinus-Studie, vorgestellt werden.

2.2.1. Shell-Jugendstudie

Die Shell-Jugendstudie untersucht seit 1953 Einstellungen, Werte, Gewohnheiten und Sozialverhalten der 12- bis 25-Jährigen in Deutschland. Die Ergebnisse zu dem Bereich Religion zeigen, dass der Glaube an Gott bei christlichen Jugendlichen eine eher untergeordnete Rolle spielt. Während 39 % der befragten katholischen und 24 % der evangelischen Jugendlichen den Glauben an Gott als wichtig einschätzen, liegt dieser Anteil bei den muslimischen Jugendlichen bei 73 %, nur 18 % bezeichnen ihn als unwichtig. Auf die Frage, welche Bedeutung die Religion im Elternhaus spielt, antworten nur 5 %, aus einem sehr religiösen, 22 % aus einem ziemlich religiösen, 45 % weniger religiösen und 27 % überhaupt nicht religiösen Elternhaus zu kommen. Auch bei der konkreten Religionsausübung mit der Frage, wie oft sie beten, antworteten die teilnehmenden Jugendlichen mit 60 %, dass sie mindestens einmal pro Woche beten, während 21 % nie beten. Der Vergleich mit den Zahlen aus dem Jahr 2015 zeigt, dass sowohl der Anteil der Jugendlichen, die mindestens einmal pro Woche beten (53 %), als auch der Jugendlichen, die nie beten (13 %), deutlich zugenommen hat.[10]

Die Ergebnisse zeigen, dass muslimische Jugendliche aufgrund des Elternhauses zwar in stärkerem Maße eine islamisch-religiöse Anbindung mitbringen, jedoch ist nicht außer Acht zu lassen, dass eine größer werdende Anzahl Jugendlicher aus dem muslimischen Kulturkreis sich gar nicht als religiös versteht. Gut wäre es, wenn auch diese Jugendliche den Gewinn für die eigene religiöse und weltanschauliche Identitätsbildung im Besuch eines (guten) IRU erkennen könnten. Das ist eine große Herausforderung für jedweden Religionsunterricht.

10 Vgl. Shell Deutschland Holding (2019), 153f.

2.2.2. Sinus-Jugendstudie

Für die Sinus-Jugendstudie „Wie ticken Jugendliche 2016?" haben die Forscher das bereits 2012 entwickelte Modell der SINUS-Lebenswelten angewendet. Für die Lebensweltanalyse wurden Tiefeninterviews mit 72 Jugendlichen im Alter zwischen 14 und 17 Jahren zu ihren Einstellungen geführt. Unter den Befragten waren 14 Jugendliche muslimischen Glaubens. Von ihnen besuchten sechs eine Hauptschule und jeweils vier eine Realschule bzw. ein Gymnasium. Der Überhang der Hauptschüler*innen unter den muslimischen Jugendlichen führt dazu, dass sich die Befunde insbesondere auf die Muslim*innen aus bildungsbenachteiligten Lebenswelten beziehen.[11] Die Ergebnisse lassen sich wie folgt zusammenfassen:[12]

1. *Zugehörigkeit zur Glaubensgemeinschaft*: Muslimische Jugendliche berichten deutlich mehr von einer gelebten Zugehörigkeit zur Religionsgemeinschaft als christliche Jugendliche. Als Beispiele für die aktive Mitwirkung in ihrer Glaubensgemeinschaft werden u. a. der Koran-Unterricht, regelmäßige Gebete, der Ramadan sowie das Zucker- und Opferfest genannt. Zudem zeigen sie eine selbstbewusste, positive und zweifelsfreie Identifikation mit ihrem Glauben, der auch sehr stark im sozialen Zusammenhang der Familie gelebt wird.

2. *Sinnfragen*: Auch wenn sich Jugendliche generell mit grundlegenden Fragen des Lebens beschäftigen, gibt es eine Unterscheidung in der Relevanz. Christliche Jugendliche und nichtreligiöse Jugendliche bewegen vor allem Fragen wie „Woher kommen wir?" und „Was kommt nach dem Tod?", während es für muslimische Jugendliche wichtig ist, was Gerechtigkeit oder moralisch richtig ist. Dabei greifen sie auch auf Antworten ihrer Religion zurück.

anlassbezogene religiöse Praxis

3. *Religiöse Alltagspraxis*: Für die meisten christlichen wie muslimischen Jugendlichen ist die religiöse Praxis überwiegend anlassbezogen und findet zu spezifischen Zeiten im Jahresverlauf (Weihnachten, Ramadan, Ostern, Zuckerfest etc.) statt. Für muslimische Jugendliche spielt der regelmäßige Besuch der Moschee eher eine untergeordnete Rolle, da diese normalerweise an Feiertagen besucht wird. Zudem ist in der Wahrnehmung der muslimischen Jugendlichen das ritualisierte Gebet eher ein Bestandteil des Familienlebens als eine bewusste Teilnahme am religiösen Leben.

4. *Orientierung an Ge- und Verboten*: Insgesamt fällt bei den muslimischen Jugendlichen auf, dass die Religion ihnen Orientierung

11 Vgl. Calmbach et al. (2016), 338.
12 Vgl. ebd., 338–371.

für das Handeln im Alltag gibt, etwa durch die Teilnahme am Freitagsgebet, religiösen Feiern oder den Austausch mit religiösen Autoritäten oder anderen Gläubigen. Häufig beschreiben sie ihren Glauben auch als eine allgemeine Lebenseinstellung, die sie im Alltag kontinuierlich begleitet. Allerdings spielen religiöse Praktiken und Regeln im Alltag von expeditiven und experimentalistisch-hedonistischen[13] Jugendlichen die geringste Rolle.

5. *Leben mit religiöser Vielfalt*: Jugendliche von heute haben in der Regel Freunde mit anderer religiöser oder nationaler Zugehörigkeit. Eine Ausnahme bilden Jugendliche aus dem materialistisch-hedonistischen Milieu und der prekären Lebenswelt. Muslimische Jugendliche aus diesen Milieus berichten von Freundschaften nur mit Jugendlichen muslimischen Glaubens, wobei auch die engere Einbindung in das familiäre Umfeld eine Rolle spielt. Dieses Ergebnis kann aus der Perspektive der Bildungsgerechtigkeit auch so interpretiert werden, dass höhere Bildungschancen auch eine interkulturelle bzw. interreligiöse Durchmischung des Freundeskreises wahrscheinlicher machen.

6. *Umgang mit religiösen Konflikten*: Ein ausgeprägtes Problembewusstsein zeigt sich vor allem in den Lebenswelten mittlerer und höherer Bildungslagen (bspw. konservativ-bürgerlich, adaptiv-pragmatisch und sozialökologisch), während die materialistischen Hedonisten und Prekären weniger gut informiert sind und sich bei den experimentalistischen Hedonisten am stärksten religiöse und kulturelle Themen vermischen. Expeditive sind zwar gut informiert, zeigen aber wenig Interesse an der Beschäftigung mit diesem Thema. Jugendliche mit einer sehr differenzierten Sichtweise auf die religiösen Konflikte nehmen zudem wahr, dass diese bis in ihren schulischen Alltag hineinwirken, bspw. in Form von Angriffen auf muslimische Jugendliche. Religiös begründete Gewalt wird von den Jugendlichen religionsübergreifend abgelehnt; mit besonderem Unverständnis für solche Phänomene reagieren die konservativ-bürgerlichen und sozialökologischen Jugendlichen, denen vor allem Frieden, Nächstenliebe und gemeinschaftliches Miteinander wichtig sind. Vor allem Jugendliche ohne Religionszugehörigkeit befürchten angesichts aktueller Konflikte generelle Vorverurteilungen und Stigmatisierung von bestimmten Religionen und deren Angehörigen. Jenseits aller religiösen Konflikte und Phänomene von religiös begründeter Gewalt betonen Jugendliche die sinnstiftende und orientierende Funktion von Religionen.

---

13 Die Merkmale der einzelnen Milieus können in der Sinus-Studie nachgelesen werden; vgl. Calmbach et al. (2016).

Jugendliche assoziieren religiöse Konflikte vor allem mit den aktuellen Auseinandersetzungen rund um den Islam, etwa mit den kriegerischen Auseinandersetzungen in Syrien, dem Islamischen Staat oder dem islamistischen Terror in Europa. Viele zeigen Unverständnis für diese Konflikte und vermischen zum Teil religiöse und kulturelle Konflikte, etwa zwischen Kurden und Türken in der Türkei.

Aber auch wenn den Jugendlichen manchmal die genauen Begriffe für eine differenzierte Argumentation fehlen, versuchen sie meist, zwischen dem Islam als Religion, den verschiedenen Interpretationsmöglichkeiten des Korans und einer religiös begründeten Gewaltausübung zu unterscheiden.

7. *Distanzierung von Gewalt*: Muslimische Jugendliche distanzieren sich von gewaltbereiten Gruppen bzw. radikalen Auslegungen des Korans und nehmen eine Stigmatisierung durch die Mehrheitsgesellschaft und die mediale Berichterstattung wahr. Ihr Wunsch ist es, nicht negativ beurteilt, sondern mit ihrer Religionszugehörigkeit ernst genommen und respektiert zu werden.

2.3. Entwicklung der Gottesvorstellung muslimischer Kinder und Jugendlicher

religionspsychologische Studien

Bislang gibt es in der islamischen Religionspädagogik erst wenige religionspsychologische Untersuchungen, die die religiöse Entwicklung der muslimischen Schüler*innen als sich aktiv entwickelnde Subjekte betrachten. Exemplarisch soll an dieser Stelle die Studie von Fahimah Ulfat herangezogen werden, die in narrativen Interviews, die sie mit 15 muslimischen Schüler*innen im Alter von zehn Jahren durchgeführt hat, deren Gottesbeziehung unter den Aspekten der religiösen Erfahrungen, konjunktiven Erfahrungsräume und individuellen Relevanzsysteme untersucht hat.[14]

Die Ergebnisse ordnet Ulfat drei verschiedenen Typen zu:

- Typ A, die „Relationierung des Selbst zu Gott im Modus der Personalisierung" zeigt einen starken Gottesbezug. Die Schüler*innen haben Vertrauen in Gott und beziehen Gott in die Lebenswelt ein.[15]
- Typ B, die „Relationierung des Selbst zu Gott im Modus der Moralisierung und Traditionsorientierung" sieht Gott als Erschaffer und Erhalter des Lohn-Strafe-Systems. Die Schüler*innen haben keinen persönlichen und emotionalen Bezug zu ihm,

14 Vgl. Ulfat (2017), 101.
15 Vgl. ebd., 103f.

sie sehen Gott mehr als Tradition und somit auch das Gebet nicht als Gottesbezug an.[16]
- Typ C, die „Relationierung des Selbst zu immanenten Größen im Modus der Gottesferne" hingegen hat mehr einen Bezug zu sozialen als zu religiösen Themen. Gott kommt in den Ausführungen dieser Schüler*innen nicht zur Sprache.[17]

Zusammenfassend wird deutlich, dass muslimische Kinder bereits im Alter von ca. zehn Jahren ein breites Spektrum an Gottesbezügen aufweisen, ungeachtet der weitgehend ähnlichen religiösen Erziehung in Familie, Moschee und Schule. Sie haben, basierend auf ihren individuellen Lebenserfahrungen und Entscheidungen, eigene religiöse Haltungen entwickelt.[18]

Gottesbilder muslimischer Kinder

Die Ergebnisse dieser Forschungsarbeit belegen, dass muslimische Schüler*innen unterschiedliche Gotteskonzepte in den Religionsunterricht mitbringen. Daher ist es auch die Herausforderung im IRU, die Vielfalt der Gottesnarrative zu erkennen und verschiedene Angebote aus der islamischen Tradition zu machen, die die Schüler*innen dabei unterstützen, diese mit ihren eigenen Gottesnarrativen zu korrelieren und darüber zu reflektieren.

3. Didaktischer Bezug: Umgang mit der religiösen, kulturellen und sozialen Heterogenität

Auch wenn nicht alle vorgestellten Studien einen repräsentativen Charakter haben, bieten sie eine Grundlage, um den Rahmen zu erfassen, in dem muslimische Schüler*innen Zugänge zum Islam in den Religionsunterricht mitbringen. Die Ergebnisse zeigen, dass Schüler*innen eine große Heterogenität aufweisen, was ihre ethnische Herkunft, ihren Bezug zum Islam, ihre Zugehörigkeit zu einer islamischen Rechtsschule oder ihr soziales Milieu betrifft. Hinzu kommt auch der Faktor der religiösen Verortung, die durch die primäre religiöse Sozialisation bedingt eine starke bis gar keine Bindung zum Glauben aufweisen kann.

Ein IRU, der die Subjekte an den Anfang religiöser Lernprozesse stellt, erfordert eine Konzeptionierung, die die jeweiligen Lernvoraussetzungen und biografischen Bezüge berücksichtigt. Diese verlangen von der muslimischen Religionslehrkraft, Lernende als Individuen anzusprechen und ihre persönlichen Bezüge zum Islam

16 Vgl. ebd., 104f.
17 Vgl. ebd., 105f.
18 Vgl. ebd., 106.

zum Unterrichtsgegenstand zu machen, um damit stereotype Wahrnehmungen zu durchbrechen und ein wertschätzendes Lern- und Arbeitsklima für alle zu eröffnen. Der evangelische Religionspädagoge Friedrich Schweitzer postuliert als erste Aufgabe einer Religionspädagogik des Jugendalters, die Religion der Jugendlichen wahrzunehmen, anzuerkennen, herauszufordern und zu begleiten.[28] Dieses Postulat gilt genauso für den IRU:

vier Schritte als erste Aufgabe

1. Zunächst gilt es, die verschiedenen Ausprägungen des Islams, so wie die muslimischen Schüler*innen sie in ihrer individuellen Bestimmtheit sowie ihrem kognitiven Entwicklungsniveau und religiösen Denkstrukturen in den Religionsunterricht mitbringen, *wahrzunehmen*.
2. Danach gilt es *anzuerkennen*, dass die unterschiedlichen Glaubenszugänge der Schüler*innen – sogar, wenn sie eigenartig anmuten – ihre individuelle bildungsbiografische Verortung aufzeigen. Es gilt, diese als solche wertzuschätzen, ohne die Schüler*innen und ihre Zugänge in eine ‚Schublade' zu stecken.
3. Die muslimische Religionslehrkraft ist gefordert, bei der Planung der Lernangebote die Schüler*innen so *herauszufordern*, dass sie ihre Religiosität mit ihren individuellen biografischen und entwicklungsbezogenen Verstehensvoraussetzungen weiterentwickeln und ihnen neue Perspektiven eröffnet werden, durch die der Aufbau neuer Strukturen gefördert wird.
4. Die Aufgabe der muslimischen Religionslehrkraft ist es, die Schüler*innen in ihren Lernprozessen zu einer komplexen Sichtweise aktiv zu *begleiten*, um ihre religiöse Urteilskompetenz durch eine kritisch-reflexive Auseinandersetzung mit religiösen Inhalten, Traditionen oder Ritualen zu fördern.

4. Anregungen zur persönlichen Vertiefung

Lesen Sie sich die Anforderungssituation zu Beginn des Kapitels noch einmal durch. Darin werden mehrere Schüler*innenkommentare wiedergegeben. Ordnen Sie diese kulturellen oder religiösen Zugängen zu. Erweitern Sie die Impulse um weitere Zugänge, die Ihnen persönlich oder aus unterrichtlichen Zusammenhängen bekannt sind.

1. **Biografisch:** Navid Kermani äußerte zur Frage seiner Religiosität: „Ich sage von mir: Ich bin Muslim. Der Satz ist wahr, und zugleich blende ich damit tausend andere Dinge aus, die ich auch bin und die meiner Religionszugehörigkeit widersprechen."[20] Erstellen Sie eine Mindmap, in der Sie das Zitat von Kermani auf Ihre persönliche

19 Vgl. Schweitzer (1998), 153.
20 Kermani (2009), 17.

Biografie beziehen und nachzeichnen, was Ihre religiöse, kulturelle, politisch-soziale, ökologische oder ökonomische Identität auszeichnet.
2. **Theologisch-anthropologisch:** Inwieweit lässt sich die Subjektorientierung auch islamisch-theologisch begründen? Ziehen Sie für Ihre Begründung den Koran oder anthropologische Deutungen aus der islamischen Tradition heran.
3. **Bildungstheoretisch:** Welche Ziele verfolgt Ihrer Meinung nach das religiöse Lernen im öffentlichen Raum der Schule? Formulieren Sie diese unter Hinzunahme der im Kapitel vorgestellten Studien.
4. **Didaktisch:** Wie lässt sich die Subjektorientierung im Religionsunterricht umsetzen? Entscheiden Sie sich für ein Unterrichtsthema und notieren Sie, welche Aspekte bei der Unterrichtsplanung und -durchführung zu beachten sind.

Weiterführende Literatur

Kermani, Navid (2022), Jeder soll von da, wo er ist, einen Schritt näher kommen: Fragen nach Gott, München.

Rohe, Mathias (2017), Der Islam in Deutschland. Eine Bestandsaufnahme, Bonn.

Uygun-Altunbaş, Ayşe (2017), Religiöse Sozialisation in muslimischen Familien, Bielefeld.

II.2. Kompetenzorientierung

Die Kompetenzorientierung ist seit 2003 ein didaktisches Grundprinzip aller schulischen Unterrichtsfächer, zu diesem (neuen) bildungswissenschaftlichen Paradigma unterschiedliche didaktische Ansätze entwickelt worden sind. Dieses Kapitel bündelt die wesentlichen religionspädagogischen Erkenntnisse und zeigt Möglichkeiten des kompetenzorientierten Lehrens und Lernens mit der Fokussierung auf Lernaufgaben im IRU auf.

Anforderungssituation

Stellen Sie sich folgende Situation vor: Sie sind als Fachberater*in von einer islamischen Religionslehrkraft gebeten worden, in ihrem Unterricht zu hospitieren. In der Unterrichtsstunde wird die Biografie des Propheten Muhammad von seiner Geburt bis zu seiner Jugend thematisiert. Die Lehrkraft verteilt ein Arbeitsblatt, auf dem ein Sachtext mit W-Fragen steht. Die Schüler*innen lesen den Text und notieren sich die Antworten in Partnerarbeit. Danach lesen sie die Antworten nacheinander vor, die Lehrkraft kommentiert mit „richtig“ oder „falsch“. Dann ist die Unterrichtszeit auch schon zu Ende.

Sie als Beobachter*in haben sich Notizen für das Gespräch mit der Lehrkraft gemacht und setzen sich mit ihr im Anschluss zusammen. Die Lehrkraft möchte von Ihnen wissen, ob der Unterricht vor allem kompetenzorientiert war.

1. Thematische Einführung

Das schlechte Abschneiden der deutschen Schüler*innen an der von der OECD durchgeführten internationalen Schulleistungsuntersuchung im Jahre 2001 hat in Deutschland zum sogenannten PISA-Schock geführt, der viele bildungspolitische Diskussionen und Veränderungen angestoßen hat. Die Ergebnisse zeigten, dass die deutschen Schüler*innen im Vergleich zu Schüler*innen anderer beteiligter Länder nur mittelmäßig ausgeprägte Kompetenzen in den Bereichen Lesen, Schreiben und Rechnen besaßen. Zudem verdeutlichten die Ergebnisse, dass in Deutschland soziale Herkunft und schulischer Erfolg eng zusammenhängen, sodass nicht von einer wirklichen Bildungsgerechtigkeit gesprochen werden kann.[21]

21 Vgl. Klieme et al. (2003), 54.

Kompetenzen

Die Diskussionen führten in der deutschen Bildungspolitik zu einem Paradigmenwechsel, indem von der KMK (Konferenz der Kultusminister der Länder in der Bundesrepublik Deutschland) nationale Bildungsstandards festgelegt wurden, mit denen die fachlichen und fachübergreifenden Kompetenzen von Schüler*innen am Ende bestimmter Schullaufbahnphasen definiert werden. Zu Beginn der Diskussionen um Kompetenzen wurden zunächst von der KMK Bildungsstandards für Deutsch, Mathematik und die naturwissenschaftlichen Fächer Biologie, Chemie und Physik festgelegt. Mittlerweile hat sich das Paradigma ‚Kompetenzorientierung' in allen Fächern als eine Art didaktische ‚Metastruktur' durchgesetzt. Die Ziele richteten sich darauf, durch die Kompetenzorientierung eine stärkere Objektivierung des Lernens und Lehrens zu bewirken sowie eine Qualitätssicherung des Unterrichts zu erreichen. Dabei versteht man unter fachspezifischer Kompetenz nicht reines Faktenwissen, sondern den Umgang mit diesem Wissen. Als allgemein anerkannte Grundlage zur Klärung des Kompetenzbegriffs hat sich die Definition von Franz E. Weinert durchgesetzt: Er versteht unter Kompetenzen „die bei Individuen verfügbaren oder durch sie erlernbaren kognitiven Fähigkeiten und Fertigkeiten, um bestimmte Probleme zu lösen, sowie die damit verbundenen motivationalen, volitionalen und sozialen Bereitschaften und Fähigkeiten, um die Problemlösungen in variablen Situationen erfolgreich und verantwortungsvoll nutzen zu können".[22] Nach der Definition von Weinert umfassen Kompetenzen sowohl kognitive als auch nichtkognitive Anteile, die miteinander in einem Zusammenhang stehen. Kompetenzen sind nicht angeboren, sondern erlernbar. Ferner sind sie kontextbezogen und domänenspezifisch, woraus der Auftrag für die Curricula und die Unterrichtsplanung entsteht, dass die islamische Religionslehre wie jedes andere Unterrichtsfach auch ihre spezifischen Kompetenzen formuliert.

Mit der Einführung der Kompetenzorientierung standen die Fachdidaktiken vor der Aufgabe, fachspezifische Kompetenzmodelle zu erarbeiten, die eine empirische Überprüfung der erzielten Ergebnisse wie auch eine ergebnisorientierte Unterrichtsentwicklung ermöglichen. Auch wenn in der jungen Wissenschaftsdisziplin islamische Religionspädagogik die Diskussionen über die theoriebezogenen Aspekte der Kompetenzorientierung weniger intensiv geführt wurden[23] als in der Religionspädagogik der beiden christlichen Konfessionen,[24] ist das kompetenzorientierte Lehren und Lernen durch

22 Weinert (2001), 27.
23 Vgl. Möller/Sajak/Khorchide (2014).
24 Vgl. Sajak (2021), 343f.

Kernlehrpläne bzw. Curricula auf der unterrichtspraktischen Ebene ebenso verbindlich wie in allen anderen Unterrichtsfächern auch.[25]

2. Kompetenzorientierter Religionsunterricht

In den kompetenzorientierten Lehrplänen steht nicht mehr die Vermittlung von Inhalten im Vordergrund, sondern der Erwerb von Basiskompetenzen. Kompetenzanforderungen beschreiben, über welche Fähigkeiten und Fertigkeiten Schüler*innen am Ende eines Bildungsabschnitts verfügen sollen. Für den IRU liegt bislang kein ausgearbeitetes Kompetenzmodell vor, das, wie im Falle des evangelischen oder katholischen Religionsunterrichts, als Grundlage für die Kernlehrpläne genommen werden kann. Je nach Bundesland unterscheiden sich die Kerncurricula in ihrer Ausgestaltung. Sie haben eine Metastruktur, die staatlicherseits vorgegeben ist und von dem zuständigen Kultusministerium in je spezifischer Weise interpretiert und entfaltet wird. So unterscheiden die Kerncurricula in Niedersachsen, NRW und Baden-Württemberg zwischen prozessbezogenen und inhaltsbezogenen Kompetenzen. „Die prozessbezogenen Kompetenzen leiten sich aus unterschiedlichen Zugängen zu Religion ab.“[26] In Niedersachsen sind diese die Kompetenzbereiche *Wahrnehmen und Darstellen, Deuten, Urteilen, Dialoge führen* und *Gestalten und Handeln.* In Baden-Württemberg hingegen wird zwischen *Wahrnehmungs- und Darstellungskompetenz, Deutungskompetenz, Urteilskompetenz, Dialog- und Sozialkompetenz, Gestaltungs- und Handlungskompetenz* und *Methodenkompetenz* unterschieden.[27] Der Kernlehrplan in NRW wiederum versteht unter prozessbezogenen Kompetenzen *Sach-, Methoden-, Urteils-* und *Handlungskompetenzen.*[28] Während die Lehrpläne prozessbezogene Kompetenzen unterschiedlich ausweisen, gibt es bei den inhaltsbezogenen Kompetenzen eine größere Übereinstimmung: Diese leiten sich aus einer theologischen Systematik ab und zielen auf den langfristigen Aufbau der prozessbezogenen Kompetenzen.[29] Sie lassen sich den Inhalten Glaubenslehre, Koran, Muhammad und sein Leben, andere Propheten, Glaubenspraxis, andere Religionen und Verantwortung des Menschen zuord-

25 Vgl. Kamcili-Yildiz (2021).

26 Niedersächsisches Kultusministerium (2014), 11.

27 Vgl. Ministerium für Kultus, Jugend und Sport Baden-Württemberg (2016c), 6.

28 Vgl. Ministerium für Schule und Weiterbildung des Landes Nordrhein-Westfalen (2014), 14f.

29 Vgl. Niedersächsisches Kultusministerium (2014), 12; Ministerium für Kultus, Jugend und Sport Baden-Württemberg (2016c), 15ff.; Ministerium für Schule und Weiterbildung des Landes Nordrhein-Westfalen (2014), 15–18.

nen.[39] Zu allen Inhaltsfeldern sind Kompetenzerwartungen formuliert, die von Religionslehrkräften in schulinternen Plänen zu konkretisieren sind.

Exkurs: Religiöse Kompetenzen

Der katholische Theologe Ulrich Hemel gehört zu den Pionieren des Begriffs „religiöse Kompetenz", mit dem er sich in seiner 1988 veröffentlichten Habilitationsschrift auseinandersetzte. Nach Hemel ist religiöse Kompetenz „[...] die erlernbare, komplexe Fähigkeit zum verantwortlichen Umgang mit der eigenen Religiosität in ihren verschiedenen Dimensionen und in ihren lebensgeschichtlichen Wandlungen".[31] Er unterteilt Religiosität in die Dimensionen *religiöse Sensibilität, religiöse Ausdrucksfähigkeit, religiöse Inhaltlichkeit, religiöse Kommunikation* und *religiös motivierte Lebensgestaltung*. Diese einzelnen Dimensionen lassen sich nach Hemel auf die zu erwerbenden religiösen Teilkompetenzen übertragen.[32] Das Modell Hemels wurde später im Rahmen der bildungspolitischen Reformen von der Deutschen Bischofskonferenz aufgegriffen und im Jahre 2004 in einem fachspezifischen Raster für den katholischen Religionsunterricht berücksichtigt.

Auf evangelischer Seite wurde von einer Expertengruppe im Comenius-Institut Münster daran gearbeitet, „[...] ein fachdidaktisch begründetes und unterrichtspraktisch erprobtes Modell für grundlegende Kompetenzen religiöser Bildung zu entwickeln".[33] Das Modell enthält zwölf Kompetenzen, die mit vier Gegenstandsbereichen und fünf Erschließungsdimensionen verknüpft werden. Später wurde es in den Einheitlichen Prüfungsanforderungen in der Abiturprüfung, im Orientierungsrahmen der EKD „Kompetenzen und Standards für den Evangelischen Religionsunterricht in der Sekundarstufe I" (2010) als auch in verschiedenen Kerncurricula für den Religionsunterricht und in Lehrwerken rezipiert.

30 Vgl. ebd.
31 Hemel (1988), 674.
32 Vgl. ebd., 675.
33 Fischer/Elsenbast (2006), 5.

3. Didaktische Signatur des kompetenzorientierten Religionsunterrichts

Die Hinwendung zur Kompetenzorientierung ist gerade für den IRU eine große Chance – anders als in der Moscheeunterweisung, in der Lehr- und Lernprozesse eine starke Inhaltsorientierung aufweisen und auf Reproduktion zielen –, die Lebenswelt der Schüler*innen und ihre religiösen (Vor-)Erfahrungen stärker in den Mittelpunkt didaktischer und methodischer Überlegungen zu stellen (→ *Subjektorientierung*). In diesem Sinne unterstützt der kompetenzorientierte IRU muslimische Schüler*innen darin, religiöses Wissen, religiöse Fähigkeiten, Fertigkeiten, Haltungen und Einstellungen zu erwerben. Gleichzeitig unterscheidet die Kompetenzorientierung zwischen religiöser Kompetenz und Glaubensüberzeugung und legitimiert damit religiöse Bildung im öffentlichen Raum der Schule durch den reflexiven Umgang mit dem Islam. Das bedeutet, dass der kompetenzorientierte IRU an die (religiösen) Erfahrungen der Schüler*innen im Alltag anknüpft und sie dabei unterstützt, die eigene Religiosität und das eigene Handeln in Auseinandersetzung mit ihrer Religion zu reflektieren. In diesem Sinne kann der schulische IRU muslimischen Schüler*innen den Rahmen bieten, Reflexions- und Handlungsfähigkeiten zu entwickeln, damit sie auf dieser Grundlage selbstbestimmt und eigenverantwortlich Handlungsentscheidungen für einen verantwortlichen Umgang mit der Religion treffen können.

Es stellt sich an dieser Stelle die Frage, wie die in den Lehrplänen festgeschriebenen inhaltsbezogenen Kompetenzen in die konkrete Unterrichtsplanung aufgenommen und in der Unterrichtspraxis eingeübt werden können. In der islamischen Religionspädagogik fehlt bis dato ein religionsdidaktisches Modell für den IRU. Als einen ersten Ansatz für eine Art Meta-Rahmen schlägt Said Topalovic – in Anlehnung an (religions-)pädagogische Grundlagen und anhand eigener Überlegungen und bisheriger Vorarbeiten – die Berücksichtigung von fünf Bereichen bei der Planung des Unterrichts vor:

1. Interesse wecken: Ausgehend von der engen Verbindung der Themen *Motivation* und *Lernen* schlägt Topalovic die Gestaltung von herausfordernden Aufgaben und einer anregenden Lernumgebung vor. Fragen und Aufgaben im Unterricht sollen sich auf die Lebenswelt der Schüler*innen beziehen und grundlegende Bedürfnisse der Schüler*innen nach Kompetenz, Selbstbestimmung und sozialer Einbindung verbinden.[34]

34 Vgl. Topalovic (2019), 41.

2. Kognitiv aktivieren: Um Denk- und Problemlöseprozesse in Gang zu setzen, bedarf es einer aktiven geistigen Auseinandersetzung mit den Unterrichtsinhalten. Kognitiv aktivierende Aufgaben im Unterricht stellen einen Zusammenhang mit der Lebensrealität der Schüler*innen her und knüpfen dabei an ihre vorhandenen Kenntnisse und Fähigkeiten an.[35]

3. Emotional aktivieren: Neben der kognitiven Ebene wird auch die emotionale Ebene angesprochen. Es geht darum, die Schüler*innen innerlich anzuregen, damit Unterrichtsinhalte und Lernerfahrungen wahrgenommen, reflektiert und gefühlt werden. Emotionalaktivierende Unterrichtssituationen können als Anforderung an emotionale Erlebnisse aus der Lebenswelt der Schüler*innen in den Unterricht integriert werden, aber auch durch emotionale Lieder, Gedichte, Begegnungen, Exkursionen etc. diesen Prozess unterstützen. Das Ziel ist dabei, dass die Schüler*innen befähigt werden, ihre Emotionen konstruktiv für das Lernen und die Aneignung einzusetzen.[36]

4. Aktiv-konstruktives Lernen ermöglichen: Lernen und Aneignung ist ein aktiver, selbstgesteuerter und konstruktiver Prozess. Damit Lernen jedoch eine produktive Aneignung ermöglichen kann, werden innere und äußere Lern- und Aneignungsstrategien entwickelt und eingeübt, bis die Schüler*innen selbstständig in der Lage sind, sich durch den Einsatz der Lern- und Aneignungsstrukturen neues Wissen, neues Können und neue Haltungen anzueignen. Dabei machen sich die Religionslehrkraft und die Schüler*innen gemeinsam auf die Sinnsuche und auf die Suche nach Anknüpfungspunkten für den religiösen Alltag. Die Religionslehrkraft regt Lernprozesse an und begleitet diese, die Schüler*innen sind aktiv in die Antwortsuche eingebunden.[37]

5. Reflexionstechniken entwickeln: Die Lernerfahrungen und Lernergebnisse werden im Anschluss reflektiert, indem die Schüler*innen sich mit den Fragen beschäftigen, was neu und bedeutsam für sie war, aber auch, welche Bedeutung das Erlernte für ihr zukünftiges Handeln und Denken haben kann. Damit dienen solche Reflexionsprozesse als mögliche Orientierung für künftige Handlungsentscheidungen.[38]

Konkretere Modelle, wie im Religionsunterricht kompetenzorientiert gelehrt und gelernt werden kann, wurden in vielen Fachdidak-

---

35 Vgl. ebd.
36 Vgl. ebd., 41f.
37 Vgl. ebd., 42f.
38 Vgl. ebd., 43.

tiken, u. a. in der evangelischen und katholischen Religionspädagogik, entworfen.[39] Das didaktische Modell von Andreas Feindt, das in Anlehnung an den Erziehungswissenschaftler Hilbert Meyer und seine allgemeindidaktischen Kriterien von gutem Unterricht[40] entwickelt wurde, wurde in Forschungsprojekten auf den evangelischen und katholischen Religionsunterricht angewendet.[41] Aufgrund seiner Praxistauglichkeit bildet das Modell von Feindt auch eine fundierte Grundlage für den Einsatz im islamischen Religionsunterricht.

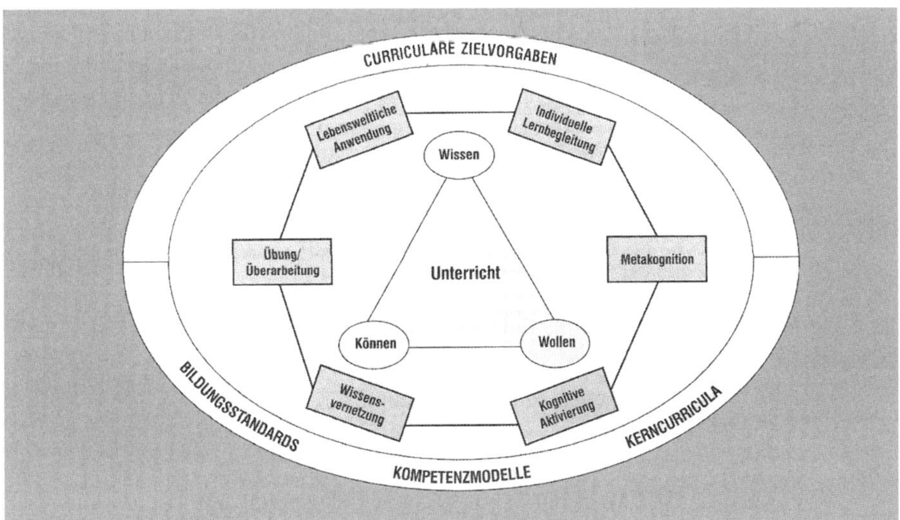

Abbildung 1: Die sechs Merkmale des kompetenzorientierten Unterrichts nach Andreas Feindt[42]

Merkmale des kompetenzorientierten Unterrichts

Dem Modell liegt auch die Kompetenzdefinition von Franz Weinert zugrunde, die sich in den empirischen Bildungswissenschaften maßgeblich durchgesetzt hat.

Im Mittelpunkt des didaktischen Modells von Feindt steht der Unterricht, der auf den Erwerb von Kompetenzen zielt. Die Ecken des didaktischen Dreiecks sind mit den für die Kompetenzentwicklung grundlegenden Dimensionen *Wissen*, *Können* und *Wollen* be-

39 Vgl. u. a. Obst (2008) und Michalke-Leicht (2011).
40 Meyer, Hilbert (2004).
41 Sajak/Feindt (2012).
42 Feindt (2010), 87.

legt. Diese drei Dimensionen sind in der Kompetenzdefinition von Franz Weinert die entscheidenden Kategorien.

Der Außenkreis gibt die curricularen Zielvorgaben in Form von Bildungsstandards vor, die in den Kerncurricula festgelegt sind. Hieraus ergibt sich die Frage, *wie* der Unterricht so gestaltet werden kann, dass er den Erwerb der angezielten Kompetenzen tatsächlich befördert.

Den Mittelkreis bilden die Lernenden und ihre Auseinandersetzung mit den Lerngegenständen. Dabei steht *die kognitive Aktivierung* der Schüler*innen durch anspruchsvolle, aber gut abgestimmte Aufgabenstellungen im Vordergrund, womit das neu Gelernte durch Übungen bzw. Überarbeitungen mit vorhandenem *Wissen und Können vernetzt* werden kann. Ferner sollen die Lernenden sich mit den Lerngegenständen selbstaktiv und anhand *lebensweltbezogener Anwendungssituationen* auseinandersetzen. Die *individuelle Begleitung* dieser Lernprozesse und die Reflexion des Lernfortschritts durch die Schüler*innen bezeichnet Feindt als *Metakognition.*

Überprüfungsfragen

Ob die einzelnen Elemente des methodischen Dreiecks abgerufen worden sind, kann die Lehrkraft mit folgenden Fragen überprüfen:

- „War der Unterricht von der angestrebten Kompetenz her gedacht und geplant?
- Ist der Unterricht in eine langfristige Sequenz eingebettet?
- Knüpft der Unterricht an die Lebenswelt der Schüler/innen an?
- Hatten die Schüler/innen die Zeit, ihr Wissen selbständig aufzubauen?
- Hatten die Schüler/innen Gelegenheit, ihr Wissen anzuwenden?
- Wurden angemessene Aufgaben zur Kompetenzentwicklung eingesetzt?
- Wurde konsequent mit Operatoren gearbeitet?
- Hatten die Schüler/innen Gelegenheit, über ihren Lernprozess zu reflektieren?“[43]

Die Kompetenzorientierung lässt sich am folgenden Beispiel zum Thema *Koran* konkretisieren:

- Eine *Wissensvernetzung* findet im IRU statt, indem die Religionslehrkraft zu Beginn der Unterrichtsreihe z. B. in Form eines Brainstormings die Kenntnisse der Schüler*innen über den Koran einholt.

43 Staatsinstitut für Schulqualität und Bildungsforschung München (2009).

- Die Schüler*innen entdecken *eigenständig* z. B. den Aufbau des Korans, indem sie erkennen, dass der Koran in Suren und Verse unterteilt ist, diese durchnummeriert sind und einzelne Suren und Verse nach dem Offenbarungsort als mekkanisch und medinensisch eingeteilt werden können.
- Mit dem Erstellen einer Art Gebrauchsanweisung für eine Person ihrer Wahl, die nicht der Religionsgemeinschaft angehört, findet u. a. eine *lebensweltliche Orientierung* mit einer Art schriftlicher Übung durch das Übertragen des Gelernten in eine kreative Form, z. B. Text oder bildliche Gestaltung, statt. Zudem erfordert dies auch die *kognitive Aktivierung* des Lernstoffes.
- Am Ende der Unterrichtsreihe *reflektieren* die Schüler*innen ihren Lernprozess z. B. mit der Methode des Standpunktbeziehens.

Anforderungssituationen

Eine besondere Bedeutung bei der Gestaltung des kompetenzorientierten Religionsunterrichtes kommt nach der evangelischen Religionspädagogin Gabriele Obst den Anforderungssituationen zu, mit der Lebenswelt und Lernsituation der Schüler*innen in eine Beziehung gesetzt werden. Solche Anforderungssituationen als didaktischer Ausgangspunkt religiöser Lernprozesse, in denen man entsprechende Situationen aus dem außerschulischen Alltag aufspürt und sie in unterrichtliche Kontexte transformiert, können eine bedeutende Rolle übernehmen. Obst fasst Anforderungssituationen als grundlegende, elementare Herausforderungen auf, mit denen sich Schüler*innen auseinandersetzen müssen, wenn sie Kompetenzen religiöser Bildung für das Leben in dieser Gesellschaft erwerben wollen. Anforderungssituationen können im Lernprozess fruchtbar gemacht werden, indem sie

- an die Lebenssituation der Schüler*innen und damit auch deren Motivation rückgebunden werden.
- darin unterstützen, Voreinstellungen und Vorwissen der Schüler*innen zu diagnostizieren.
- definieren, welche Kompetenzen in einer Unterrichtssequenz aufzubauen sind.
- auf einen schrittweisen Kompetenzaufbau, bei dem sich neues Wissen, neue Fertigkeiten, Fähigkeiten und Einstellungen mit bisher Angeeignetem verbinden können, achten.
- die in einer Unterrichtssequenz erworbenen Kompetenzen überprüfen helfen.[44]

44 Vgl. Bürig-Heinze et al. (2014), 9.

Anforderungssituationen lassen sich am folgenden Beispiel eines Einsatzes im IRU konkretisieren:

‚Stell dir folgende Situation vor: Deine Klassenkameradin Sophia wohnt in der Nähe einer Moschee. Nach Beginn des Ramadans kommt sie auf dich zu. Seit ein paar Tagen beobachtet sie, dass abends kurz vor Sonnenuntergang viele Muslim*innen in die Moschee kommen. Zunächst essen sie gemeinsam im Gemeinderaum und gehen später in den Gebetsraum. Sophia möchte von dir wissen, was in der Moschee passiert und was die Gründe dafür sind. Wie könnte deine Antwort darauf lauten? Schreibe diese auf.‘

Diese fiktive Anforderungssituation eignet sich für Schüler*innen in der fünften Klasse zum Thema *Ramadan und Fasten*, weil sie den *lebensnahen Kontext* an vorhandene Wissens- und Erfahrungsstrukturen anknüpft. Die beschriebene Situation ist insofern *authentisch*, als sie sich so oder ähnlich ereignen kann. Die Anforderungssituation hat eine *Alltagsrelevanz* und die sich daraus ergebende Fragestellung ist für die Schüler*innen bedeutsam und motivierend, da Muslim*innen in Deutschland als religiöse Minderheit immer wieder mit solchen Fragen konfrontiert sind. Weiterhin eröffnet die Anforderungssituation Möglichkeiten, *eigenverantwortlich* den Lernweg zu bestimmen und konkret zu überlegen, auf welche theologische und soziale Dimension des Ramadans eingegangen werden kann.

4. Kompetenzorientierte Aufgabenformate

Kompetenzerwerb vollzieht sich auf der Grundlage fundierten Wissens, das von den Lernenden angeeignet, organisiert, vernetzt, gesichert und ausgewertet wird. Im kompetenzorientierten Religionsunterricht kommt der Gestaltung der Aufgabenstellung eine zentrale Funktion zu, mit deren Hilfe die Lernenden die Aufgaben bearbeiten, klären, lösen, diskutieren oder Ergebnisse überprüfen. Die herausfordernden Aufgabenstellungen unterstützen die Schüler*innen dabei, ihre vorhandenen Kompetenzen zu erweitern, auszudifferenzieren, zu vertiefen, aber sich auch neues Wissen und neue Fähigkeiten anzueignen. Gerade muslimische Schüler*innen sind als Angehörige einer Minderheitenreligion herausgefordert, sich mit deren heterogenen Positionen und Traditionen auseinanderzusetzen und einen eigenen Standpunkt zu entwickeln. Der kompetenzorientierte Religionsunterricht kann daher auch helfen, sich mit (fremd-)religiösen Konstruktionen auseinanderzusetzen und sich persönlich zu positionieren.

Aufgabenformate
Aufgabenformate können *geschlossen, halboffen* oder *offen* sein. Alle drei Arten haben durchaus ihren Sinn, für das kompetenzorientierte Arbeiten aber sind die halboffenen und offenen Formate zielführender. Geschlossene Formate wie etwa Multiple-Choice-Aufgaben setzen weitgehend auf eine Reproduktion von Inhalten und Wissen. Dadurch gerät das selbstständige Denken in den Hintergrund und Transferleistungen werden vernachlässigt. Halboffene Aufgaben wie etwa Ergänzungsaufgaben zeichnen sich dadurch aus, dass Schüler*innen mehrere Antworten, aus denen sie auswählen, zuordnen oder ergänzen können. Bei offenen Aufgaben hingegen steht das selbstständige Agieren mit kreativem Denken im Vordergrund. Offene Lernformate, wie etwa begründete Stellungnahmen, eignen sich in besonderer Weise dazu, Kompetenzen aus verschiedenen Wissensgebieten in Bezug auf Problemlösungen anzuwenden.

Die Anforderungen an die Aufgabenformate werden wie folgt gebündelt:

„Lernaufgaben
- setzen bei einer herausfordernden, hinreichend komplexen Problemlage an, die möglichst auf die Erfahrungs- und Vorstellungswelt der Kinder und Jugendlichen bezogen ist,
- erschließen exemplarisch einen größeren Sachzusammenhang,
- zielen auf eine kognitive Aktivierung der Schüler und fordern sie zu hoher Eigentätigkeit heraus,
- knüpfen an vorhandenem Wissen, Erfahrungen und bereits erworbenen Kompetenzen an und ermöglichen den Aufbau vernetzten Wissens,
- ermöglichen unterschiedliche Lernstrategien und Lösungswege,
- bieten notwendige Informationen und Hilfen bei der Bearbeitung,
- erörtern die Chance, dass das erforderliche neue Wissen von den Schülern eigenständig angeeignet und angewendet werden kann,
- zielen in der Regel auf ein Lernprodukt und ermöglichen die Präsentation von Lernergebnissen,
- befähigen die Schülerinnen und Schüler, unterschiedliche Leistungsniveaus zu erreichen,

- bieten nach Leistung und Interesse differenzierende Teilaufgaben,
- leiten die Schüler an, ihren Lernweg zu reflektieren und zu kontrollieren, ob sie bei der Bearbeitung erfolgreich gewesen sind,
- und stärken das Selbstkonzept der Schülerinnen und Schüler (Erfolg, Selbstwirksamkeit).“[45]

Es bleibt zu beachten, dass der Kompetenzerwerb sich in langfristigen Lernprozessen vollzieht, in denen im Sinne eines kumulativen Aufbaus unterschiedliche Niveaustufen aufeinander aufgebaut und miteinander verknüpft werden. Daher kann nicht erwartet werden, dass in jeder Unterrichtsstunde alle Kriterien erfüllt werden. Kompetenzorientierte Aufgabenstellungen erfordern vielmehr einen verantworteten Einsatz und die Anbahnung langfristiger Lernprozesse. Da nachhaltige Lernprozesse ein permanentes Üben und Wiederholen erfordern, ist ein Transfer in methodische Variationsformen und neue Kontexte von Relevanz. Zur Überprüfung der erworbenen Kompetenzen sind kontextbezogene Aufgabenstellungen wichtig, die unterschiedliche Erkenntniswege zulassen und sich auf fachbezogene prozess- und inhaltsorientierte Kompetenzen beziehen. Es ist auch ersichtlich, dass kompetenzorientierte Aufgabenstellungen viel mehr Zeit in Anspruch nehmen als reine Wissensabfragen. Wenn man allerdings bedenkt, dass kompetenzorientiertes Arbeiten von den Schüler*innen die Erschließung des Lernweges durch das selbstständige Organisieren des Lernweges verlangt, können ihre Kenntnisse, Fähigkeiten und Fertigkeiten nachhaltig weiterentwickelt werden.

Kompetenzerwerb als langwieriger Prozess

Zudem ist zu berücksichtigen, dass offene Lernaufgaben eine hohe Komplexität aufweisen und der metakognitive Gehalt nicht unterschätzt werden darf. Ergebnisse aus der Lernforschung legen eher nahe, zwei unterschiedliche Aufgabenformate anzubieten: zum einen Lernaufgaben, die im Sinne entdeckenden Lernens eher offen, selbstgesteuert und konstruktiv angelegt sind; zum anderen aber auch Lernaufgaben, die im Sinne eines instruierten Lernens eher eng, lehrergesteuert und instruktiv angelegt sind. So ist gewährleistet, dass ein gutes Gleichgewicht von Konstruktion und Instruktion herrscht und Lernangebote für alle Schüler*innen gemacht werden.[46]

45 Lenhard (2018), 13f.
46 Vgl. Woppowa (2018), 159.

5. Anregungen zur persönlichen Vertiefung

Lesen Sie sich die Anforderungssituation zu Beginn des Kapitels noch einmal durch. Welche Empfehlungen würden Sie der Lehrkraft im Sinne der Kompetenzorientierung im Religionsunterricht geben? Beziehen Sie sich dabei auf drei Aspekte aus dem Modell von Andreas Feindt, indem Sie sie auch auf die gesehene Unterrichtsstunde hin konkretisieren.

1. **Biografisch:** Welche Erfahrungen haben Sie persönlich als Kind mit dem Religionsunterricht in der Schule oder in der Moschee gemacht? Welche Kompetenzen haben Sie dabei erworben? Vergleichen Sie Ihren damaligen Lernertrag mit einem kompetenzorientierten Religionsunterricht.
2. **Theologisch-anthropologisch:** Der kompetenzorientierte Religionsunterricht stellt die Schüler*innen in den Mittelpunkt der unterrichtlichen Lehr- und Lernprozesse. Betrachten Sie diese Ausrichtung unter dem Aspekt der Hinzunahme islamischer Quellen.
3. **Bildungstheoretisch:** Diskutieren Sie, inwieweit die Kompetenzorientierung Möglichkeiten eröffnet, dass muslimische Schüler*innen als religiös mündige Subjekte selbstverantwortet handeln lernen.
4. **Didaktisch:** Suchen Sie sich zwei, drei Aspekte eines kompetenzorientierten Unterrichts oder Aufgabenstellungen heraus und entwickeln Sie Ideen, wie diese mit einem Thema ihrer Wahl konkretisiert werden können.

Weiterführende Literatur

Möller, Rainer/Sajak, Clauß Peter/Khorchide, Mouhanad (Hrsg.) (2014), Kompetenzorientierung im Religionsunterricht: Von der Didaktik zur Praxis. Beiträge aus evangelischer, katholischer und islamischer Perspektive, Münster.

II.3. Sprachsensibilität

Religiöse Sprachfähigkeit ist ein wesentliches Ziel religiöser Bildung. Ein sprachsensibler IRU vereint die allgemeine Anforderung, eine Bildungssprache zu erwerben mit der konkreten Anforderung, eine islamisch-religiöse Fachsprache zu erlernen.

Eine besondere Schwierigkeit im IRU bilden die heterogenen religiösen Spracherfahrungen muslimischer Schüler*innen in ihren Familien und womöglich auch im Moscheeunterricht. Die religiöse Sozialisation erfolgt oft noch in der Herkunftssprache der Eltern. Allgemeine Sprachbildung und fachliche Sprachbildung gehören zusammen. Um religiöse Traditionen und Erfahrungen in deutscher Sprache erschließen zu können, bedarf es sprachsensible Lernarrangements mit differenzierten Unterstützungsangeboten.

Anforderungssituation
Stellen Sie sich folgende Situation vor: Sie erstellen gemeinsam mit den Fachkonferenzen für evangelische und katholische Religionslehre ein schulinternes Konzept für das sprachsensible Lernen im Religionsunterricht. Während der Sitzung weisen Sie darauf hin, dass in dem Konzept auch der Umgang mit arabischen Begriffen thematisiert werden müsse. Ein christlicher Kollege schaut sie erstaunt an und äußert sich: „Sollten die Schüler*innen nicht zuerst einmal ordentlich Deutsch lernen, bevor sie sich mit islamischem Fachvokabular, und dann noch auf Arabisch, befassen?“

1. Thematische Einführung

Der Großteil der am IRU teilnehmenden muslimischen Schüler*innen hat eine andere Herkunftssprache als Deutsch. In den meisten Fällen werden muslimische Kinder in Deutschland in der Herkunftssprache der Familie religiös sozialisiert. Wenn sie aufgefordert sind, Auskunft über ihren Glauben zu geben, stehen sie oft vor der Schwierigkeit, über islamisch-theologische Inhalte in deutscher Sprache zu sprechen, islamische Fachbegriffe in deutscher Sprache zu benutzen oder generell über ihren Glauben zu sprechen,[47] weshalb der Sprachbildung im IRU eine besondere Rolle zukommt.

Untersuchungen der letzten Jahre weisen darauf hin, dass es einen engen Zusammenhang zwischen fachlichem und sprachlichem Lernen gibt. In der empirischen Bildungsforschung wird Sprache

47 Vgl. Uçar (2011), 197f.; Arslan (2011), 201.

als ein entscheidender innerer Faktor des Unterrichtsgeschehens identifiziert. Sprachbildung leistet einen eigenen Beitrag zum schulischen Bildungsziel der gesellschaftlichen Teilhabe und Bildungsgerechtigkeit.[48]

enger Zusammenhang zwischen fachlichem und sprachlichem Lernen

Aus diesen Gründen sind in den letzten Jahren in diversen Fachdidaktiken Konzepte eines sprachsensiblen bzw. sprachbewussten Fachunterrichts entwickelt worden. Sie erheben – wie eine Reihe anderer Querschnittsthemen wie Kompetenzorientierung, Inklusion oder Digitalisierung – den Anspruch, den schulischen Unterricht fächerübergreifend weiterzuentwickeln. Dabei besteht das Anliegen des sprachsensiblen Fachunterrichts im Kern darin, die enge Verwobenheit von Fachlichkeit und Sprachlichkeit in allen Lernprozessen konsequent zu berücksichtigen. „Das bedeutet zunächst, sich der sprachlichen Anforderungen und Hürden bewusst zu werden, die in jedem Unterrichtsgegenstand, den verwendeten Materialien und in den Unterrichtsformen verborgen liegen. Es erfordert aber darüber hinaus, sich die sprachlichen Voraussetzungen der Lernenden in ihrer Heterogenität zu vergegenwärtigen und diese mit den verfolgten Zielen abzugleichen."[49]

Gerade religiöse Sprache ist vielschichtig, sie ist mehrdeutig und kulturell abhängig.[50] So komplex und schwer verständlich sie manchmal erscheint: Durch Sprache werden religiöse Inhalte erst erfahrbar, greifbarer und denkbar. Denn Sprache ist unbedingt notwendig für Denkprozesse. Sprache und Denken hängen ganz eng zusammen. Darum stellt auch religiöse Sprache ein „Mittel zur Ausbildung religiöser Sinnhaftigkeit"[51] dar. Sollen im IRU Ambiguitätstoleranz, Reflexions- und Kommunikationsfähigkeit eingeübt werden, braucht es auch ein Einüben in eine differenzierende, reflektierende und sach- sowie adressatenbezogene Sprache.

Sprach*bildend* kann daher ein Unterricht genannt werden, „der – unter den jeweiligen Bedingungen des Fachs – gezielt zu einer sprachlichen Handlungsfähigkeit hinführt, die es ermöglicht, sich mit den Mitteln der Schulbildung ein Orientierungswissen zu verschaffen".[52] Es gilt, Sprache in ihrer epistemischen Funktion als Mittel des Denkens und des Kommunizierens einzusetzen, um so Sprache und Inhalt miteinander zu verknüpfen.[53] In diesem Sinne ist der IRU wie jedes andere Schulfach auch Sprachunterricht.

48 Vgl. Schulte (2021), 80.
49 Altmeyer 2021, 15.
50 Vgl. Altmeyer (2014), 171.
51 Altmeyer (2014), 155.
52 Riebling (2013), 57.
53 Vgl. Morek/Heller (2012).

2. Sprache in den Lehrplänen des IRU

sprachliche Anforderungen

Die Kernlehrpläne für den IRU zeigen ein breites Spektrum an prozessbezogenen Kompetenzen, die für die Erschließung von Religion in unterrichtlichen Kontexten als bedeutend angesehen werden. Für die islamisch bedeutsame Ausdrucks- und Handlungsfähigkeit der Schüler*innen wird eine Reihe von sprachlichen Anforderungen in Form von Verbalsubstantiven genannt. So gehören Wahrnehmen und Darstellen, Deuten, Urteilen, Kommunizieren und Dialogfähig-Sein, Gestalten und Handeln zu den prozessbezogenen Kompetenzen in der Grundschule in Baden-Württemberg.[54] Die sprachlichen Anforderungen nehmen in der Sekundarstufe I und II weiter an Komplexität zu. Die Schüler*innen sollen religiös bedeutsame Fragestellungen „wahrnehmen und zum Ausdruck bringen",[55] religiös bedeutsame Ausdrucksformen aus „religiöser Sicht verstehen und deuten"[56] oder religiöse und ethische Fragestellungen „vergleichen, begründet urteilen und eine eigene Position einnehmen"[57].

Die Kernlehrpläne für den IRU vertreten in Bezug auf Sprachbildung u. a. den Anspruch,

- im gesamtgesellschaftlichen Kontext die Sprach- und Dialogfähigkeit der muslimischen Schüler*innen zu fördern, „wofür die Benennung von Verbindendem und Gemeinsamem mit dem gleichen dafür gebräuchlichen Wort sinnvoll ist und einer ungerechtfertigten sprachlichen Abgrenzung vorbeugt".[58]
- den Umgang mit den originalen Formen zentraler islamischer Bezeichnungen im Alltag oder im Sinne eines gemeinsamen Wortschatzes der Muslim*innen zu fördern und so zur fachlichen Kompetenz der Schüler*innen beizutragen.[59]
- eine religiöse Gesprächskultur herauszubilden, die die Schüler*innen „zur Kommunikation über Religion sowie religiöse und spirituelle Gehalte und Erfahrungen befähigt".[60]

---

54 Ministerium für Kultus, Jugend und Sport Baden-Württemberg (2016a), 9f.
55 Ministerium für Kultus, Jugend und Sport Baden-Württemberg (2016c), 12.
56 Ebd.
57 Ebd. 13.
58 Ministerium für Kultus, Jugend und Sport Baden-Württemberg (2016a), 8/ Ministerium für Kultus, Jugend und Sport Baden-Württemberg (2016c), 9.
59 Vgl. Ministerium für Kultus, Jugend und Sport Baden-Württemberg (2016c), 10/ Ministerium für Schule und Weiterbildung des Landes Nordrhein-Westfalen (2013), 11/ Ministerium für Schule und Weiterbildung des Landes Nordrhein-Westfalen (2014), 10 Niedersächsisches Kultusministerium (2014), 15.
60 Ministerium für Kultus, Jugend und Sport Baden-Württemberg (2016c), 10.

Auch der Beitrag des IRU zur durchgängigen Sprachbildung wird thematisiert und betont: „Der Unterricht findet in deutscher Sprache statt und fördert die mündlichen und schriftlichen Ausdrucksmöglichkeiten der Schülerinnen und Schüler.“[61] Einzelne Fachbegriffe werden den inhaltlichen Kompetenzanforderungen zugeordnet, darunter sind auch arabische Begriffe wie z. B. *„taqlīd“*[62], *„asbāb an-nuzūl“*[63] *„sahīh, da'īf“*.[64]

Im schulischen IRU ist neben der deutschen Sprache auch das Arabische von Relevanz, denn im Unterricht kommen vielfältige fachspezifische Termini in arabischer Sprache zum Einsatz, die nicht nur Begriffe sind, sondern auch oft Konzeptionen implizieren. Das Arabische ist über Jahrhunderte die Sprache einer wissenschaftlichen Beschäftigung mit dem Islam geblieben, sodass viele islamische Fachbegriffe auch in die Sprachen von muslimischen Kulturen Eingang gefunden haben, wie etwa *sadaka* oder *rahmet* im Türkischen. Dieser Prozess findet derzeit auch mit der deutschen Sprache statt. Islamische Fachbegriffe wie *Koran, Sunna, Halal, Dschihad* oder *Scharia* sind mittlerweile in einer eingedeutschten Schreibweise in den Duden übernommen worden. Allerdings zeigt sich bei einzelnen Begriffen, dass der komplexe und differenzierte Gehalt der fachspezifischen Dimension bei der Übernahme verloren geht und die Bedeutung eindimensional erscheint. So gibt der Duden für *Dschihad* die allgemein verbreitete Erklärung „oft als ‚Heiliger Krieg‘ bezeichneter Kampf der Muslime zur Verteidigung und Verbreitung des Islams“[65] als erste Übersetzung an und erst als weitere Bedeutung „zu den muslimischen Grundpflichten gehörendes Streben, nach dem islamischen Glauben zu leben“,[66] die näher an der koranischen Bedeutung des Begriffs liegt. Das Beispiel zeigt, dass bestimmte hoch konnotative und mit kulturellen Erfahrungen codierte Begriffe nicht übersetzbar sind, sondern nur annäherungsweise umschrieben werden können.[67] Daher erscheinen (religiöse) Sprachbildung und die Kommunikation über ihre theologischen Grundlagen in deutscher Sprache für muslimische Schüler*innen mehr als substanziell. Diesen Aspekt greift auch der Bildungsplan in Baden-

---

61 Niedersächsisches Kultusministerium (2014), 8.
62 Ebd, 18.
63 Ebd., 20.
64 Ebd., 21.
65 https://www.duden.de/rechtschreibung/Dschihad; aufgerufen am 05.05.2022.
66 Ebd.
67 Vgl. Ulfat (2019) für eine Auseinandersetzung mit den Begriffen Religion und Islam.

Württemberg auf: „Wo auf die in der islamischen Gemeinschaft eingebürgerten originalen Begriffe nicht verzichtet werden kann, werden sie wegen der Verständigung über verschiedene Sprachgrenzen hinweg in ihrer arabischen Form verwendet“[77] und listet im Glossar die verwendeten arabisch-islamischen Fachtermini und ihre Transkription auf.[78]

Sprachbildung im IRU
Der IRU besitzt eine sprachbildende Aufgabe. Sie akzentuiert einen sprachbewussten IRU, erweitert die Bildungsziele auf ihr sprachbildendes Potenzial hin und betont die Notwendigkeit religiöser Sprachbildung vor dem Hintergrund bildungstheoretischer, religionsdidaktischer und gesellschaftlicher Entwicklungen. Sprachliche Fähigkeiten in diesen Bereichen müssen gezielt in einem sprachsensiblen Fachunterricht angebahnt und vertieft werden.

Fachlichkeit und Sprachlichkeit

Ausgehend von der engen Verbindung zwischen Fachlichkeit und Sprachlichkeit ergibt sich für den IRU die Herausforderung, zum einen den Unterricht auf seine sprachlichen Anforderungen hin zu befragen und zum anderen den Schüler*innen entsprechend ihren sprachlichen Fähigkeiten gezielte Unterstützungsangebote zu machen. Hierzu sollten die Lehrpersonen die Bildungsvoraussetzungen der Schüler*innen kennen – vor allem die religiösen Sozialisationsinstanzen, die Aufschluss darüber geben können, ob Religion in einer Alltagssprache oder in einer Bildungssprache vermittelt wurde. Insbesondere Schüler*innen, die mit einer anderen Sprache als Deutsch aufgewachsen sind, bedürfen auch im IRU der besonderen sprachlichen Förderung und Unterstützung, um das unterrichtliche Lernangebot erfolgreich nutzen zu können. In diesem Sinne sind „bei allen fachlichen stets die korrespondierenden sprachlichen Kompetenzerwartungen mitzudenken“[70].

68 Ministerium für Kultus, Jugend und Sport Baden-Württemberg (2016c), 10.
69 Vgl. ebd., 64ff.
70 Schulte (2021), 82.

3. (Religiöse) Sprachbildung im IRU

Für das Fach IRU, dessen Didaktik noch in den Anfängen ihrer Entwicklung steht, wurden bisher nur wenige Schulbücher konzipiert bzw. auch von den jeweiligen Kultusministerien zugelassen. Für die muslimischen Religionslehrkräfte bedeutet dies, dass sie ihre Lehr- und Lernmaterialien den didaktischen Zwecken entsprechend weitgehend eigenständig entwickeln, zusammenstellen und an die Lerngruppe anpassen müssen. Eine besondere Aufgabe kommt auf sie bei der Auswahl von Fachtexten zu, die sprachlich meist sehr komplex sind und das fachliche Lernen erheblich erschweren oder gar nicht erst möglich machen. Daher ist es eine der wichtigsten Aufgaben einer Lehrperson, zunächst die sprachlichen Herausforderungen eines Textes für die eigenen Schüler*innen zu identifizieren. Dafür bedarf es einer sprachlichen Analyse und didaktisch-methodischen Anpassung der Texte. Neue Fachbegriffe brauchen eine Klärung, bereits eingeführte müssen aktiviert, grammatische Phänomene, die gehäuft auftreten, sollen explizit thematisiert und die Struktur des Textes transparent gemacht werden.[71]

Eine übergreifende Bedeutung in der Sprachbildung im IRU nehmen islamisch-theologische Fachbegriffe ein, die zwar im IRU implizit erwähnt, deren Bedeutungsspektrum aber nicht expliziert thematisiert wird. Zudem sind Fachbegriffe abstrakt und vielfältig interpretierbar. Damit Schüler*innen im IRU die Bedeutungen eines Begriffes kennenlernen und dessen vielfältige, subjektiv gefärbte Übersetzungen reflektieren können, ist ein differenzierter Umgang mit der Bedeutungs- und Einsatzvielfalt erforderlich. In den höheren Jahrgangsstufen können auch der etymologische Ursprung und vor allem der historische Kontext bei der Erschließung herangezogen werden.

Um die Sprachteilhabe der Schüler*innen mithilfe von Begriffen, Syntax und des Einsatzes in kommunikativen Situationen fördern zu können, braucht die Religionslehrkraft didaktisch aufbereitete Texte, die relevante sprachliche Phänomene im Unterricht oder in den entsprechenden Materialien thematisieren.[72] Welche sprachlichen Merkmale einer expliziten Behandlung bedürfen, entscheidet die Lehrperson auf Grundlage des Sprach- und Leistungsstands der Schüler*innen und der bisher vermittelten Inhalte.

71 Vgl. Kassem (2021), 312.

72 Vgl. Reis/Lenze/Nagels/Potthast (2021), 162.

Sprachsensible Aufgaben
Sprachsensible Aufgaben fordern zur mündlichen und schriftlichen Anwendung von Sprache auf. Die Alltagssprache wird mit schriftsprachlichen und fachsprachlichen Strukturen angereichert und ein gemeinsamer, gut geübter Wortschatz zur Verfügung gestellt.

Um ein sprachsensibles Arbeiten im IRU darzustellen, orientieren wir uns an den zwölf Standardsituationen von Josef Leisen. Leisen geht davon aus, dass Schüler*innen im Fachunterricht sprachliche Situationen bewältigen müssen. Diese umfassen neben dem reinen Sprechen alle kommunikativen Situationen, die beim fachlichen Lernen zur Anwendung kommen. Da Fachsprache auch zugleich alle Elemente der sogenannten Schriftlichkeit enthält, können solche Situationen sowohl in mündlicher als auch in schriftlicher Form vorkommen. Leisen unterscheidet je nach Anspruch zwölf Standardsituationen und gliedert sie in vier sprachliche Kompetenzbereiche ein:

4 sprachliche Kompetenzbereiche	12 sprachliche Standardsituationen
Wissen sprachlich darstellen	1. etwas darstellen und beschreiben
	2. eine Darstellungsform verbalisieren
	3. fachtypische Sprachstrukturen anwenden
Wissenserwerb sprachlich begleiten	4. einen Sachverhalt präsentieren und strukturiert vortragen
	5. eine Hypothese, Vorstellung, Idee äußern
	6. fachliche Fragen stellen
Wissenserwerb mit anderen sprachlich verhandeln	7. einen Sachverhalt erklären und erläutern
	8. ein fachliches Problem lösen und verbalisieren
	9. auf Argumente eingehen und Sachverhalte diskursiv erörtern
Text- und Sprachkompetenz ausbauen	10. Fachtexte lesen
	11. Fachtexte verfassen
	12. Sprachkompetenz sichern und ausbauen (Üben)

Tabelle 1: Sprachliche Standardsituationen im Fachunterricht[73]

73 Leisen (2013), 107.

Der Kompetenzbereich „Wissen sprachlich darstellen“ nutzt in den Standardsituationen in hohem Maße Standardformulierungen. Diese folgen vorgegebenen Mustern und haben Wiederholungscharakter. Sie können trainiert werden und eignen sich besonders für sprachschwache Schüler*innen.

Der Kompetenzbereich „Wissenserwerb sprachlich begleiten“ zeigt den Schüler*innen, ob sie Inhalte korrekt und fachlich angemessen formuliert wiedergeben können, indem sie z. B. einen Sachverhalt präsentieren oder eine fachliche Idee äußern.

Für den Kompetenzbereich „Wissen mit anderen sprachlich verhandeln“ benötigen Schüler*innen nicht nur ein fachliches, sondern auch ein methodisches Verständnis. Die Bewältigung ist inhaltlich wie sprachlich sehr anspruchsvoll, da die Perspektive der anderen und deren Wissen bedacht und Kommunikationsformen des Argumentierens eingeübt sein müssen.

Der Kompetenzbereich „Text- und Sprachkompetenz ausbauen“ schließlich beschäftigt sich mit Texterschließung, Textproduktion und Sprachübungen.

Je nachdem, welche Standardsituationen zu bewältigen sind, brauchen Schüler*innen entsprechende Aufgabenstellungen, aus denen jeweils die Handlungsoption hervorgeht.

Scaffolding

Im nächsten Schritt wollen wir ausgehend von dem Konzept des Scaffolding zeigen, wie differenzierte Unterstützungsangebote sprachlich und religiös heterogenen Schüler*innen helfen, auf Deutsch religiös sprachfähig zu werden. Das Scaffolding geht davon aus, dass Lernende durch vorübergehende sprachliche wie fachliche Hilfestellungen viel mehr erreichen können als ohne Hilfe.[74] Dabei werden den Schüler*innen temporäre Unterstützungen angeboten, die ihnen dabei helfen, sich Inhalte und Kompetenzen anzueignen. Diese Hilfen entfallen in dem Maße, in dem die Schüler*innen selbstständiger werden.[75]

Für die Lehrkräfte heißt es zunächst, eine Bedarfsanalyse durchzuführen und zu analysieren, welche sprachlichen und inhaltlichen Anforderungen im Lerngegenstand stecken, die für das Verstehen wichtig sind. Durch eine Lernstandsanalyse der Lerngruppe bzw. des individuellen Lerners erfasst die Lehrkraft, auf welchen fachlichen wie sprachlichen Kompetenzen sie aufbauen kann.

Auf der Ebene der Unterrichtsplanung berücksichtigt die Lehrkraft das sprachliche wie thematische Vorwissen der Schüler*innen und wählt, auf den Lernstand und den Bedarf abgestimmt, geeignetes und ggf. zusätzliches Material aus.

74 Vgl. Gibbons (2009), 15.
75 Vgl. Kniffka (2010).

Lehrkräfte benötigen ein breites Repertoire an Strategien und Techniken, die auf die Lerngruppe ausgerichtet sind, um u. a. Interesse zu wecken, Arbeitsschritte zu verdeutlichen und Ergebnisse zu sichern.

Leitfragen für die Analyse von Unterrichtsmaterialien

- „Enthalten die Unterrichtsmaterialien prozess-, input- und outputorientierte Schüler*innenhilfen: kontextualisierende Einleitungen, Worterklärungen, Methodenhinweise, Info-Kästen, Randverweise, Glossar- oder Lexikonanhänge?
- Wird in den Schüler*innen- und/oder Lehrer*innenmaterialien themenspezifischer Lernwortschatz ausgewiesen?
- Gibt das Lehrer*innenhandbuch Anregungen und Hilfen für Scaffolding Maßnahmen, z. B. Übungsvorschläge für Lernvokabular?
- Sind die Verständnishilfen schüler*innengemäß und zeitökonomisch?
- Berücksichtigen sie die Bedürfnisse bildungssprachlich schwächerer und religiös nicht sozialisierter Schüler*innen?
- Enthalten die Materialien (Texteinführungen, Arbeitsanweisungen, Bildunterschriften, Info-Kästen) Formulierungen, die die Lernenden übernehmen können?“[76]

Sedina und Yunus haben aus der Moschee ein Infoblatt mitgebracht:

EINIGE GEDANKEN ZUM GEBET (*salā*)

1. Wozu sich zum Gebet waschen?

Die rituelle Waschung (*wuḍūʾ*) dient der inneren und äußeren Reinheit. Hände und Gesicht, Unterarme und Füße werden mit Wasser gewaschen, Mund und Nase werden ausgespült, auch Kopf und Ohren gehören dazu. Das kannst du im Qur'ān nachlesen, zum Beispiel in 5:6. Es geht dabei auch darum, sich innerlich frei zu machen von allen Gedanken, die vom Gebet ablenken. Die Waschung dient aber nicht nur dem Gebet: Muhammad riet, sich genauso zu waschen und sich dann hinzusetzen oder sogar kurz hinzulegen, wenn man sich über irgendetwas sehr ärgert.

2. Warum Gebetszeiten einhalten?

Jeder Mensch folgt inneren und äußeren Rhythmen. Die „innere Uhr" lehrt, wann es wieder Zeit ist, vor Gott zu treten. Die regelmäßige Gebetszeit hilft, sich auch in anderen wichtigen Dingen an Regelmäßigkeit und Ordnung zu halten, z. B. beim Lernen. Der Gesandte Muhammad wurde gefragt, welche gute Tat bei Gott das höchste Ansehen genieße. Er antwortete: „Die regelmäßige."

Abbildung 2: Ausschnitt eines Infoblattes zum Gebet aus dem Schulbuch Saphir 5/6[77]

76 Green (2021), 178.

77 Kaddor/Müller/Behr (2012), 51.

Die unterrichtliche Umsetzung des Scaffolding lässt sich an einem Text aus dem Schulbuch Saphir für die Klassen 5/6 konkretisieren. Dort ist im Kapitel 4 „Gebet – mit Gott sprechen" der in Abbildung 2 abgebildete Textabschnitt zu finden (s. S. 56).

Der Arbeitsauftrag zu diesem Textausschnitt lautet: „Besprecht: Was haben Regelmäßigkeit und Gebet mit äußerer und innerer Reinheit zu tun?"[78]

Exemplarisch wollen wir uns dem ersten Abschnitt des Textes zur rituellen Waschung widmen. Der Text geht zunächst auf die äußerlich zu reinigenden Körperteile ein und benennt den Koranvers als Referenz. Er thematisiert den Grund der Reinigung: Sie soll innerlich von allen ablenkenden Gedanken frei machen. Weiterhin wird die rituelle Waschung aus dem Gebetskontext herausgenommen und unter Verweis auf eine allgemeine Empfehlung des Gesandten Muhammad auf emotional belastete Situationen übertragen, in denen man sich geärgert hat. Damit wird dieser erste Textabschnitt abgeschlossen.

Für die Mehrheit der Schüler*innen in den Klassen 5/6, insbesondere auch diejenigen aus bildungsfernen, nicht deutschsprachigen oder religionsfernen Familien, sind der Text und der Arbeitsauftrag zu komplex. Auf der sprachlichen Ebene können sich Schwierigkeiten mit dem Begriff „rituell" und „innere Reinheit" ergeben, deren Bedeutung von den Schüler*innen zunächst erschlossen werden müssen. Die Satzkonstruktionen sind sehr komplex, z. B. suggeriert der erweiterte Infinitiv „sich innerlich frei zu machen" einen Sollensanspruch. Sie müssen so gelesen werden: „Bei der rituellen Waschung geht es auch darum, dass man innerlich frei werden soll von allem, was vom Gebet ablenkt."

Auf der inhaltlichen Ebene werden die zu reinigenden Körperteile genannt, jedoch nicht in der Reihenfolge der Ausführung der Sunna. Damit wird die rituelle Waschung als bekannt vorausgesetzt. Selbst wenn alle Schüler*innen die genaue Reihenfolge kennen, ist im Rahmen des sprachsensiblen IRU sicherzustellen, dass sie den Vorgang auch mit eigenen Worten beschreiben können. Der Hinweis auf die Koranstelle 5:6 braucht eine weiterführende Erläuterung, denn der Koran erwähnt lediglich die Pflichtbestandteile der rituellen Gebetswaschung.

Im Unterricht werden Lernprozesse nicht zuletzt durch die Gesprächsführung der Lehrkraft und über die Rückmeldung an die Schüler*innen gelenkt. An dieser Stelle konzentrieren wir uns auf

78 Ebd., 50.

die materiale Steuerung der Lernprozesse durch passende Aufgabenstellungen und Materialien bzw. Methodenwerkzeuge. Um den Text sowohl inhaltlich als auch sprachlich erschließen zu können, benötigen Schüler*innen ein Lerngerüst aus Verständnishilfen und fachsprachlichen Übungen.

Sprachbildung und Niveau
Anders als in der Praxis häufig angenommen, ist es kein Mittel der Sprachbildung, das sprachliche oder inhaltliche Niveau zu senken. Vielmehr sind den Lernenden geeignete Mittel bereitzustellen, mit denen sie die gestellten Anforderungen bewältigen können.

Vorwissen aktivieren

Zunächst ist es wichtig, das *Vorwissen* der Schüler*innen zu *aktivieren*. Dabei kann z. B. informell, etwa in Form des assoziativen Schreibens, gefragt werden, was die Schüler*innen über die rituelle Waschung im Islam bereits wissen. Die Mehrsprachigkeit der Schüler*innen wird einbezogen, indem sie Fachbegriffe, wie etwa *wuḍū* oder *abdest*, die ihnen aus ihrer Herkunftssprache bekannt sind, aber auch ihre Assoziationen und Erfahrungen aufschreiben. Der Gebrauch der Herkunftssprache hat hier die Funktion der Entlastung des Lernprozesses, indem auf alle sprachlichen Möglichkeiten zugegriffen wird, die bereitstehen, ohne dass sich die Schüler*innen durch die ‚Doppelaufgabe' der Erschließung des Problems und der Verwendung adäquater Redemittel einschränken. Dieses Prinzip, in der Phase des Erschließens und Verstehens von etwas Neuem die mitgebrachten sprachlichen Kompetenzen zu aktivieren, gehört zur traditionellen Praxis im Unterricht: In Phasen der Orientierung, Erkundung und Reflexion ihrer mitgebrachten Vorstellungen werden die Schüler*innen ausdrücklich ermuntert, ihre alltäglichen Redeweisen einzusetzen, um einem neuen Problem auf den Grund zu gehen. Daher gilt es, dieses didaktische Prinzip konsequent auf die Konstellation der sprachlichen Diversität in Lerngruppen zu übertragen.[79]

Arbeit am Text

Im Anschluss an die Wissensaktivierung folgt die *Arbeit am Text*. Im Hinblick auf die Fähigkeiten sprachlich schwächerer Schüler*innen sind im Zweifelsfall eher zu viele als zu wenige Unterstützungsangebote zu machen. Zentrales Element des Lerngerüsts ist ein Aufgabenapparat, der von einfacheren zu komplexen Verständnis-

79 Vgl. Gogolin (2021), 49.

aufgaben fortschreitet und methodische Kompetenzen schult. Die Religionslehrkraft kann die Schüler*innen unterstützen, indem sie die Aufgabe sukzessive in Teilschritten erarbeiten lässt. Zusätzlich bietet es sich an, sprachliche Hilfen zur Verfügung zu stellen, damit sowohl sprachliche als auch inhaltliche Aufgaben bewältigt und Überforderungssituationen vermieden werden können. Um die Unterstützungsmaßnahmen zu konkretisieren, ordnen wir sie den einzelnen Kompetenzbereichen nach Leisen zu.

Wissen sprachlich darstellen

- *Kompetenzbereich 1 „Wissen sprachlich darstellen“*: Die Religionslehrkraft stellt dazu bereits vor dem Lesen Leitfragen und Aufgaben bereit, um ein zielgerichtetes Lesen anzuleiten und den Schüler*innen vorab transparent zu machen, welche Inhalte im Text entscheidend für das Verständnis sind. Sinnvoll ist es dabei, die Leitfragen an die inhaltliche Struktur des Textes und Abfolge der Informationen anzupassen, sodass die Schüler*innen die Leitfragen zum ersten Kompetenzbereich „Wissen sprachlich darstellen“ bearbeiten können.

Ritual: Ein Ritual ist eine Handlung, die in bestimmten Situationen nach festen Regeln abläuft. Es hat für die Menschen, die das Ritual vollziehen, eine besondere Bedeutung.

Lies den Text durch und beantworte die Fragen.

- Welche Körperteile werden bei einer rituellen Waschung gereinigt? Unterstreiche die Wörter im Text.
- Überlege, welche Gedanken vom Gebet abhalten können. Schreibe deine Ideen auf.
- Muhammad hat eine Empfehlung für dich, wenn du dich geärgert hast. Schreibe sie auf.

Wissenserwerb sprachlich begleiten

- *Kompetenzbereich 2 „Wissenserwerb sprachlich begleiten“*: Hierzu gehört u. a., dass Schüler*innen sich vertiefend mit dem Ablauf einer rituellen Waschung auseinandersetzen. Das Buch bietet dazu keine weiteren Informationen, sodass sie aus anderen Texten oder über andere Materialien eingespielt werden müssten. Hierfür kann u. a. mit Bildern gearbeitet werden, die den Ablauf der rituellen Waschung in der richtigen Reihenfolge zeigen.

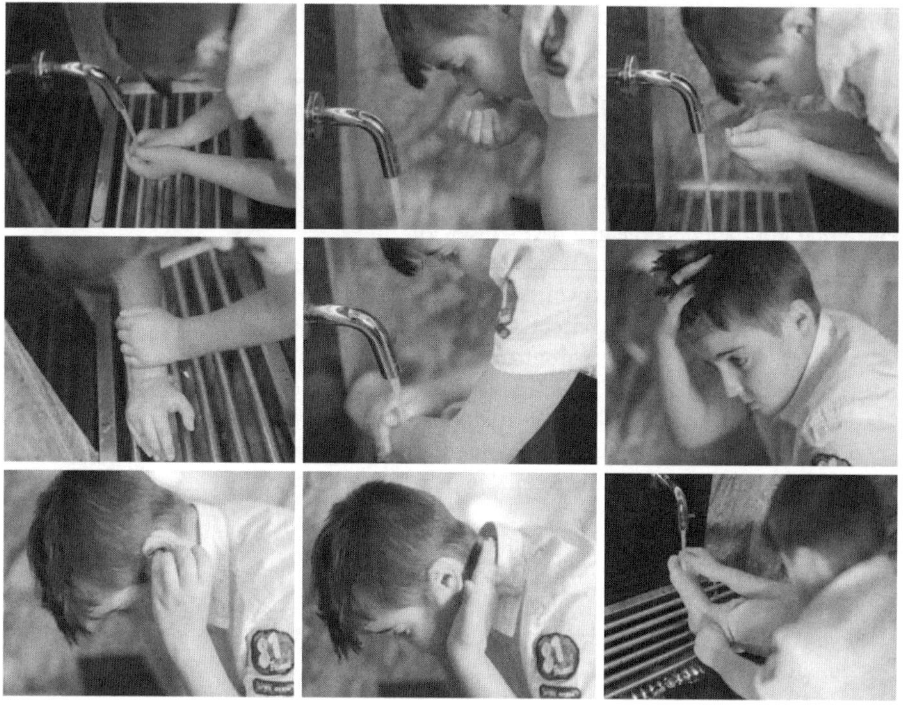

Abbildung 3: Rituelle Gebetswaschung (wuḍū)[89]

Die sprachliche Anforderung kann u. a. sein, einen kurzen Text zu den einzelnen Handlungen zu schreiben. Die Religionslehrkraft kann dazu Satzbausteine zur Verfügung stellen.

Betrachte die Bilder zur rituellen Waschung. Beschreibe die einzelnen Handlungen in Form eines zusammenhängenden Textes. Folgende Satzbausteine können dir dabei helfen:
zu Beginn – danach – dann – daraufhin – im Anschluss – abschließend – waschen – benetzen- Hände – Unterarme – Gesicht – Mund – Nacken – Füße – Kopf – feucht

80 Shakir (2015), 12.

Wissen mit anderen sprachlich verhandeln

- *Kompetenzbereich 3 „Wissen mit anderen sprachlich verhandeln"*: Metaphern zu verstehen ist eine wichtige Fähigkeit, wenn es um religiöse Bildung geht. Insofern kann eine sprachliche Redewendung oder eine Metapher einem Sachverhalt (vgl. 7. sprachliche Standardsituation) entsprechen, der im Unterricht erläutert wird. In diesem Bereich kann daher zunächst über den Begriff der *inneren Reinheit* nachgedacht werden, indem auf die Symbolik der Handlungen eingegangen wird. Das Beachtliche ist, dass sich jemand wäscht, obwohl die Person gar nicht schmutzig im hygienischen Sinne ist. Vielmehr geht es um ein äußeres Zeichen, das etwas sichtbar machen soll, was normalerweise nicht sichtbar ist, eine physische und psychische Bewusstseinsstärkung. Bezweckt ist die bewusste Wahrnehmung des eigenen Körpers. Bei der Waschung wird der Körper durch den Selbst-Kontakt sensibilisiert und durch das Wasser, das zugleich die Seele entspannt, beruhigt. Es geht um eine mentale und physische Bereitstellung seiner selbst für das Gespräch mit Gott, das zumeist im Anschluss folgt. Bei der rituellen Waschung werden als äußeres Zeichen bestimmte Körperteile gewaschen und gleichzeitig soll die rituelle Waschung zeigen und fühlen lassen, dass man sich während des Waschvorgangs bereits auf Gott konzentriert und von ablenkenden negativen Gedanken distanziert. Man wäscht nicht unbedingt äußeren Schmutz ab, sondern seelischen ‚Schmutz'. So will der Gläubige Gott ‚rein' entgegentreten, um dann im Gebet ganz für Gott da zu sein. Für die rituelle Waschung ist gemäß der Rechtstradition nicht unbedingt Wasser notwendig, wenn sich z. B. jemand in der Wüste befindet. Das kann zum Anlass genommen werden, über die metaphorische Bedeutung von Reinheit nachzudenken. Diese Phase wird in einem Unterrichtsgespräch gestaltet. Die Ergebnisse können von der Lehrkraft zu einem kleinen Text an der Tafel zusammengefasst werden.

  In einem zweiten Schritt können sich die Schüler*innen darüber austauschen, warum Muhammad empfohlen hat, in emotional angespannten Situationen eine rituelle Waschung vorzunehmen. Wenn jemand verärgert oder gestresst ist, d. h. sich in einem dissoziativen Zustand befindet, in der die eigene Wahrnehmung, das eigene Denken, Handeln und Fühlen voneinander getrennt sind, wird der Körper kaum gespürt. Um diesen Zustand zu unterbrechen, kann Wasser ein gutes Hilfsmittel sein. Durch den Selbst-Kontakt kann jemand wieder in die Korrespondenz mit sich treten, also aus dem emotionalen wieder in den kognitiven Bereich zurücktreten. Wasser, auch im Sinne eines Kühlmittels, hilft damit nicht nur die Haut abzukühlen, sondern auch ruhiger zu werden und sich zu regulieren. Dazu werden die Ideen der Schüler*innen an der Tafel in Form einer Mindmap gesammelt. Dabei werden die Emotionen Wut, Trauer etc. und die Wirkung des Wassers in Form von Adjektiven an der Tafel sortiert gesammelt. Die Schüler*innen benennen mündlich bzw. schreiben in ganzen Sätzen auf, welche Emotionen auf sie zutreffen.

Text und Sprachkompetenz ausbauen

- *Kompetenzbereich 4 „Text- und Sprachkompetenz ausbauen"*: Hierbei geht es um die Anwendung der erworbenen fachlichen wie sprachlichen Kompetenzen in einer neuen Situation. Vorstellbar wäre an dieser Stelle folgende Aufgabenstellung:

Stell dir vor, du und deine islamische Religionsgruppe seid von der evangelischen Religionsgruppe gebeten worden, sie in einem Text über die rituelle Waschung zu informieren. Sie interessieren sich vor allem dafür, wie und warum man eine Waschung vornimmt. Wie du den Text gestaltest, bleibt dir überlassen, z. B. in Form eines kleinen Informationstextes, eines Plakates etc. Schreibe diesen Text.

Dein Text sollte folgende Begriffe enthalten:
Koran – Muhammad – rituelle Waschung – Gebet – Körperteile – reinigen – Sauberkeit – beruhigend – wuḍū – arabisch – Sunna – vorbereiten – innere Reinheit

4. Anregungen zur persönlichen Vertiefung

Lesen Sie die Anforderungssituation zu Beginn des Kapitels noch einmal durch. Wie können Sie dem christlichen Kollegen die Relevanz der arabischen Sprache für den Islam und in Folge auch für den IRU vermitteln? Notieren Sie Ihre Argumente und tauschen Sie Ihre Gedanken mit Ihren christlichen Kolleg*innen aus.

1. **Biografisch:** Welche Erfahrungen haben Sie mit religiöser Sprache in Ihrer Familie und Bildungsinstitutionen gemacht? In welcher Sprache haben Sie Ihre Religion gelernt und vor welchen sprachspezifischen Herausforderungen standen Sie dabei? Tauschen Sie sich darüber mit Kolleg*innen aus.
2. **Theologisch-anthropologisch:** Gott lehrt in Sure 2:31 Adam (und nicht die Engel) die Namen aller Dinge. Diskutieren Sie mit Kolleg*innen darüber, welcher Anspruch Gottes an diese Fähigkeit des Menschen geknüpft ist. Ziehen Sie für Ihre Überlegungen auch andere Koranverse bzw. Überlegungen muslimischer Gelehrter heran.
3. **Bildungstheoretisch:** Diskutieren Sie mit muslimischen Kolleg*innen die Frage, inwieweit im IRU islamische Fachbegriffe durch deutsche Begriffe ersetzt werden sollten.

4. **Fachdidaktisch:** Planen Sie für eine Jahrgangsstufe Ihrer Wahl eine Unterrichtssequenz, in der Sie für die theologisch relevanten Begriffe *Dschihad, Scharia* oder *Barmherzigkeit* im Koran selbst und in der islamischen Tradition Argumente für einen sprachsensiblen Umgang finden.

Weiterführende Literatur

Altmeyer, Stefan/Grümme, Bernhard/Kohler-Spiegel, Helga/ Naurath, Elisabeth/Schröder, Bernd/Schweitzer, Friedrich (Hrsg.) (2021), Sprachsensibler Religionsunterricht. Jahrbuch der Religionspädagogik (JRP), Band 37, Göttingen.

II.4. Geschlechtersensibilität

Begriffe wie „geschlechtersensibel“, „gendersensibel“, „geschlechteregalitär“ oder „geschlechtergerecht“ beziehen sich auf die Möglichkeit von sprachlichen Äußerungen, Handlungen und Darstellungen, gesellschaftliche Vorstellungen vom Verhältnis der Geschlechter widerzuspiegeln, zu reproduzieren und zu verfestigen. Während „geschlechteregalitär“ und „geschlechtergerecht“ sich auf die Äußerungen selbst beziehen, drücken die Begriffe „geschlechtersensibel“ und „gendersensibel“ eine Einstellung dessen aus, der diese Äußerungen macht.

Der Begriff „Geschlechtersensibilität“ bezeichnet in diesem Sinne – auf Sprache bezogen – eine kritische Haltung und ein Bewusstsein davon, dass beim Sprechen und Verfassen von Texten Vorstellungen von Geschlecht und vom Verhältnis der Geschlechter konstruiert werden und einen Einfluss auf die Rezipienten haben. Geschlechtersensibilität ist insofern eine Haltung, die für benachteiligende sprachliche Konstruktionen nicht nur sensibilisiert, sondern sie auch selbst vermeidet. „Geschlecht“ ist in diesem Zusammenhang für den islamischen Religionsunterricht eine wichtige normative Kategorie, weil er für Rollenzwänge, diskriminierende Erfahrungen und emanzipatorische Bedürfnisse sensibilisieren möchte.

Anforderungssituation
Stellen Sie sich folgende Situation vor: Sie möchten in Ihrer nächsten Religionsstunde Geschlechterrollen thematisieren. In einem Kinderbuch finden Sie diese Illustration (s. Abb. 4). Sie haben sich bereits Gedanken gemacht und folgende Fragen überlegt, mit denen Sie dieses Bild im Unterricht problematisieren möchten: Welche Vorstellungen und Überzeugungen liegen einem solchen Frauenbild zugrunde? Auf welche kulturellen Traditionen und sogar religiösen Begründungen stützt es sich und wie können diese Rollenmuster didaktisch aufgearbeitet werden? Gibt es – andererseits – muslimische Traditionen, auf die rigide und stereotype Geschlechterkonstruktionen sich nicht berufen können? Wie kann der IRU im Lichte einer solchen muslimischen Überlieferung einengende Geschlechterkonstruktionen kritisch aufarbeiten und befreiende Geschlechterkonstruktionen zur Sprache bringen?

Diese Illustration aus einem muslimischen Kinderbuch zeigt eine Frau, mit fünf Armen, fast wie ein Oktopus. Ihr Gesichtsausdruck zeigt keine Abneigung und keinen Protest. Sie scheint für sämtliche Tätigkeiten im Haushalt zuständig, die sie eher gleichgültig erledigt.

Auch wenn das Bild ironisch überzeichnet ist, wird hier ein traditionelles Bild von Frauen im Allgemeinen, von der muslimischen Frau im Besonderen transportiert, und zwar ein zweifaches: das der Putzfrau und Köchin.

Abbildung 4: Multitasking muslimische Hausfrau[81]

1. Thematische Einführung

Geschlechterkonstruktionen vollziehen sich im sprachlichen Austausch, davon ist auch der IRU nicht ausgenommen. Einseitige, undifferenzierte und sogar diskriminierende Vorstellungen vom Frau- und Mannsein können von Lehrkräften sowie Schüler*innen oder durch Lehrmaterialien weitergegeben werden. Dabei werden gesellschaftlich und kulturell geprägte und erworbene Geschlechterrollen von Mädchen und Frauen sowie Jungen und Männern unreflektiert und ohne Sensibilität für mögliche Ausgrenzungen teils unterstellt, teils behauptet. Bei Lehrkräften ist oft ein stereotypes geschlechterdifferenzierendes Verhalten anzutreffen. Das zeigt sich zum Beispiel, wenn Gruppen nach Geschlechtern aufgeteilt werden oder Geschlechterstereotype in die Leistungsbewertung eingehen – oder es zeigt sich eben in der sprachlichen Kommunikation. Konkret macht sich stereotype Geschlechtsdifferenz meistens an bio-

81 Abhari (2021), 20.

logischen Unterschieden fest: am Körperbau, an der Stimme, dem Aussehen sowie den Bewegungen wie Mimik und Gestik.

Aber nicht nur in der geschlechterbezogenen Haltung der Religionslehrkräfte, sondern auch in der Didaktik und bei den Lehrmaterialien eröffnet sich dem IRU ein noch kaum erschlossenes Arbeitsfeld der Geschlechtersensibilität, zum Beispiel bei der Auswahl von Bildern und Texten oder den Aufgabenstellungen. An welchen Facetten der reichen islamischen Tradition sollen sich die didaktischen Mittel und Methoden orientieren, wenn die Konzepte religiöser Mündigkeit und autonomer Selbstverwirklichung der Kinder mit religiös codierten und tradierten Geschlechterstereotypen in Widerstreit geraten? Maßgebliche Orientierung geben hier die autoritativen Texte des Korans und der Hadithe. Deren emanzipatorisches Potenzial für die Geschlechtergerechtigkeit auszuschöpfen, didaktisch aufzubereiten und auf die Lebenswelt der Schüler*innen auszurichten, kann als vordringliche Aufgabe des IRU auf dem Feld der Geschlechtersensibilität angesehen werden.

2. Theoretischer Hintergrund zu Geschlecht und Gender

sex

Im englischen Sprachgebrauch wird seit Jahrhunderten zwischen dem biologischen Geschlecht *sex* und dem soziokulturell gemachten Geschlecht *gender* unterschieden. Im Deutschen gibt es für *gender* keine Entsprechung. Die Trennung von *sex* und *gender* sowie der Begriff *gender identity* (Geschlechtsidentität) sind seit den 1970er-Jahren in der Feministischen Theorie und seit den 1980er-Jahren in den Gender und Queer Studies gebräuchlich. Hierbei wird Gender nicht als natürliche Konsequenz von Geschlecht verstanden, sondern als eine kulturelle Kodierung des Körpers.[82]

gender

Bereits im Jahre 1949 hat die bedeutende Philosophin Simone de Beauvoir es so formuliert: „Man kommt nicht als Frau zur Welt, man wird es." Eine Natur der Frau oder des Mannes gibt es also nicht, ihr Geschlecht ist stets menschengemacht bzw. sozial konstruiert. Auf dieser Grundlage unterscheidet de Beauvoir das biologische

---

82 Der Koran unterscheidet nicht zwischen *sex* und *gender*, die gesamte islamische Tradition kennt diese Unterscheidung nicht; nicht einmal die modernen islamisch-feministischen Ansätze im Kontext der Koranhermeneutik theoretisieren und reflektieren *sex/gender*. Die Verwendung des Begriffs *Gender* verweist auf eine bestimmte Epistemologie bzw. ist aus einer bestimmten Weltsicht entstanden. Es ist stark umstritten, ob sich diese mit der Weltanschauung des Koran vereinbaren lässt. Da eine diesbezügliche Debatte im Kontext der islamischen Wissenschaften noch aussteht, verwenden wir den Begriff des Geschlechts.

Geschlecht (*sex*) und das sozial erzeugte Geschlecht (*gender*) voneinander.[83] Die Geschlechtsidentität – das innere Wissen und Empfinden der eigenen geschlechtlichen Zugehörigkeit – folgt also nicht zwangsläufig aus dem biologischen Geschlecht (weiblich/männlich). Oft wird in diesem Zusammenhang als Beispiel angeführt, dass Kindern schon in der frühen Kindheit geschlechterstereotypes Jungen- oder Mädchenspielzeug angeboten wird, wodurch bereits eine soziale Geschlechtszuschreibung erfolgt.

Körper

Das biologische Geschlecht kann zu einer bewussten oder unbewussten Kategorie von Diskriminierung werden. Sie gehört neben Rasse und Körper zu den klassischen intersektionalen Diskriminierungskategorien.[84] Menschen werden oft auf ihr Aussehen und ihr Geschlecht reduziert – das bedeutet, dass ihnen aufgrund ihrer äußeren Erscheinung bestimmte Rollen, Interessen und Verhaltensweisen zu- und vor allem vorgeschrieben werden.

Auch die Wissenschaften nehmen in der Formung unserer Wahrnehmung eine konstituierende Rolle ein, die zugleich normbildend ist. So bietet die Medizin eine klare Vorstellung vom menschlichen *Körper*. Das zeigt sich zum Beispiel darin, wie Körper in Lehrbüchern dargestellt werden, aber auch, woran die meisten Menschen denken, wenn sie das Wort *Mensch* hören. Es gibt jedoch nicht den einen, universalen, biologisch gegebenen Körper.[85] Das, was als universell, als natürlich und als biologisch gegeben gilt, ist immer vom Kontext abhängig. Alles, was von diesem *Universalkörper* abweicht, wird als abnorm, als krank abgewertet.

Eine ähnliche Argumentationslinie lässt sich in Bezug auf Geschlechterrollen verzeichnen. Menschen, die von der Norm abweichen, werden als Störung des gesellschaftlichen Miteinanders wahrgenommen und aufgrund ihres Andersseins aus der Gesellschaft ausgeschlossen. Dies geschieht, wenn sie den Normvorstellungen von Menschsein etwa aufgrund ihres Aussehens nicht entsprechen oder wenn sie sich nicht konform zu den Rollenerwartungen des ihnen zugesprochenen Geschlechts verhalten.

Geschlechtersensibilität als Kompetenz

In diesem Text gebrauchen wir den Begriff *Geschlecht* im Sinne des Fachterminus *Gender*, der mittlerweile in verschiedenen Wissenschaftsdisziplinen eine komplexe Analysekategorie darstellt. *Geschlechtersensibilität* zielt auf die Kompetenz, durch die Mädchen und Jungen unabhängig von ihrem (biologischen) Geschlecht darin bestärkt werden, Potenziale und Anlagen ihrer Persönlichkeit auf

83 Vgl. Degele (2008), 66.
84 Vgl. Bronner/Paulus (2021), 15.
85 Vgl. Cadwallader (2009).

vielfältige Art und Weise zu entfalten – ohne diese vorher an einer inneren geschlechtstypischen Barriere messen zu müssen. Hierfür benötigen Lehrkräfte *Geschlechterkompetenz* – die Fähigkeit, relevante Geschlechteraspekte zu erkennen und zur Gleichstellung der Geschlechter beizutragen. Sie ist ein wichtiger Bestandteil der Grundhaltung angehender Lehrkräfte. Achtsamkeit, Feinfühligkeit und Reflexionsfähigkeit der eigenen Person, der Sprache, der Wahrnehmung und des eigenen pädagogischen Handelns sind Voraussetzung dafür, Geschlechterstereotype bei sich selbst als Lehrkraft, in Schulmaterialien und bei den Schüler*innen wahrzunehmen und ihnen entgegenzuwirken.

3. Geschlecht im Unterricht

geschlechterhierarchische Überzeugungen

Ein geschlechtersensibler Unterricht erhebt den Anspruch, keinem Geschlecht eine kulturell kodierte Rolle zuzuschreiben und noch weniger, archaische Rollenzuschreibungen weiter zu tradieren. Vielmehr sollen Geschlechterhierarchien aufgedeckt, problematisiert und aufgebrochen werden, um individuelle Verortungen zu ermöglichen. Denn aufgrund von geschlechtstypischen Verhaltensvorstellungen im Klassenraum kann der Anspruch gleicher Bildungschancen für Mädchen und Jungen unterlaufen werden. Ein klassischer Bereich der Benachteiligung von Mädchen sind die MINT-Fächer.[86] Daneben können in der schulischen Sozialisation bestimmte geschlechterbezogene Verhaltensweisen verfestigt werden, die dem koranischen Menschenbild sogar widersprechen. Spätestens dann wird Geschlechterdifferenz zu einem zentralen Prinzip auch des Religionsunterrichts.[87]

doing gender

Um sich von patriarchalen und geschlechterhierarchischen Überzeugungen zu befreien, bedarf es zunächst der eigenen Bewusstmachung der Thematik, um dann in der Lage zu sein, Schüler*innen für einen geschlechtersensiblen Umgang (auch in der Sprache) zu sensibilisieren. Geschlechtersensibilität ist, wie bereits erwähnt, als eine Grundhaltung zu verstehen, die das *Mindset* der Lehrkraft insgesamt prägt. Damit ist sie in der Lage, Benachteiligung erzeugende Bilder, Texte und Sprache zu identifizieren. Denn dieses Mindset befähigt sie, geschlechtsspezifisch gedachte Verhaltensweisen situationsspezifisch, soziohistorisch und kulturell einzuordnen – beruhend auf der Grundannahme, dass *typisch* oder *natürlich*

86 Vgl. vbw – Vereinigung der Bayerischen Wirtschaft e.V. (Hrsg.), Geschlechterdifferenzen im Bildungssystem, Jahresgutachten 2009.

87 Vgl. Kisi (2017).

männliches oder weibliches Verhalten immer in gegenseitiger Abgrenzung definiert wird und kulturspezifisch ist (*doing gender*).[88] Geschlechtersensibles Unterrichten soll also dem Bewusstsein Rechnung tragen, dass Geschlechterbilder, Erwartungen, Zuschreibungen an Mädchen und Jungen sowie Männer und Frauen gesellschaftlich konstruiert und damit veränderbar sind.

Tradition und Familie

Hinsichtlich der Migrationserfahrungen vieler Schüler*innen im IRU haben Studien gezeigt, dass Migrant*innen oft weiterhin an traditionellen, stereotypen Rollenbildern und Rollenerwartungen festhalten. Dies ist darauf zurückzuführen, dass die eigenen Traditionen in der Fremde zunächst stabilisierend und vertrauensbildend wirken, aber auch darauf, dass sie im Zusammenleben von Frauen und Männern eine spezifische Bedeutung haben. Das Leben in Deutschland und die eigenen Standards fordern allerdings Geschlechterstereotype stark heraus und es kommt oft dazu, dass sie aufgebrochen werden. Studien zeigen, dass unter postmigrantischen Familien sehr unterschiedliche Familienmodelle anzutreffen sind, in denen die Rollen von Müttern und Vätern kaum mehr traditionellen Erwartungen entsprechen.

Auch die Lehrpläne für den IRU sehen eine Auseinandersetzung mit den verschiedenen Rollenverständnissen von Frau und Mann in unterschiedlichen Bereichen vor. So sollen die Schüler*innen im IRU in Baden-Württemberg während der Sekundarstufe I „Rollenbilder und -zuweisungen kritisch reflektieren sowie sich mit der Vielfalt der Lebensformen und -stile in unserer Gesellschaft auseinandersetzen (zum Beispiel zur Reflexion über Frauengestalten in koranischen Erzählungen und als Wissensübermittlerinnen, emanzipatorische Positionen zur Rolle der Frau im Islam).“[89]In NRW hingegen sollen in der Grundschule Rollenbilder grundschulgemäß reflektiert und erörtert werden.[90] In der Sekundarstufe I vergleichen sie „das Bild der Frau und des Mannes im Islam mit anderen bekannten Rollenbildern und beschreiben Möglichkeiten des gleichberechtigten und selbstbestimmten Zusammenlebens in der Gesellschaft.“[91]

88 Vgl. Hagemann-White (1984); vgl. West/Zimmerman (1987).
89 Ministerium für Kultur, Jugend und Sport Baden-Württemberg (2016c), 30.
90 Ministerium für Schule und Weiterbildung des Landes Nordrhein-Westfalen (2013), 9.
91 Ministerium für Schule und Weiterbildung des Landes Nordrhein-Westfalen (2014), 32.

4. Theologische Grundlagen

zawǧ

Der Koran macht Aussagen zum Wesen des männlichen und weiblichen Geschlechts, die als solche auch benannt werden. Er thematisiert deren Gleichartigkeit, aber auch Differenz auf unterschiedliche Art und Weise und stellt damit ein binäres und paritätisches Geschlechterbild vor. In Bezug auf das Wesen der Geschlechter verwendet der Koran, wenn er von der Schöpfung des Menschen spricht, das Wort *zawǧ* (Pl. *azwāǧ*), was so viel heißt wie *gleichwertiger Partner* oder *Teil eines Paares.*

> *„War er nicht ein Tropfen Samen, der sich ergoss? Darauf ward er ein Klumpen, den er dann schuf und ebenmäßig formte und dann ein Paar daraus machte, Mann und Frau." (Koran 75:37–39).*

Folgt man diesem Koranvers, war der Mensch zunächst ein (männlicher) Samentropfen, der sich aus dem (männlichen) Körper ergoss und danach zu Mann und Frau geformt wurde.[92]

Bezüglich der Frage nach dem Geschlechterverhältnis im Koran spielt Sure 4, Vers 1 eine zentrale Rolle. Hier wird die Schöpfungsgeschichte der Frau und des Mannes offenbar:

> *„O ihr Menschen, seid euch eures Erhalters bewusst, der euch erschaffen hat aus einer einzigen Wesenheit und aus ihr ein Partnerwesen erschuf, und aus den beiden ließ Er viele Männer und Frauen entstehen. Und fürchtet Allah, in Dessen Namen ihr einander bittet, [...]."*

nafs wāḥida

An dieser Stelle wird zum einen auf die Beziehung von Gott zum Menschen hingewiesen: Gott ist schöpfend und der Mensch ist Geschöpf. Zum anderen betont Gott den gemeinsamen Ursprung aller Menschen – die grammatikalisch weiblich bestimmte Seele (*nafs wāḥida*). Dem Prototyp Mensch – *adam* – wird kein Geschlecht zugesprochen, was auf die ontologische Gleichwertigkeit der Geschlechter verweist. Aus diesem einen Wesen, das die Einheit von Körper und Seele darstellt, wird eine Dualität erschaffen.

Zusätzlich ist Sure 49, Vers 13 anzuführen, in der Frau und Mann deutlich als zwei Pole dargestellt werden:

> *„O Menschen! Siehe, Wir haben euch alle aus einem Männlichen und Weiblichen erschaffen, und haben euch zu Nationen und*

92 Vgl. Seker (2021).

> *Stämmen gemacht, auf dass ihr einander kennenlernen möget (...).“*

dichotomische Begriffe

Wie bereits erwähnt, ist der Ausdruck *zawǧ* geschlechtsneutral (dt. gleichwertiger Partner oder Teil eines Paares), allerdings wird diese Neutralität durch die Spezifizierung der Partner als männlich bzw. weiblich (*aḏ-ḏakar wa al-unṯā*) aufgehoben. Dem weiblichen Geschlecht bzw. den „Gebärenden/Müttern“ (*al-wālidāt*) wird die Fähigkeit zu gebären und zu stillen als ihnen immanente Eigenschaft attestiert.[93] Der Mann ist nicht aufgrund von bestimmten, nur ihm wesenseigenen Eigenschaften männlich; die Frau ist nicht Frau, weil sie das zum Mann anders geartete Geschlecht ist. Die geschlechtliche Identität von Frau und Mann generiert sich erst durch ihr Verhältnis zueinander – ohne den Partner/die Partnerin gäbe es in der koranischen Welt weder Mann noch Frau. Im Koran werden oft dichotomische Begriffspaare verwendet: Frau und Mann, Tag und Nacht. Dadurch wird sowohl die Gleichartigkeit als auch die Differenz der jeweiligen Begriffe ausgedrückt. Die Begriffe *riǧāl* und *nisāʾ* bzw. *ḏakar* und *unṯā* sind zunächst einmal als Ausdruck einer dualen Schöpfungsordnung zu verstehen: Die Geschlechter – männlich und weiblich – generieren ihre Identitäten erst durch ihr Verhältnis zueinander. Dieses relationale Moment – ob zwischen zwei Partnern in einer Beziehung oder durch Verwandtschaftsbande – vergeschlechtlicht den individuellen Menschen. Damit scheint *Geschlecht* im Koran nicht als ein dem einzelnen Wesen inhärentes Merkmal konstruiert zu sein, viel entscheidender ist das „Mensch-Sein“ (*insān*). Auf der grammatikalischen Ebene werden die Geschlechter im Dual verhandelt. Auch wenn es um rechtliche Fragen geht, werden Mann und Frau immer als ein Paar verstanden.

Somit existieren mehrere Betrachtungsebenen dieser Thematik – der Korantext ist in dieser Hinsicht komplex. Anstelle von Binarität und Polarität entwirft der Koran ein dualistisch komplementäres, zweigliedriges Geschlechterverhältnis.

5. Handlungsempfehlungen

Gendersensibles Unterrichten erfordert Haltung, Wissen und Methodik. Die Sensibilisierung beginnt folglich bei der Lehrkraft auf der individuell-biographischen Ebene damit, die eigene Genderrolle zu reflektieren und sich mit ihrer Genese auseinanderzusetzen. Anhand von Reflexionsübungen sollte der eigene Lebenslauf diffe-

93 Vgl. Koran 2:233.

renziert betrachtet werden. Hilfreich können dabei folgende Fragen sein: Wie habe ich meine Geschlechterrolle als Kind, als Jugendliche*r, als junge*r Erwachsene*r, als reife*r Erwachsene*r gestaltet und gelebt?

Auf der Grundlage dieser Überlegungen definieren wir einen geschlechtersensiblen Religionsunterricht als einen Unterricht, der alle Schüler*innen in ihrer Vielfalt wahrnimmt und Lernprozesse initiiert, in denen restriktive Geschlechterkonstruktionen bewusstgemacht und befreiende, vielfältige Konstruktionen in der Auseinandersetzung mit der islamischen Überlieferung ermöglicht werden.

Es bietet sich an, für die unterschiedlichen Klassenstufen und Schulformen je spezifische Handlungsempfehlungen zu geben. Vorangestellt sei eine grundsätzliche Empfehlung zu den Lehrmaterialien.

5.1 Lehrmaterialien

Zuschreibungen

Religiöse Texte und Bilder können Zuschreibungen von Geschlechterrollen abbilden.

Deshalb sollten sie vor ihrem Einsatz im Schulunterricht auf die Abbildung von Geschlechterverhältnissen und auf mögliche geschlechterunsensible Formulierungen geprüft werden. Gegebenenfalls sollten alternative Formulierungen bedacht werden. So sollte das generische Maskulinum nicht stets und selbstverständlich verwendet werden. Der Prophet hatte nicht nur Gefährten, sondern ebenso Gefährtinnen.

Abbildung a)

Abbildung b)

Abbildung 5: Rollenbilder in Unterrichtsmaterialien der Grundschule[94]

94 Khorchide et al. (2012), 39 (Abbildung a) und 59 (Abbildung b).

Geschlechterverhältnisse in Abbildungen
In Abbildung a) erkennt man unter den vielen Menschen Frauen in Ganzkörperverschleierung. In Abbildung b) ist eine Frau als Verkäuferin dargestellt. Sie ist nicht in das (Haupt-)Geschehen – die Erörterung religiöser Fragen – involviert wie die Herren in teuren Gewändern. So vermittelt die Darstellungsweise der Frau den Anschein einer einfachen, ahnungslosen Person. In der Gesamtschau der Bilder in diesem Schulbuch sind Frauen selten aktive Gesprächspartnerinnen, häufig passive Rezipientinnen.[104]

Texte werden geschlechtsspezifisch rezipiert, d. h. Wahrnehmen und Verstehen sind individuell vom Lesenden abhängig.[96] Das gilt insbesondere für das Gottesbild und das Sprechen über Gott. Es sollte darauf geachtet werden, dass das Sprechen über Gott nicht auf das männliche Pronomen festgeschrieben sowie mit männlich verknüpften Eigenschaften assoziiert, sondern verstärkt der Eigenname Gott bzw. Allah anstelle des Pronomens „er" gebraucht wird.[97] Denn Allah beschreibt sich selbst im Koran nicht als männlich und auch nicht als weiblich, denn Allah ist geschlechtslos. Für einen reflexiven Umgang ist folglich von großer Relevanz, einerseits religiöses Handeln und Denken nicht am Geschlecht festzumachen und andererseits geschlechtsspezifisches Verhalten nicht religiös zu begründen. Dementsprechend sollten Arbeitsaufträge im IRU Mädchen und Jungen gleichberechtigt, geschlechtsunspezifisch und gleichwertig ansprechen.

5.2. Handlungsempfehlungen für die Grundschule

Geschlechtersensibilität als konstante Perspektiv

Geschlechtersensibilität stellt folglich eine konstante Perspektive dar, aus der heraus der Klassenverband, das eingesetzte Material und die verwendete Sprache wahrgenommen werden. Somit soll geschlechtersensibles Handeln auf allen Ebenen wirksam werden. So können sowohl die Lehrkraft als auch die Schüler*innen ungerechte Geschlechterverhältnisse, die in religiösen Quellen thematisiert werden, sowie traditionelle geschlechtsspezifische Rollenzuschreibungen ge-

95 Vgl. ebd.
96 Vgl. Hofmann (2003), 56.
97 Es bietet sich das Arbeiten mit den „99 Namen Gottes" an, die in ihren Bedeutungen unterschiedliche geschlechtliche Assoziationen wecken: z.B. *raḥma*, dt. u.a. *Mutterschoß*. Hierbei sollte das Gottesbild nicht auf einen Gott mit bestimmten Eigenschaften reduziert werden.

zielt erkennen. Das eingesetzte Lehrbuch, Arbeitstexte, Bilder, die Art der Sprache und der Aufgabenstellungen, aber auch die Lehrkraft und ihre Unterrichtsgestaltung können bestehende Geschlechterstereotype verfestigen. Deshalb ist eine wichtige und hilfreiche Strategie, Geschlechterfragen im IRU zu behandeln. Ein geschlechtersensibler IRU sollte dazu führen, Rollenzuschreibungen und -zwänge sowie Anzeichen einer Geschlechterhierarchie abzubauen. Dadurch sollen Respekt und Einfühlungsvermögen für vorhandene wie anerzogene Selbstverständnisse sowie weitere Selbstverortungen von Mädchen und Jungen geweckt werden.

Unter Umständen ist für die Sichtbarmachung von Geschlechterverhältnissen, -bildern und -ungleichheiten eine punktuelle Dramatisierung von Geschlecht und Geschlechterrollen erforderlich. Neben der *Dramatisierung* sollte dem Lernprozess eine *Entdramatisierung* eigen sein, damit es nicht zu neuen Rollenklischees kommt bzw. geschlechtsbezogene Stereotype verstärkt werden.[107]

- **Stereotype:** Bilder von unterschiedlichen Personen zeigen und Adjektive wie stark, schwach, männlich und weiblich den jeweiligen Bildern zuordnen lassen; im Anschluss über subjektive Merkmale von „weiblich“ und „männlich“, von „stark“ und „schwach“ ins Gespräch kommen
- **Standbilder:** mit der Klasse verschiedene Situationen in Anlehnung an prophetische Überlieferungen nachstellen, in denen andere Geschlechter bewusst ausgegrenzt und/oder einbezogen werden. Im Anschluss werden die Gefühle der Kinder in der Exklusion wie in der Inklusion erfragt. Dadurch ist das Sprechen über Gefühle und ihre Bedeutung für den Körper und das Denken möglich.
- **Berufswunsch:** eigene berufliche Zukunftswünsche („Was willst du werden?“) werden formuliert – hierdurch können geschlechterstereotype Selbstzuschreibungen und Erwartungen zur Sprache kommen, die im Anschluss thematisiert und reflektiert werden.

98 Vgl. Debus (2012).

Abbildung 6: Eine Gelehrte und ihre Schüler[99]

Eine berühmte Rechtsgelehrte
Die Abbildung zeigt die Gelehrte Fatima Samarkandi, die im 12. Jahrhundert lebte. Sie war eine bekannte Rechtsgelehrte und Kalligrafin aus Samarkand in Usbekistan. Ihr Ehemann Ala ad-Dīn Abu Bakr ibn Massūd al-Kassanī, der ebenfalls Rechtsgelehrter war, wandte sich in Rechtsfindungsprozessen, wenn er selbst ratlos oder unentschlossen war, an seine Frau, die über ein breiteres Wissen verfügte als er. Auf dem Bild lehrt sie Männer und eine Frau.

5.3. Handlungsempfehlungen für weiterführende Schulformen

generisches Maskulium

In weiterführenden Klassen bietet es sich an, gemeinsam nach Geschlechterverhältnissen im Koran, in den Hadithen und der Sīra zu fragen, diese herauszuarbeiten und dabei Vorstellungen von Weiblichkeit und Männlichkeit zu kontextualisieren und zu reflektieren. Hier ist es sinnvoll, auf der sprachlichen Ebene zu klären, warum im Arabischen und damit auch im Koran häufig unmittelbar Männer angesprochen werden (generisches Maskulinum) und Frauen lediglich inklusiv mitgedacht werden sollen.

Nach Wittgenstein sind die Grenzen unserer Sprache die Grenzen unserer Welt – mit einem begrenzten und unreflektierten Sprachschatz können wir also – unbewusst – nur eine begrenzte (religiöse) Realität schaffen. Sozialpsychologische Studien haben nachgewiesen, dass bei der ausschließlichen Verwendung von männlichen Sprachformen Frauen weder mitgedacht werden noch gedanklich eingeschlossen sind.[100] Eine geschlechtersensible Spra-

99 https://www.dailysabah.com/feature/2015/04/24/fatima-alsamarqandi-an-influential-female-scholar-skilled-calligrapher; aufgerufen am 05.05.2022.

100 Vgl. Stahlberg/Sczesny (2001).

che versucht, alle Beteiligten zu adressieren und in ihrer Geschlechteridentität zu repräsentieren. Auch in der Initiierung von religiösen Lernprozessen ist auf eine geschlechtersensible Sprache zu achten (→ *Sprachsensibilität, Kap. II.3.*). Ein geschlechtersensibler IRU umfasst u. a.:

- die **Thematisierung** der Kategorie Geschlecht
- **Materialarbeit:** Das Schulbuch und andere Unterrichtsmaterialien können mit Blick auf Bilder, Texte, Koranstellen und Hadithe hinterfragt werden: Werden sowohl Mädchen/Frauen als auch Jungen/Männer benannt, wie werden sie jeweils dargestellt? Tradiert die Darstellung Rollenklischees oder bricht sie diese auf? Werden Ansätze aus der feministischen oder gendergerechten Theologie bzw. Koranwissenschaft einbezogen?
- **Vorbilder:** An konkreten weiblichen Vorbildern (z.B. Ḫadīǧa, Maryam) sowie muslimischen Frauen der Gegenwart (z.B. Sportlerinnen) können explizite Identifikationsangebote gemacht werden, die anhand ihrer Rollen und Eigenschaften reflektiert werden.
- **Genderbrille:** Anhand einer Textvorlage werden Schüler*innen zur Reflexion genderbezogener Verhaltensweisen und Normierungen in ihrem Alltag angeregt.
- **Biografische Auszüge:** Texte zu gegenwärtigen oder historischen Personen werden gemeinsam mit Blick auf geschlechterbezogene Benachteiligungen sowie deren Ursachen und Folgen reflektiert und differenziert dargestellt – auch in Wechselwirkung mit anderen Kategorien wie Alter, soziale Herkunft, Migrationshintergrund, Behinderung usw.

6. Anregungen zur persönlichen Vertiefung

In der Anforderungssituation zu Beginn des Kapitels ist eine muslimische Frau in der Rolle einer Hausfrau dargestellt. Notieren Sie auf einem Zettel, welche soziale(n) Rolle(n) *Sie* einnehmen. Wann und wie bestätigen bzw. irritieren Geschlechterstereotype Sie? Wie präsentieren Sie sich als Lehrkraft und welche Rolle spielt dabei Ihr eigenes Geschlecht? Wie verhalten Sie sich gegenüber Jungen/Mädchen/Diversen?

1. **Biografisch:** Erinnern Sie sich an Ihre eigene Kindheit: Mit welchen Rollenbildern sind Sie aufgewachsen? Inwiefern sind Ihr eigenes Denken und Handeln durch geschlechterbezogene Erwartungen geprägt worden? Haben sich die Rollenbilder im Laufe Ihres Lebens möglicherweise verändert?
2. **Theologisch-anthropologisch:** Können Sie koranische Grundlagen sowie prophetische Beispiele finden, durch die Sie sich eine geschlechtergerechte Betrachtung der Geschöpfe Gottes erschließen können? Analysieren Sie Sure 58, Verse 1–4 vor dem Hintergrund der Geschlechtergerechtigkeit. Welche Erkenntnisse können daraus für gesellschaftliche Rollen abgeleitet werden?

3. **Bildungstheoretisch:** Welchen Mehrwert eines geschlechtersensiblen IRU können Sie in Bezug auf die Entfaltung individueller Potenziale Ihrer Schüler*innen entdecken? Diskutieren Sie fachspezifische Aspekte mit Kolleg*innen anderer Fächer.
4. **Didaktisch:** Suchen Sie sich ein IRU-Schulbuch Ihrer Wahl aus und analysieren Sie, wie soziale Rollen von Mann und Frau konstruiert werden. Beachten Sie dabei, inwiefern die abgebildeten Personen gängigen Weiblichkeits- und Männlichkeitsidealen im Hinblick auf Berufe, Haushalt, Familie, Hierarchien, Politik und Gesellschaft etc. entsprechen.

Weiterführende Literatur

Abele-Brehm, Andrea/Stadler-Altmann, Ulrike (2013), Wie bringt man gender in den Unterricht. In: Ulrike Stadler-Altmann (Hrsg.), Genderkompetenz in pädagogischer Interaktion, Opladen/Berlin/Toronto, 81–100.

El Omari, Dina (2021), Koranische Geschlechterrollen in Schöpfung und Eschatologie: Versuch einer historisch-literaturwissenschaftlichen Korankommentierung, Freiburg i. Br.

Giese, Linus (2020), Ich bin Linus. Wie ich der Mann wurde, der ich schon immer war, Hamburg.

III. Religionsdidaktische Inhaltsbereiche

Das Lernen im IRU erfolgt in Auseinandersetzung mit Inhalten bzw. Lerngegenständen, die ihren Niederschlag auch in den Curricula der Bundesländer finden. Wie diese im Sinne eines subjektorientierten Lernens didaktisch ins Spiel zu bringen sind, bedarf sowohl der Berücksichtigung der religionsdidaktischen Prinzipien als auch der religionsdidaktischen Zugänge.

Der *Koran* als Grundlage und Kern des islamischen Glaubens ist im IRU unabdingbar. Damit Schüler*innen Lernwege eröffnet werden können, in denen sie die Bedeutung des Korans für das eigene Leben bewerten können, werden in diesem Kapitel hermeneutische Wege des Arbeitens mit dem Korantext aufgezeigt. Für die Thematisierung des *Propheten Muhammad* im IRU ziehen wir Modelle aus der Lernpsychologie zum Lernen am Modell heran und zeigen deren Möglichkeiten und Grenzen für den IRU auf. Mit dem Koran zusammen greifen die *Hadithe* Lernanlässe im IRU auf, die Lebensführung Muhammads für die Lebenswirklichkeit der Schüler*innen zu reflektieren.

III.1. Koran

Die Beschäftigung mit dem Koran im Kontext der religiösen Bildung steht an zentraler Stelle des IRU. Als Referenzquelle wird der Koran auf der einen Seite als ein literarischer und historischer Text kennen und verstehen gelernt, und auf der anderen Seite wird der Umgang mit ihm als heiligem Buch, das eine erhebliche Bedeutung im individuellen wie gemeinschaftlichen religiösen Leben von Muslim*innen hat, bedacht. Eine solche subjekt- und kontextorientierte Korandidaktik stellt eine neue Herausforderung für den IRU dar, zumal die verschiedenen Ansätze in der Korandidaktik erst im Entstehungsprozess sind. Dennoch sprechen sowohl theologisch als auch religionspädagogisch viele Argumente für ein solches Vorgehen.

Anforderungssituation
Stellen Sie sich folgende Situation vor: Sie thematisieren im Unterricht die 109. Sure al-Kāfirūn und arbeiten zunächst mit der Koranübersetzung von Hartmut Bobzin, der kāfirūn mit ‚die Ungläubigen' ins Deutsche übersetzt hat. Sie wollen in einer Mindmap festhalten, welche Assoziationen der Begriff bei den Schüler*innen hervorruft. Einige Schüler*innen äußern sich spontan: „Sie glauben nicht an Gott", „Sie lehnen den Koran ab". Danach zeigen Sie die Übersetzung der Sure nach Muhammad Asad, der das Wort mit „Jene, welche die Wahrheit leugnen" übersetzt hat. Die Schüler*innen sind irritiert. Nach einem Moment der Stille meldet sich ein Schüler: „Ein Wort kann doch nicht so viele Bedeutungen haben. Wer nicht Muslim ist, ist doch ein Ungläubiger. Was ist denn nun richtig?"

1. Thematische Einführung

Begegnung mit dem Koran

Ihre erste Begegnung mit dem Koran haben die meisten muslimischen Kinder im familiären Bereich. In vielen Haushalten ist häufig mindestens ein Koranexemplar in arabischer Sprache vorhanden, aus dem u. a. im Ramadan oder bei besonderen Anlässen, wie etwa einer Hochzeitsfeier oder nach einem Trauerfall, in der Familie rezitiert wird. Auch das Hören einer schönen Rezitation im Alltag, etwa während einer Autofahrt, ist beliebt. Wenn es darum geht, den Text zu verstehen, wird eine Koranübersetzung in der Herkunftssprache der Familie oder auf Deutsch herangezogen. Allerdings ist eine Koranübersetzung in einem muslimischen Haushalt noch keine solche Selbstverständlichkeit wie eine arabischsprachige Ausgabe.[1]

1 Im Rahmen der DITIB-Studie 2021 wurden junge Personen zwischen 14 und 27 Jahren, die sich ehrenamtlich im Jugendverband des DITIB-Moscheever-

Kompetenzen im Umgang mit dem Koran

Bei der Moscheeunterweisung begegnen muslimische Kinder dem Koran in seiner Originalsprache. Eine wichtige Aufgabe dieses Unterrichts ist das phonetisch korrekte Lesenlernen des Korans in arabischer Sprache. Hinzu kommt das Memorieren einzelner Suren bzw. Passagen, die insbesondere im rituellen Gebet vorgetragen werden. Eine inhaltliche Auseinandersetzung mit dem Koran erfolgt hier in der Regel nicht, auch wenn immer mehr Moscheen ihren Unterricht von einer textzentrierten Lehr- und Lernform auf einen lebensweltlich orientierten Vermittlungsansatz umstellen.[2] Die Gestaltung schulischer Lernprozesse erfordert ebenso eine Beschäftigung mit dem Koran. Damit Schüler*innen die vielschichtigen Bedeutungsdimensionen erschließen können, die eine inhaltliche Auseinandersetzung ermöglichen, sind u. a. die sprachliche Barriere zum Originaltext, aber auch die sperrigen Übersetzungen aus dem Arabischen ins Deutsche zu berücksichtigen. Wenn jungen Muslim*innen eine lebendige Beziehung zum Koran ermöglicht werden soll, braucht es entsprechende religionspädagogische Vermittlungswege. Es gehört zu den Zielaufgaben des korandidaktischen Unterrichtens im IRU, Schüler*innen zum reflexiven Umgang zu befähigen, sprich sie in ihrer Methoden-, Sach- sowie Urteilskompetenz zu stärken. Fragen des Lebens sollen Schüler*innen im Koran wiederentdecken können, Gott und seinen Willen kennenlernen, mittels koranischer Aussagen neue Fragen formulieren oder die Relevanz der Aussagen für das eigene Leben erschließen können. Daher stellt sich an dieser Stelle die Frage zum einen an eine kontextspezifische islamische Religionspädagogik, die das Subjekt und seine Lebenswelt in den Mittelpunkt der religionspädagogischen und theologischen Reflexionen stellt. Zum anderen geht es um den Umgang mit dem Koran, dessen Charakter der göttlichen Offenbarung Autorität beansprucht und einer besonderen Behandlung bedarf.

2. Theologische Grundlagen

Der Koran ist als eine Offenbarung Gottes ein Rezitationstext. Er ist die Rede Gottes bzw. die mündliche Rede Gottes in Buchform. Der Koran ist ebenso Anrede und hat unterschiedliche Adressatenkreise und Hörerschaften; Erstadressat ist jedoch der Prophet Muhammad

bands engagieren, u.a. zur Religiosität und ihren Erfahrungen als Muslim*innen in Deutschland befragt. Dabei gaben 38% der Befragten an, den Koran auf Arabisch zu lesen und 27%, eine Koranübersetzung zu verwenden. Vgl. Behr/Kulaçatan (2022), 103.

2 Vgl. Almila-Akca (2020).

gewesen, dem der Koran in einem multikulturellen Entstehungsmilieu innerhalb von ca. 23 Jahren offenbart worden ist. Der Koran ist Identitätsdokument der muslimischen Gemeinschaft und damit ein historisches Zeugnis im Sinne von Erfahrungen um den Propheten Muhammad sowie auch der Erfahrungen vergangener Glaubensgruppen, zugleich gibt er Antworten auf Fragen der Zeit, setzt sich mit theologischen Positionen der Nachbarreligionen auseinander, die teilweise akzeptiert, teilweise aber auch abgelehnt und durch eigene ersetzt werden.

Der Koran in historischer Perspektive
Der Koran wird als historisches Produkt der Spätantike zugeordnet. Er kann als ein diskursiver Text verstanden werden, der von der Auseinandersetzung mit anderen Texten, z. B. den Positionen anderer Religionen, geprägt ist. Deswegen vermag auch eine historische Lesart Bedeutungszusammenhänge zu erhellen.

Die koranische Sprache ist nicht einfach gesprochene Sprache, sondern in Texte verfasste, in Texte eingebundene Sprache, d.h., jede Koranstelle ist verschriftlichte Rede Gottes, die ihren Bedeutungsreferenzrahmen zunächst im 7. Jahrhundert hat. Hierzu gehört der Aspekt, dass die geschichtliche Rede sich an eine Zuhörerschaft wendet: die Erstadressaten. Vor diesem Hintergrund bedarf es einer historischen Kontextualisierung der Entstehungs- und Wirkungsgeschichte der koranischen Offenbarungen. Das bedeutet, der sprachliche, geschichtliche und kulturelle Kontext bildet den Maßstab für die Bedeutungsfeststellung. Ausgehend von dieser Analyse der weitgefassten Umstände gilt es im nächsten Schritt, hinter den einzelnen Textstellen die universale Botschaft zu fassen zu bekommen, „(...) und diese Botschaft auf heute, auf neue geschichtliche Umstände zu übertragen."[3]

3. Der Koran in den Lehrplänen des IRU

Die zentrale Rolle, die der Koran im Islam einnimmt, spiegelt sich auch in den Kernlehrplänen aller Bundesländer wider.

In den Lehrplänen für die Grundschule liegt der Schwerpunkt in den Jahrgängen 1/2 auf dem Kennenlernen des Korans, seinem

3 Paçacı (2006).

Aufbau und dem Umgang mit ihm als heiliger Schrift.[4] In den Jahrgängen 3/4 hingegen setzen sich die Schüler*innen mit dessen Bedeutung für das Glauben und Handeln auseinander sowie dem Inhalt einzelner Koranverse und Suren.

In der Sekundarstufe I nimmt die Komplexität zu. In Niedersachsen geht es darum, in den Jahrgangsstufen

- 5/6 den Charakter des Korans als Offenbarung herauszuarbeiten,
- 7/8 sich mit Aussagen ausgewählter Koranstellen auseinanderzusetzen,
- 9/10 zentrale Themen des Korans herauszuarbeiten und diese zu sich und ihrer Umwelt in Beziehung zu setzen.[5]

Der Bildungsplan in Baden-Württemberg betont zum einen die ästhetische Dimension des Korans, die in der Koranrezitation liegt.[6] Zum anderen geht es um eine inhaltliche Auseinandersetzung, und zwar in den Jahrgangsstufen

- 5/6 um eigene Erfahrungen mit dem Koran, um zentrale thematische Aspekte sowie um die Fähigkeit, seine Bedeutung in Bezug zum eigenen Glauben und Leben zu setzen.[7]
- 7/8 sich mit Themen, Personen und Ereignissen auseinanderzusetzen oder diese aus dem Koran abzuleiten, seine universelle Bedeutung sowie ethischen Prinzipien zu erfassen und diese mit dem schulischen und außerschulischen Umfeld in Beziehung zu setzen.[8]
- 9/10 um unterschiedliche hermeneutische Ansätze, die miteinander verglichen werden, und um die Aktualität des Korans für zeitgemäße Diskurse wie etwa die Menschenrechte.[9]

Diese exemplarische Betrachtung der Kernlehrpläne verdeutlicht, dass es bei der Thematisierung um folgende Inhalte geht:

1. Form und Aufbau
2. Koran als vorgetragener Text
3. Hermeneutischer Zugang

4 Vgl. Niedersächsisches Kultusministerium (2017), 25 / Ministerium für Kultus, Jugend und Sport Baden-Württemberg (2016a), 16 und 25; Ministerium für Schule und Weiterbildung des Landes Nordrhein-Westfalen (2013), 27 f.

5 Vgl. Niedersächsisches Kultusministerium (2017), 20.

6 Vgl. Ministerium für Kultus, Jugend und Sport Baden-Württemberg (2016c), 16.

7 Vgl. ebd.

8 Vgl. ebd., 25.

9 Vgl. ebd., 35f.

4. Arbeit mit Koranübersetzungen

In schulischen Bildungskontexten stehen muslimische Religionslehrkräfte vor der großen Frage, mit welcher Koranübersetzung sie im IRU arbeiten sollten. Wenn der Koran im IRU nicht als liturgischer Text behandelt wird, sondern dazu dient, dass die Schüler*innen über ihn ins Gespräch kommen, wird weniger ein Text in arabischer Sprache benötigt, sondern eine Ausgabe, die ihnen einen verstehenden Zugang ermöglicht. Das schließt aber nicht einen ästhetischen Zugang zum Koran aus, der über die arabische Rezitation oder den Textgesang eröffnet werden kann *(→ Ästhetisches Lernen, Koran als Hörerlebnis, Kap. IV.4)*.

Hürden für das Verstehen

Der inhaltliche Zugang der Schüler*innen zum Koran wird dadurch erschwert, dass der Koran in einer Sprache verfasst ist, die reich an Metaphern, Symbolen etc. ist und eigene ästhetische Regeln hat, die meist nur mit Hintergrundwissen zu verstehen sind. Zudem folgt der Aufbau keiner narrativen Logik und erschwert dadurch eine kontinuierliche Lektüre, die man von Erzähltexten gewohnt ist.[10] Auch wenn bislang keine Untersuchungen vorliegen, wie und was Kinder vom Koran verstehen, ist davon auszugehen, dass aufgrund der fehlenden formal-operativen Denkstrukturen bei Kindern unter zwölf Jahren diese nur bedingt in der Lage sind, gerade die bildliche Sprache des Korans, die historisch und gesellschaftlich in einem sich stark von der Lebensrealität der Schüler*innen unterscheidenden Kulturkontext entstanden ist, zu verstehen. Diese Schwierigkeit ist im christlichen Kontext durch sogenannte ‚Kinderbibeln' angegangen worden. Da die ‚Vollbibel' nicht für Kinder geschrieben und aufgrund ihrer Komplexität ihnen nicht oder nur schwer zugänglich ist, gibt es Ausgaben der Bibel, die eine Auswahl mehr oder weniger frei nacherzählter biblischer Texte in einer kindgemäßen Sprache und mit Bildern beinhalten.[11] In muslimischen Kulturen ist die Literaturgattung *Kinderkoran* analog zur Kinderbibel eher unbekannt. Hingegen gehören koranische Prophetengeschichten zur weit verbreiteten Kinderliteratur in islamisch geprägten Ländern. Im deutschsprachigen Raum liegen bislang folgende

10 Bauknecht (2015), 26.

11 Es gibt Kinder- und Jugendbibeln für ganz unterschiedliche Altersgruppen und mit unterschiedlichen religionsdidaktischen Intentionen. Einen Überblick bietet Fricke, Michael, Artikel Kinder- und Jugendbibel (2015), in: Das wissenschaftlich-religionspädagogische Lexikon im Internet www.wirelex.de, (https://doi.org/10.23768/wirelex.Kinder_und_Jugendbibeln.100039; aufgerufen am 05.05.2022.

Ausgaben vor, die als Zielgruppe Kinder und Jugendliche haben und vom ‚Vollkoran' abweichen:

Koran für Kinder

- „Was der Koran uns sagt"[12] enthält insgesamt vier Schwerpunktthemen, in denen die Übersetzungen der einzelnen Verse abgedruckt sind. Bei der Auswahl der Themen wurden fundamentale Themen des islamischen Glaubens, wie etwa Gott und seine Schöpfung, Erzählungen über Gesandte und Propheten sowie Glaubensprinzipien und Hinweise zur Praktizierung des Glaubens gewählt. Ferner wurde die Übersetzung sprachlich stark bearbeitet. Als Bildelemente enthält das Buch viele Miniaturen aus der persischen und osmanischen Buchmalerei des 16. und 17. Jahrhunderts sowie moderne Bilder der Gegenwart, in denen Propheten und Engel abgebildet werden.
- Der „Koran für Kinder und Erwachsene"[13] unternimmt den Versuch, Muslim*innen als auch Angehörigen anderer Religionen einen neuen Zugang zum Koran zu eröffnen.[14] Das Werk unterscheidet sich in wesentlichen Merkmalen von den gängigen Koranübersetzungen: In zwölf Kapiteln werden Themen wie etwa Gott, Schöpfung, Mitmenschen, Propheten und Jenseitsvorstellungen behandelt und Verse aus dem Koran nach dem Muster einer Konkordanz zusammengestellt, die von den Autorinnen ausgewählt und übersetzt worden sind. Am Ende jedes Kapitels ist ein kommentierender Text zu dem jeweiligen inhaltlichen Schwerpunkt, der die Grundidee der Koranverse zusammenfasst und einige weiterführende Sacherklärungen gibt. Als Bildelemente wurden Miniaturen aus der osmanischen, persischen und maurischen Zeit eingesetzt, die verschiedene Propheten und auch den Erzengel Gabriel mit ihren Gesichtszügen darstellen.

Der Vorteil dieser beiden Publikationen liegt vor allem darin, dass Koranverse ausgewählt und thematisch zusammengestellt worden sind. Auch wenn nicht ersichtlich ist, nach welchen Kriterien die Themen oder auch die Verse ausgesucht wurden, ist die Auswahl für den Unterricht durchaus hilfreich, weil die Kinder damit einen Überblick über die Themen des Korans erhalten und ihnen ein erster, für sie verständlicher Zugang zum Koran geboten wird.

Trotz dieser beiden Publikationen, die sich an Kinder (und Jugendliche) als Zielgruppe richten, gibt es in der islamischen Religionspädagogik noch keine ausformulierte Didaktik zu sogenannten Kin-

12 Mohagheghi/Steinwede (2016).

13 Kaddor/Müller (2008).

14 Ebd., 225.

derkoranen. Es fehlt bislang auch eine Auseinandersetzung mit der Konzeption kindgemäßer Koranexemplare und es bleibt zu klären,

- nach welchen Kriterien inhaltliche Schwerpunkte ausgewählt werden können,
- welchen Bedarf es mit einem entsprechenden Werk zu decken gilt,
- welches Gottesbild vermittelt werden soll,
- wie man den Text sprachlich bearbeitet,
- in welchem Verhältnis *Kindgemäßheit* und *Textgemäßheit* zueinander stehen und
- inwieweit Bilder eingesetzt und diese kriteriengeleitet ausgewählt werden können.

Auswahl einer Übersetzung

Eine Koranübersetzung für eine Schulform bzw. Jahrgangsstufe auszusuchen, ist kein leichtes Unterfangen, da es derzeit auf dem Büchermarkt keine Übersetzung gibt, die für unterrichtliche Kontexte konzipiert wurde. Um Unterschiede zwischen einzelnen Übersetzungen markieren zu können, hilft ein exemplarischer Vergleich der Übersetzungen der Sure al-Iḫlāṣ:

Al Ikhlas (Die Erklärung von [Gottes] Vollkommenheit) Im Namen Gottes, des Allergnädigsten, des Gnadenspenders: 1 SAG: „Er ist der Eine Gott: 2 Gott der Ewige, die Unverursachte Ursache all dessen, was existiert, 3 Er zeugt nicht, und Er ist auch nicht gezeugt; 4 und es gibt nichts, das mit Ihm verglichen werden könnte." (Muhammad Asad (2015), Die Botschaft des Koran, Ostfildern, 1197.)
Die vollkommene Aufrichtigkeit (al-iḫlāṣ) Im Namen des Gottes, des Barmherzigen, des Erbarmers 1 Sag:‘ „Er ist Gott, der Eine. 2 Gott der Vollkommene. 3 Nicht hat Er gezeugt‘ und nicht ist Er gezeugt. Und nicht gleich ist Ihm einer!" (Milad Karimi (2014), Der Koran, Freiburg im Breisgau, 522.)
Die treue Hingabe (al-iḫlāṣ**)** Im Namen Gottes, des barmherzigen Erbarmers. 1 Sprich: „Er ist Gott, der Eine, 2 Gott, der Beständige, 3 er zeugte nicht und wurde nicht gezeugt, 4 und keiner ist ihm ebenbürtig." (Hartmut Bobzin 2019), Der Koran, München, 593.)

Tabelle 2: Vergleich der Sure al-Iḫlāṣ in der Übersetzung von Muhammad Asad, Milad Karimi und Hartmut Bobzin.

Die deutschsprachige Übersetzung Muhammad Asads[15] ist nicht von ihm vorgenommen worden, sondern ist eine Übersetzung seiner 1980 erschienenen englischen Übersetzung und Kommentierung des Korans. Asads Werk weist zahlreiche Kommentierungen in den Fußnoten auf. Asad zeigt unterschiedliche Übersetzungsmöglichkeiten und Interpretationen eines Koranverses seitens klassischer Exegeten auf und begründet seine Entscheidung für eine Variante. Der Text enthält viele Hinzufügungen in Klammern, die das Textverständnis unterstützen sollen. Diese Übersetzung zeichnet sich vor allem durch metaphorische Interpretationen aus. Er vertritt die Auffassung, dass die Bezugnahmen der Offenbarung auf historische Ereignisse nicht „den zugrunde liegenden Sinn dieses Verses und seine innere Bedeutung für die ethische Lehre [...] verdunkeln“[16] dürfe, die der Koran darlegt.

Milad Karimi unternimmt in seiner Übersetzung den Versuch, neben einer philologischen Genauigkeit auch die ästhetische Atmosphäre des Korangesangs zu vermitteln. Er verzichtet vollkommen auf Anmerkungen und Erläuterungen, die „entweder aufgrund ihrer analytischen Natur überflüssig wären oder durch Angabe eines bestimmten Hinweises [...] die in sich offenen Koranstellen inhaltlich verengen würden“. Auch versucht er nach „Möglichkeit den Rhythmus und die Spannung wiederzugeben, die den Korangesang im Original auszeichnet“.[17] Somit steht diese Übersetzung in der Tradition von Friedrich Rückert, der in seiner (unvollständig gebliebenen) Koranübersetzung die ästhetische Dimension des Korans bewusst in den Vordergrund rückte, um eine Ahnung von seiner poetischen Kraft zu vermitteln.

Hartmut Bobzin legt in seiner Übersetzung ebenso Wert auf ein Reimschema, allerdings nur dort, wo es ohne große Eingriffe in die Bedeutung möglich war. Er unternimmt auch den Versuch einer Rhythmisierung in der Weise, dass Wortakzent und Satzakzent ein möglichst harmonisches Miteinander bilden. Er arbeitet auch ohne Hinzufügung von Klammern oder Anmerkungen und übersetzt ein Wort stets mit einer Deutung.[18]

Auch zeigen die drei Übersetzungen zwei verschiedene Varianten, wie man den arabischen Titel der Sure schreibt: Asad orientiert sich mit al-Ikhlas an der Lautsprache, Karimi und Bobzin hingegen

15 Muhammad Asads (1900–1992) hieß gebürtig Leopold Weiß. Aus einer jüdischen Rechtsanwaltsfamilie stammend konvertierte er zum Islam.

16 Asad (2015), 17.

17 Karimi (2014), 561.

18 Bobzin (2019), 603ff.

übernehmen die Transkriptionsregeln der Deutschen Morgenländischen Gesellschaft.

Übersetzung = Interpretation

Bei der Hinzunahme einer Koranübersetzung im IRU ist zu empfehlen, nach Möglichkeit mehrere Übersetzungen heranzuziehen. Jede Übersetzung ist gleichzeitig eine Interpretation. Um eine Vorstellung vom Spektrum möglicher Textverständnisse zu bekommen, ist es insbesondere gegen Ende der Sekundarstufe I und in der Oberstufe von Vorteil, nicht nur eine einzige Übersetzung zu nutzen. So kann u. a. verhindert werden, dass die Übersetzung als Interpretation mit dem Originaltext gleichgesetzt wird.

Bei der Auswahl einer Koranübersetzung können u. a. folgende Fragen die Religionslehrkräfte bei der Entscheidung unterstützen:

- Inwieweit lässt sich herausfinden, ob der/die Übersetzer*in Kenntnisse der arabischen Sprache hat?
- Welche exegetischen und theologischen Kompetenzen bringt der/die Übersetzer*in mit?
- Wer ist der/die Übersetzer*in und was qualifiziert ihn/sie für die Übersetzungsaufgabe?
- Welcher Religion, Konfession, innerkonfessionellen Richtung gehört der/die Übersetzer*in an?
- Für welche Zielgruppe ist die Übersetzung gedacht?
- Welche Übersetzungsziele werden von der der/die Übersetzer * in explizit genannt?
- Enthält die Übersetzung Paratexte, wie ein Vorwort, eine Einleitung, Fußnoten oder ein Glossar, aus dem hervorgeht, welche Ziele der/die Übersetzer*in verfolgt, wer die Zielgruppe ist etc., wodurch eine thematische Kontextualisierung bzw. Bezüglichkeit hergestellt wird?

Auswahl nach dem Entwicklungsstand

Viele Unterrichtsmaterialien haben die angeführten Koranverse sprachlich vereinfacht.[19] In der Sekundarstufe eignen sich die gängigen, auf dem Markt erhältlichen Übersetzungen, die dann dem Entwicklungsstand der Schüler*innen entsprechend ausgewählt werden können. Gegen Ende der Sekundarstufe I bzw. in der Sekundarstufe II können die Schüler*innen unmittelbar mit verschiedenen Übersetzungen konfrontiert werden, indem ein Vergleich verschiedener Übersetzungstexte eingebracht wird. Um die Altersgemäßheit der Übersetzung beurteilen zu können, hilft eine Analyse u. a. mit folgenden Fragen:

19 Insbesondere in Unterrichtsmaterialien für die Grundschule wird mit sprachlich stark bearbeiteten Übersetzungen gearbeitet; vgl. Khorchide et al. (2012).

- Enthält die Übersetzung Fachbegriffe, aber auch arabische Begriffe, die den Schüler*innen Probleme bereiten können?
- Ist die Satzkonstruktion für die Schüler*innen ungewohnt, komplex bzw. verschachtelt?
- Enthält die Übersetzung Metaphern, Symbole etc.?
- Wie geht der Text mit inhaltlichen Lücken um? Gibt es Informationen in Klammern, Anmerkungen etc.? Unterstützen sie das Verstehen?

5. Hermeneutisches Arbeiten mit dem Koran im IRU

Lernprozesse aktiv gestalten

Wie die Betrachtung der Kernlehrpläne verdeutlicht, geht es im IRU um die Befähigung der Schüler*innen zu einem selbstverantworteten und reflektierten Umgang mit dem Koran. Die Korandidaktik sollte sich dieser Herausforderung annehmen. Es geht um die Frage, wie koranische Texte für die Lebenserfahrung von Schüler*innen relevant sein können, sodass sie ihr Leben vor dem Wort Gottes bedenken können und ihnen eigene Lebensdeutungen ermöglicht werden. Die Schüler*innen sind in solchen Bildungsprozessen nicht passive Rezipient*innen der Offenbarung, sondern gestalten ihre eigenen Lernprozesse mit dem Koran aktiv mit.

kommunikativer Ansatz

Dieser kommunikative Ansatz eröffnet einen Orientierungsweg für die Korandidaktik, die darauf abzielt, die ursprünglich dialogische und lebendige Kommunikation sowie die Beziehung zwischen Gott und den Ersthörer*innen der Offenbarung mit den aktuellen Rezipient*innen des Korans unter anderen Rahmenbedingungen fortzusetzen. Denn anders als im Entstehungskontext verläuft heute die Kommunikation über ein geschriebenes Buch, das das Kommunikationsgeschehen auf der Arabischen Halbinsel vor über 1400 Jahren wiedergibt. Im kommunikativen Ansatz zeigt sich ein Offenbarungs- bzw. Koranbild, in dem sich Gott aus seiner Güte und Barmherzigkeit heraus mit seinem Wort an den Menschen wendet und mit ihm in einen Dialog tritt.[20]

Wenn Schüler*innen sich eigenständig mit dem Koran in Beziehung setzen und ihre Deutungen und Verstehensprozesse gestalten, ist von der Religionslehrkraft auch zu berücksichtigen, dass die Ergebnisse unterschiedlich ausfallen können. Schüler*innen bringen ihre individuellen Erfahrungen, Haltungen und Kenntnisse mit dem Koran in den IRU mit, die sich auch im Umgang mit dem koranischen Text zeigen können.

20 Cavis (2021), 49ff.

Verstehen

Wenn ‚verstehen' heißt, dass der Text zu den Schüler*innen spricht, wodurch die Schüler*innen dem Text erst eine Bedeutung und einen Sinn geben, bleibt die Frage, wie die Schüler*innen Gott verstehen können, d. h., wie zwischen dem Menschen, Gott und dem Text ein hermeneutischer Zusammenhang hergestellt werden kann. Erkenntnisse aus der Literaturwissenschaft und philosophischen Hermeneutik können erklären, inwiefern die eigene Einschätzung des Textes, die Einstellung bspw. zu Gott, das eigene Gottesbild, das Verhältnis zur Tradition sowie die eigenen Lesegewohnheiten, die eigene kulturelle Färbung und viele weitere Faktoren das Vorverständnis beim Lesen und Verstehen des Korans erheblich prägen.

historische Lesart

Im Koran hat Gott in einen historisch-kulturellen Kontext hineingesprochen. Vor diesem Hintergrund ist eine historisch gebundene Lesart von Koranstellen zu empfehlen. Wenn der Koran historisch verstanden wird, lässt sich mit dem Koran in jeglicher Hinsicht anders arbeiten, als wenn angenommen wird, dass der Koran schon immer als Text bzw. Buch von Gott geplant war, also präexistent sei.[21] Mit einem hermeneutischen Lernen soll deutlich werden, dass Gottes Wort in menschlicher Sprache erfahrbar wird.

den Graben überbrücken

Eine Zielsetzung des koranhermeneutischen Lernens ist es, Schüler*innen darin zu unterstützen, wichtige Werkezeuge für den Umgang mit dem koranischen Texten zu vermitteln. Dadurch soll ihnen die Möglichkeit eröffnet werden, die unterschiedlichen Bedeutungsebenen des koranischen Textes zu entdecken. Es ist Aufgabe der Lehrenden, unterschiedliche tradierte Korandeutungen vorzustellen. Die Aussagen des Korans sowohl im Horizont der islamischen Tradition als auch im Horizont der Erfahrungen der gegenwärtigen Leserschaft zu betrachten, bedarf methodischer Reflexion, die in der Begleitung der Lehrkraft initiiert werden kann. Koranische Erzählungen reflektieren die Gegenwart des Propheten Muhammad und der sich um ihn konstituierenden Gemeinde. Ein unmittelbares

21 Zur Erinnerung: Wenn der Koran für präexistent angenommen wird, bedeutet das, dass er in Gottes ewigem Wissen schon in seiner gegenwärtigen Form bestand und zu gegebener Zeit und zu gegebenem Kontext sukzessive offenbart wurde. Diese Annahme der Präexistenz wurde und wird von manchen Theolog*innen durchaus vertreten, wodurch aber der dialogische und kommunikative Charakter des Korans als eine an die Menschen gerichtete, und auf ihr Verstehen zielende Botschaft verloren geht.

Verstehen gestaltet sich schwierig, wenn der historische Abstand – den Lessing für die Bibel „als garstig breiten Graben bezeichnet“[22] hat – zu den koranischen Texten nicht überwunden wird. Nur methodisch reflektierte Interpretationsarbeit kann diesen Abstand überbrückbar machen. In der islamischen Religionspädagogik fehlen bislang ausgearbeitete Konzepte, nach denen in den verschiedenen Jahrgangsstufen mit den verschiedenen Textgattungen des Korans gearbeitet werden kann. Daher wollen wir im Folgenden den Rahmen aufzeigen, der bei einem korandidaktischen Arbeiten im IRU zu berücksichtigen ist.

6. Hermeneutisches Werkzeug

Für das Verstehen der Offenbarungen ist der historische Hintergrund, vor dem die einzelnen Verse offenbart wurden, wesentlich. In der mekkanischen Periode lag der inhaltliche Schwerpunkt der Offenbarungen auf den Glaubensgrundlagen, im Konkreten dem Einheitsglauben (*tawḥīd*), der Prophetie (*nubuwwa*) und der Rückkehr zu Gott (*maʿād*) sowie der persönlichen als auch gesellschaftlichen Ethik. In der medinensischen Zeit hingegen beschäftigen sich die Offenbarungen schwerpunktmäßig mehr mit Formen des gemeinschaftlichen Lebens.

Frühmekkanisch: Gespräche zwischen dem Gesandten Muhammad und Gott, Vergewisserung, Abgrenzung zu Dichtern, Wahrsagern, Hervorheben der Einheit Gottes.
Mittelmekkanisch: Suren sprechen von Gott besonders häufig als „dem Barmherzigen“. Inhaltlich wird immer wieder die Weigerung der mekkanischen Polytheisten genannt, das Jüngste Gericht und die Einzigkeit Gottes anzuerkennen.
Spätmekkanisch: Glaube an einen Gott, Vermeidung von Götzendienst, Schutz der Waisen und Armen, Befreiung der Sklav*innen.

Denkraum Spätantike

Von konstitutiver Bedeutung für das Verständnis der Entstehung des Islam und des Koran sind Kenntnisse der vorislamischen Geschichte und Kultur des arabischen Raumes und seiner Gesellschaftsordnung, der Wirtschaft und der religiösen Vorstellungen und Praktiken, kurzum des Denkraums der Spätantike. Kennzeichnend für die Spätantike ist insbesondere die Transformation von einer heidnisch-römischen Welt zu einem christlichen Imperium;

22 Lessing (1965), 36.

nicht zu vergessen allerdings, dass sie auch eine Epoche des Umbruchs der antiken Mittelmeerwelt war. Den Denkraum der Spätantike erschließen wir durch Texte. Und so wird der Korantext in der heutigen arabischen Philologie-Forschung als ein Gespräch mit spätantiken theologischen Traditionen verstanden, d. h. als eine Bezugnahme auf die vorherrschende Gedanken- und Ideenwelt der Spätantike. Denn der Koran bzw. Gott nimmt im Koran Bezug auf ein polyfones Diskursmilieu. Die religiösen Gruppen und ihre Vorstellungen von Diesseits und Jenseits, ihre Deutungsmuster, ihre Narrative sowie ihre (heiligen) Texte spielen eine entscheidende Rolle für die Koran-Lektüre. Wenn der Koran z.B. auffordert: „Darum tötet nicht eure Kinder aus Furcht vor Armut",[23] nimmt er Bezug auf einen vorislamischen arabischen Brauch, nach dem Mädchen aus Furcht vor wirtschaftlichen Belastungen durch die Zunahme weiblicher Nachkommen lebendig begraben wurden.[24]

Die Wissenschaft von den Offenbarungsanlässen (*asbāb an-nuzūl*) ist eine wichtige Arbeitshilfe bei der historischen Einordnung und Bearbeitung der Überlieferungen. Wichtige Quellen, die hierfür hinzugezogen werden sollten, sind Werke der früheren Geschichtsschreibung, Hadithe und Korankommentare.

Die Offenbarungsanlässe lassen sich kategorisieren in

- *Offenbarung als Antwort auf ein Ereignis oder eine allgemeine Lage:* Gott spricht in eine ganz bestimmte Situation hinein und referiert auf das bereits Gesprochene oder Vorgefallene, weshalb er von Angelika Neuwirth als ein Echo seiner Zeit bezeichnet wird. Wenn der Koran z.B. offenbart: „Sag, Du bist nicht besessen"[25], nimmt er Bezug auf die Vorwürfe der Mekkaner gegen Muhammad , die ihn der Zauberei und Wahrsagerei beschuldigten.
- *Offenbarung aus anderen bekannten oder unbekannten Gründen:* Es gibt Offenbarungen, die nicht ‚kontextlos' offenbart worden zu sein scheinen, weil sie in einem größeren Rahmen mit dem Entstehungsumfeld verbunden sind. Manchmal mag kein konkreter Anlass für eine Offenbarung festgestellt worden sein, trotz dessen ist ihr Kontext grundsätzlich konstruierbar. Exemplarisch lassen sich an dieser Stelle das rituelle Gebet oder das Fasten im Monat Ramadan anführen, die bezugnehmend auf vorherige religiöse Praktiken unterscheiden und neu formiert werden, wodurch eine spezifisch muslimische Identitätsbildung bzw. religiöse Praxis elementar geprägt wurde.

---

23 Koran 17:31.
24 Asad (2015), 535.
25 Koran 19:16–17.

- *Rezeption, Verweise und Anspielungen auf einen (präprophetischen) historischen Kontext oder Offenbarung als Antwort auf eine besondere Frage einer einzelnen Person:* Koranverse können Antworten auf Fragen sein von Zuhörenden ihrer Zeit; sie betreffen zwischenmenschliche Beziehungen, Machtfragen, soziale Ungerechtigkeit, Auseinandersetzungen mit theologischen Positionen der Nachbarreligionen, die teilweise akzeptiert, teilweise verhandelt und abgewandelt, teilweise aber auch abgelehnt und durch neue, eigene Positionen ersetzt wurden. Gott offenbart Erzählungen über vorausgegangene Propheten, die sich in Nuancen oder an einigen Stellen fundamental von den Erzählungen im Alten Testament unterscheiden. So gibt es im Koran eine lebendige Rezeption der biblischen Tradition, indem die vielen Geschichten wie etwa von Noah oder Moses aufgegriffen, z. T. aber anders akzentuiert werden.

Schritte der kontextuellen Interpretation

Daraus ergeben sich für eine *kontextuelle Interpretation* auf der Grundlage eines hermeneutischen Zugangs folgende Analyseschritte:

1. Welche Hauptmotive sind in dem Text zu identifizieren? Welche Wörter, Begriffe oder Redewendungen sind anzutreffen?
2. Wie ist der Text historisch einzuordnen? Wann, wo, unter welchen Bedingungen ist der Text offenbart worden?
3. Wie argumentiert der Text, welche Argumentationsstrukturen sind zu erkennen? Welches übergeordnete Thema oder welche Frage wird hier angesprochen?

7. Didaktische Konkretisierung

Texte für die Grundschule

Um Schüler*innen einen Zugang zum Koran zu eröffnen, sollten Religionslehrkräfte in ihnen lernende Subjekte sehen, die selbstständig und als Laien in den Worten Gottes eine existenzielle Bedeutung für *ihre* Lebens- und Glaubenswelt finden können. Es erfordert eine Distanzierung von der Vorstellung, dass ausschließlich Expert*innen den Koran verstehen können und Schüler*innen lediglich diese vorgefertigten Erkenntnisse und Deutungen übernehmen sollten. Entscheidend für einen subjektorientierten Zugang zum Koran ist die Rezeption der Schüler*innen. Es geht darum, sie mit koranischen Texten gemäß ihrem Entwicklungsstand und ihrer Lebenssituation in eine Beziehung zu bringen. Eine auf Mündigkeit und auf Selbstwerdung zielende religiöse Bildung mit dem Koran ist kaum vorstellbar, wenn sie den Schüler*innen den Raum für ihre individuelle Reflexion mit dem Koran nicht gibt und sie ihre eigenen Lern- und Interpretationsprozesse nicht gestalten lässt. Zu klären ist die Frage, welche Textgattungen bzw. -passagen aus dem Koran unter Einbeziehung der entwicklungspsychologischen Perspektive in den einzelnen Schulstufen eingesetzt werden können. Auch wenn es bislang keine Forschung dazu gibt, geben die Lehrpläne eine erste Struktur vor: In der Grundschule stehen als Thema vor allem Einheiten zu den koranischen Prophetengeschichten an, mit denen die Schüler*innen verschiedene menschliche Emotionen wie Freude, Einsamkeit, Geborgenheit oder Hoffnung in Verbindung bringen können. In der Regel wird allerdings mit Sekundärtexten gearbeitet, in denen die Narrationen – anders als im Koran – als zusammenhängende Geschichten erzählt werden. Anhand dieser Geschichten können die Schüler*innen ihre Sachkompetenzen über koranische Inhalte, aber auch ihre Wahrnehmungs- und Deutungskompetenzen entwickeln sowie die Relevanz dieser Geschichten für ihr eigenes Leben entdecken *(→ Performatives Lernen)*. Auch werden in die Unterrichtsmaterialien einzelne Verse aus dem Koran einbezogen, deren Inhalte im IRU von den Schüler*innen erschlossen werden.

Texte für die Sek. I

In der frühen Sekundarstufe I stehen ebenso prophetische Gestalten in den Lehrplänen, wobei die Auseinandersetzung mit ihnen intensiviert wird. Während in der Grundschule der Fokus stark auf Nacherzählungen gelegt wird, kann in der Sekundarstufe I mit Passagen aus dem Koran gearbeitet werden, die den Schüler*innen ermöglichen, mit dem Text ins Gespräch zu kommen und ihre Fragen an ihn zustellen. Durch die zunehmend geschärfte Textwahrnehmung und Interpretationsfähigkeit insbesondere gegen Ende der Sekundarstufe I können in diesem Zusammenhang auch ethische Implikationen diskutiert werden *(→ Ethisches Lernen)*.

Texte für die Sek. II

In der Sekundarstufe II hingegen brauchen die Schüler*innen ein gewisses Instrumentarium, um sich bei Bedarf mit konkreten Texten eigenständig auseinanderzusetzen, diese zu erschließen und zu beurteilen. Hier kann auch wissenschaftspropädeutisch gearbeitet werden, indem bspw. ausgewählte Kommentare zum Koran aus der Tradition und der gegenwärtigen Exegese als Informationsquellen und Diskussionspartner gleichermaßen eingesetzt werden.

Beispiel rezeptionsorientierter Zugang

Exemplarisch möchten wir anhand der 107. Sure *al-Māʿūn* skizzieren, wie ein rezeptionsorientierter Zugang zum Koran gestaltet werden kann.

„107. Sure: Die Unterstützung
Im Namen Gottes, des Allerbarmenden und Barmherzigen.
1 Was meinst du von dem, der das Gericht leugnet?
2 Das ist der, der die Waise zurückstößt
3 und nicht zur Speisung des Armen anhält.

4 Weh den Betenden,
5 die bei ihrem Gebet achtlos sind,
6 gesehen werden wollen
7 und Unterstützung verwehren!“[26]

Die Sure *al-Māʿūn* gehört zu den Gebetstexten, die von Kindern und Jugendlichen im Moscheeunterricht memoriert und häufig im rituellen Gebet rezitiert werden. Daher kennen viele muslimische Schüler*innen den arabischen Text dieser Sure auch auswendig. Der Text stammt aus der mekkanischen Ära der Offenbarung und verurteilt das Denken und Handeln einer Person, die das göttliche Gericht leugnet. In manchen Übersetzungen wird das arabische Wort dīn (hier übersetzt als ‚Gericht‘) im ersten Vers auch mit „Religion“ übersetzt. Die Ablehnung der Vorstellung, dass das Verhalten des Menschen über seinen Tod hinaus wirkt, zeigt sich an seinem Verhalten in zwei unterschiedlichen Bereichen. Zum einen geht es um seine zwischenmenschlichen Handlungen, *muʿāmalāt*. Diese Person versorgt nicht die Waisen und die Armen, verweigert also Hilfeleistungen an die Bedürftigen in der Gesellschaft (Verse 2–3). Danach wird in den Versen 4–6 das Verhalten von Personen gerügt, die das Gebet zwar als gottesdienstliche Handlung ausführen, es aber nicht mit Andacht, sondern in der Absicht ausführen, gesellschaftliches Ansehen zu erlangen. Die Sure nimmt im letzten Vers wieder Bezug auf die Bedürftigen (vgl. die Verse 2–3) und schließt mit der Sozialkritik, dass die nur für ihr Prestige in der Öffentlichkeit betenden Personen den Bedürftigen die Unterstützung verwehren. Nach Asad schließt der Ausdruck *al*-Māʿūn in Vers 7, der der Sure den Namen gibt, den Zirker mit „Unterstützung“ übersetzt, die vielen kleinen Dinge ein, die für den täglichen Bedarf benötigt werden. Asad zählt dazu auch die gelegentlichen Gefälligkeiten, die Menschen einander erweisen.[27]

Grundsätzlich übt diese Sure Kritik an einem bestimmten Menschentyp und legt dar, dass der Glaube und damit die Beziehung zu Gott aus zwei Dimensionen besteht: Zum einen besteht die soziale Dimension aus einem verantwortungsvollen Handeln und Unterstützung der Notleidenden in der Gesellschaft. Zum anderen geht es mit dem Gebet um eine persönlich spirituelle Dimension, eine

26 Koran 107. Dies ist eine Übersetzung des katholischen Theologen Hans Zirker, dessen Übersetzung sowohl Wert auf Lesbarkeit legt als auch auf kommentierende Anmerkungen verzichtet. Zirkers Übersetzung zeichnet sich auch durch eine zeitgemäße Sprache aus; vgl. Zirker (2018), 385.

27 Vgl. Asad (2015), 1191.

innere Haltung und um eine Beziehung zu Gott, die unabhängig von gesellschaftlicher Anerkennung besteht.

Schritte der Analyse und Interpretation

Die Sure kann mit folgenden Schritten in unterrichtlichen Kontexten erschlossen werden, die auf den Umgang mit Koranpassagen im Allgemeinen anwendbar sind:[28]

1. *Wahrnehmungsphase*: Im ersten Schritt wird zunächst der Text eingeführt und es erfolgt eine erste Rezeption des Textes, bei der Eindrücke, Ideen und Assoziationen im Unterrichtsgespräch ausgetauscht, aber auch Fragen zum Text formuliert werden. Zur Wahrnehmungsphase gehört auch eine erste Auseinandersetzung mit dem Text, bei der schwierige Textstellen oder Begriffe geklärt werden. Je nach Alter der Schüler*innen sind es möglicherweise die Begriffe *Gericht* oder *Waise*. Die Schüler*innen äußern erste Eindrücke, wie der Text auf sie wirkt.
2. *Analysephase*: Die Schüler*innen setzen sich mit den Textstrukturen auseinander, um auf dieser Grundlage die Einzelheiten und den Zusammenhang der gesamten Sure in den Blick nehmen zu können. Sie arbeiten die inhaltlichen Schwerpunkte des Textes heraus. Hierbei wird der Text einer kontextuellen Interpretation unterzogen. Die Schüler*innen analysieren das Hauptmotiv, dass Gott Kritik sowohl an den gesellschaftlichen als auch gottesdienstlichen Handlungen einer Person übt, und begründen das mit Formulierungen und Begriffen des Textes, wie etwa Waisen zurückstoßen, mit dem Gebet gesehen werden wollen, Unterstützung verwehren etc. Der Text wird mithilfe exegetischer Literatur historisch eingeordnet. Bei der ermahnten Person handelt es sich nach Meinung mancher Exegeten um den mekkanischen Stammesführer al-ʿĀṣ b.Wāʾil as-Sahmī.[29] Um welche Person es hier tatsächlich geht, ist aber nicht von Relevanz, da die Kritik des Koran sich nicht gegen die Person, sondern ihr Verhalten richtet, den Bedürftigen nicht zu helfen. Bei jüngeren Schüler*innen kann diese Information von der Lehrkraft an geeigneter Stelle in den Unterricht eingebracht werden, bei älteren kann der Text selbst auch zu einer zweiten vertiefenden Analyse den Schüler*innen vorgelegt werden.
3. *Reflexion:* Im nächsten Schritt kommen die Schüler*innen zu einem ersten Resümee. Sie gehen dabei u. a. den Fragen nach,
   - welche Gefühle die Sure bei ihnen anspricht und welche Assoziationen sie weckt,

28 Vgl. Theis (2020), 305 f.
29 Diyanet İşleri Başkanlığı yayınları (2007), 696.

- warum Gott sich überhaupt mit dem Verhalten dieser Person beschäftigt,
- welche Fragen sie an den Text haben und welche der Text an sie stellt sowie
- was für sie aus dem Text folgt.

Um eine rezeptionsorientierte Auseinandersetzung anzuregen, kann dieser Prozess methodisch vielfältig gestaltet werden, wie etwa durch Schreibgespräche, Standbilder etc.

4. *Interpretation*: Hierbei steht die Deutung des Textes im Mittelpunkt. Um den Blick zu weiten und den Sinnzusammenhang zu klären, wird der Text tiefgründig betrachtet und interpretiert. Dabei werden einzelne Aspekte des Textes vertiefend untersucht, gedeutet und ergänzt. Für die Arbeit mit der Sure *al*-Māʿūn naheliegend wäre die Frage nach der sozialen Gerechtigkeit, dem Umgang mit Schwachen und Verwundbaren in der damaligen und heutigen Gesellschaft. Gerade in höheren Jahrgangsstufen ist die Intertextualität von Relevanz, indem einzelne Aspekte mit weiteren Koranstellen in Verbindung gebracht werden. Mögliche Schwerpunkte wären an dieser Stelle, wie der Koran *ṣadaqa, zakāt, ṣalāh* aber auch *riyāʾ* (religiöse Scheinheiligkeit) beschreibt und welche individuelle oder gesellschaftliche Bedeutung er ihnen beimisst. Es geht dabei auch um die Frage, wie Menschen heute ermutigt werden können, Bedürftigen zu helfen und Hilfe effizienter, regelmäßiger und kontinuierlicher zu gestalten. Spätestens in der Sek. II sollte dann auch die Frage diskutiert werden, warum soziales Verhalten und eine scheinheilige Gebetshaltung zugleich angesprochen werden und worin eine Verbindung zwischen der Einstellung zum Gebet und dem sozialen Miteinander besteht.
5. *Gestaltwerdung*: Im letzten Schritt erfolgt eine kreative Auseinandersetzung mit dem Korantext. Es geht dabei darum, die Bedeutung des Inhaltes und die Relevanz für die Lebenswirklichkeit der Schüler*innen zu erfassen. Hier können u. a. folgende Fragen gestellt werden:
   - Inwieweit identifizieren sich die Schüler*innen mit der Aussage des Textes?
   - Zu welchen Erkenntnissen oder Einstellungsveränderungen führt der Text bei ihnen?
   - Wie können sie den Text neu formulieren bzw. in neuer Form zum Ausdruck bringen (→ *Performatives Lernen*)?

Der Text könnte bspw. mit positiv konnotierten Verhaltensweisen in lyrischer Form präsentiert, als eine Art Kalligrafie gestaltet, als Collage symbolisch dargestellt, in gesungener Form vorgetragen werden, aber auch in Form anderer frei formulierter Beiträge erfolgen.

8. Anregungen zur persönlichen Vertiefung

Lesen Sie sich die Anforderungssituation zu Beginn des Kapitels noch einmal durch. Wie kann die Unterrichtssequenz so fortgeführt werden, dass die Schüler*innen eine Vorstellung von dem koranischen Konzept des Begriffs *kufr* bekommen?[30] Notieren Sie Ihre Gedanken in Stichpunkten.

1. **Biografisch:** Welche Zugänge hatten Sie in Ihrer Biografie zum Koran? Erstellen Sie einen Zeitstrahl, in dem Sie in Ihren verschiedenen Lebensphasen die Zugänge notieren. Vergleichen Sie Ihre Biografie mit der von Kolleg*innen und markieren Sie Gemeinsamkeiten und Unterschiede.
2. **Theologisch-anthropologisch:** Gehen Sie der Frage nach, inwiefern das koranische Menschenbild als theologisch-anthropologische Grundlage für eine subjekt- und kontextorientierte Korandidaktik dienen kann.
3. **Bildungstheoretisch:** Diskutieren Sie mit Fachkolleg*innen, welchen Beitrag zur Identitätsfindung der muslimischen Schüler*innen eine rezeptionsorientierte Korandidaktik bieten kann.
4. **Didaktisch:** Suchen Sie sich im Koran eine der letzten Suren heraus und erarbeiten Sie deren Einsatz im IRU für eine Schulstufe Ihrer Wahl.

Weiterführende Literatur

Isik, Tuba (2015), Bibel- und Korandidaktik in komparativer Absicht in einem kooperativ-konfessionellen Religionsunterricht. In: Rita Burrichter/Georg Langenhorst/Klaus von Stosch (Hrsg.), Komparative Theologie: Herausforderung für die Religionspädagogik. Perspektiven zukunftsfähigen interreligiösen Lernens, Paderborn, 263–277.

Mohammed, Abualwafa (2020), Der Koran und seine Bedeutungsebenen für das Hier und Jetzt. Zeitgemäße theologisch-didaktische Annäherungen am Beispiel des Begriffs Dschihad, Wiesbaden.

Velden, Frank van der /Behr, Harry H./Haußmann, Werner (2013), Erzählen schafft Gemeinsamkeit – Argumentieren schafft Klarheit. Hermeneutische Vorüberlegungen für eine narrative Korandidaktik im Unterricht zwischen Christen und Muslimen, Göttingen.

30 Eine Diskussion zur Übersetzung des Begriffs sowie seinen didaktischen Implikationen unternimmt Tarek Badawia; vgl. Badawia (2019).

III.2. Prophet Muhammad

Der Prophet Muhammad spielt für den Glauben und die Lebensweise von Muslim*innen eine wesentliche Rolle. Er nimmt mit seiner Lebensführung (*Sunna*) eine herausgehobene Bedeutung als Vorbild ein. Im IRU spielt der Prophet für die Initiierung religiöser Lernprozesse und die Ausbildung einer religiösen Identität eine wesentliche Rolle. Gemäß einer traditionellen Vorbilddidaktik lädt der Prophet ein, ihm nachzueifern. Dieser Ansatz eröffnet allerdings kaum Raum für eine kritische Reflexion und berücksichtigt die Lebenswirklichkeit der Schüler*innen zu wenig. Um dem Rechnung zu tragen, werden Modelle aus der Lernpsychologie zum Lernen an Vorbildern für die Thematisierung des Gesandten Gottes im IRU herangezogen.

Anforderungssituation
Stellen Sie sich folgende Situation vor: In einer Unterrichtsstunde zur rituellen Waschung, wudūʿ, thematisieren Sie den achtsamen Umgang des Propheten mit Wasser und bringen auch den Hadith ein, indem Muhammad empfiehlt, selbst bei einer Waschung an einem Fluss nicht verschwenderisch mit Wasser umzugehen. Zwei Schüler*innen melden sich: „Das Wasser kommt bei uns doch aus dem Wasserhahn.", sagt eine Schülerin und ein Schüler ergänzt: „Bei uns gibt es genug Wasser, es regnet immer so viel."

1. Thematische Einführung

Kinder und Jugendliche brauchen Vorbilder, die ihnen Orientierung geben. Kinder erlernen neue Verhaltensweisen und Werte durch Beobachtung und Nachahmung von Vorbildern. Jugendliche hingegen suchen in der Adoleszenz nach partiellen Identifikationen und Nachahmungsmustern, die dann eher Objekte produktiver Vorbildlichkeit darstellen.

Vorbilder für Kinder sind in den jüngeren Jahren vor allem die Eltern, aber auch ältere Geschwister, Erzieher*innen, Lehrkräfte oder auch Personen, die sie bewundern oder für die sie Sympathie hegen. Neben prägenden Gestalten aus dem nahen Lebensumfeld werden Trends aus der Medienwelt und den sog. sozialen Medien zu Vorbildern, wie z. B. Zeichentrick-Figuren oder erfolgreiche Menschen.

Starkes Vorbild
In einer qualitativen IZI-Studie zu Klassikern des Kinderfernsehens wurden 429 Kinder befragt. Sie durften sich eine für sie besonders bedeutsame Figur unter den Klassikern Pumuckl, Biene Maja, Wickie und Pippi Langstrumpf aussuchen. Ein Drittel der Kinder (135, davon 88 Mädchen) im Alter von 8 bis 11 Jahren aus Bayern und Nordrhein-Westfalen suchten sich die Figur Pippi Langstrumpf aus. Wie das Aussehen werden als genauso faszinierend Pippis Autonomie sowie ihre körperliche Überlegenheit erwähnt.[31]

Die häufigste Assoziation im Zusammenhang mit islamisch-religiöser Bildung, die beim Stichwort *Vorbild* aufkommt, ist die Vorbildhaftigkeit des Propheten Muhammad. Sowohl in der familiären Erziehung als auch in der Moscheeunterweisung und im schulischen Religionsunterricht gehören Kenntnisse über die Biografie des Propheten Muhammad zu den fundamentalen Inhalten. Auch die Lehrpläne für den IRU sprechen von einer Vorbildfunktion Muhammads, dessen Verhalten als Spiegel moralisch wünschenswerter Charakterzüge und Handlungen gilt.

Auf der anderen Seite ist in historischen Auseinandersetzungen auch auf eine Rezeption von negativen Muhammad-Bildern zu treffen, wie etwa diejenigen eines Pseudopropheten, Betrügers oder Antichristen.[32] Zeitgenössische Diskurse thematisieren ihn als Kriegsherrn oder kritisieren seine Ehe mit mehreren Frauen. Seit dem Erscheinen der Muhammad-Karikaturen und dem Attentat auf Charlie Hebdo ist sein Image um das eines Rächers ergänzt worden.

Um die Bedeutung Muhammads für Muslim*innen einordnen zu können, betrachten wir seine Rolle zunächst aus der theologischen Perspektive, um auf dieser Grundlage unter Einbezug der Lernpsychologie Möglichkeiten für die Arbeit mit dem Propheten im IRU zu entwickeln.

31 Nähere Details: https://www.br-online.de/jugend/izi/deutsch/publikation/televizion/28_2015-2/Haager-Was_macht_Pippi_Langstrumpf_zum_Klassiker.pdf; aufgerufen am 05.05.2022.

32 Hartmut Bobzin setzt sich mit den negativen und positiven historischen Muhammad-Rezeptionen auseinander; vgl. Bobzin (2000), 9f.

2. Theologische Grundlagen

In der islamischen Glaubenslehre kommt der Person Muhammads eine exzeptionelle Vorbildrolle zu. Bereits mit dem Aussprechen des Glaubensbekenntnisses bekennen sich die Gläubigen zu einem Mann namens Muhammad, der vor über 1400 Jahren auf der Arabischen Halbinsel gelebt und als Auserwählter eine Offenbarung von Gott erhalten hat. In mehreren Versen des Koran ist eine göttliche Anordnung erkennbar, die prophetische *Sunna* zu befolgen.[33] In Anlehnung an diesen Auftrag sind in der Folgezeit in muslimischen Gesellschaften der Wille und die Neigung entstanden, sich in jeder, zum Teil der kleinsten Handlung am Vorbild des Propheten zu orientieren.[34] In der Folge sind mannigfache kultur- sowie fachwissenschaftsspezifische Formen der Prophetenverehrung sowie verschiedene Prophetenbilder entstanden.[35]

Sunna

Sunna ist ein Terminus, der ursprünglich in der vorislamischen Zeit verwendet wurde. Er umfasste die Bedeutungen *Praxis, Lebensweg, Gewohnheit, Handlungsmuster, Brauch* oder/und *verfolgte Werte*. Als Fachausdruck bezieht es sich auf die prophetische Weise zu leben, handeln und sprechen. Es gibt unterschiedliche Ansichten über die Legitimation der *Sunna* im Islam. Einige verstehen sie als zweite Rechtsquelle nach dem Koran, weil sie diverse Koranverse als eindeutige Grundlage und Aufforderung an die Muslim*innen erachten, sich dem Propheten Muhammad zu verpflichten, ihn als den besten Koraninterpreten zu verstehen und aus seiner Vorbildfunktion Normen für muslimisches Verhalten abzuleiten. Andere vertreten den Standpunkt, dass der Koran für die in gesellschaftlichen, politischen und religiösen Entwicklungen entstehenden Probleme keine Antworten mehr geben konnte und somit die prophetische Lebensführung zu Hilfe genommen wurde.

lebendiger Koran

In muslimischen Frömmigkeitsvorstellungen symbolisieren und spiegeln seine Person und Lebensweise das Wort und den Willen Gottes. Von seiner Ehefrau *ʿĀʾiša* wird der Prophet in seiner Lebensweise als *lebendiger Koran* bezeichnet. Doch in erster Linie steht der Prophet als aufmerksamer Offenbarungsempfänger in seiner Be-

33 Näheres hierzu in Koran 68:4 und 33:21.

34 Vgl. Schimmel (1995), 10.

35 Siehe *mawlīd an-nabī*, Lobpreisungen usw.

ziehung bzw. Bindung (*'abd, Diener*) zu Gott im Vordergrund.[36] Seine Gottesbeziehung drückte sich nicht nur verbal im koranischen Text aus, sondern ebenso in Zeichen und Erfahrungen, die bis heute in Hadithen überliefert sind und kanonisiert vorliegen. Das heißt, der Prophet und seine Sunna werden mit den Hadithen imaginiert respektive rekonstruiert.[37] Daher haben Nachfragen über die Authentizität von Überlieferungen auch ihre Berechtigung.

In der Rolle des *'abd* und in seiner Gottesbeziehung ist der Prophet für den gelebten Glauben wie auch für ein adäquates Verständnis der Botschaft des Koran unersetzlich. Somit gehen Sunna und Koran in dem Sinne Hand in Hand, dass die prophetische Tradition, die das Handeln, die Haltungen und das Sprechen Muhammads insgesamt umfasst, wie ein Kommentar zum Koran bzw. dessen Exemplifizierung zu verstehen ist. Der Prophet als Erstinterpret der göttlichen Offenbarung hat damit eine sehr große Bedeutung für den *'ibādāt*-Bereich, d. h., er ist Vorbild für die Praxis des islamischen Glaubens, weshalb der Sunna des Propheten eine normative Kraft zugesprochen wird.

ḥusn al-aḫlāq

Der Prophet Muhammad verkörperte die ethischen Aufrufe in seiner Lebensgestaltung (*sunna*) und durch ihre Performanz gibt er ein Bild ab und eine Idee dafür, wie diese moralische Vorstellung in seinem historischen und kulturellen Lebenskontext gelebt werden konnte. Vor allem unter Bezugnahme auf die bekannte Überlieferung *'Ā'išas*, der zufolge der *aḫlāq* (Charakter) des Propheten den Koran ausmacht,[38] kann konstatiert werden, dass der prophetische Charakter durch lobenswerte Eigenschaften geprägt ist. Er ist gemäß koranischer Aussage ein „schönes Modell"[39] für die Muslim*innen und steht musterhaft für einen guten Charakter (*ḥusn al-aḫlāq*). Daher erschließt sich ein gelebter Islam erst mit der Lebensführung und an der Person des Propheten. An ihm zeigt sich die Breite von

36 Ein *'abd* weiß sich in der Beziehung mit Gott und weiß um seine Geschöpflichkeit und Bedingtheit, was immer auch mit Bescheidenheit einhergeht. Die Beziehung zwischen dem Propheten und Gott wird dann mit der Vorstellung verbunden, dass der Prophet die Präsenz Gottes intensiv erlebte und sein Tun und Sprechen hiervon leiten ließ, bis hin zu der Vorstellung, die insbesondere mystischen Gedankenquellen entspringt, dass der Prophet das Göttliche in seiner Person offenbare. Diese Vorstellung kann so weit gehen, den Propheten Muhammad als die Selbstoffenbarung Gottes auf Erden zu betrachten; vgl. hierzu das Konzept des *waḥdat al-wuǧud*, Ali Ghandour, Die theologische Erkenntnislehre Ibn al-Arabis, Hamburg 2018.

37 Vgl. Bruner (1986), 11f.

38 Eine eigene, freie Übersetzung und Interpretation des Hadith: Der Charakter des Propheten sei der Koran, vgl. Muslim, ṣaḥīḥ, Bd 4, (6) – Kitāb uṣ- ṣalāt -il musāfirīna wa qaṣrihā, bāb 18, Hadithnr. 139, 2125.

39 Koran 33:21.

Überzeugungen und Handlungsweisen, die für eine muslimische Lebensgestaltung von Bedeutung ist.

Zwar gilt in der islamischen Tradition der Prophet Muhammad als moralisch gut, für den Gläubigen geht es jedoch weniger darum, diese moralische Perfektion zu erreichen, sondern um das prozesshafte Bemühen, sich dem prophetischen Beispiel zu nähern. Daher nimmt der Prophet in dem gelebten Glauben eine orientierende Rolle ein.

3. Prophet Muhammad in den Lehrplänen des IRU

NRW und Niedersachsen

Die Lehrpläne sowohl für die Grundschule als auch für die Sekundarstufe I und II sehen eine Auseinandersetzung mit dem Propheten Muhammad im IRU vor. Die Lehrpläne für die Grundschule in Niedersachsen und Nordrhein-Westfalen ordnen den Propheten Muhammad in ein Inhaltsfeld mit anderen Propheten ein.[40] Hierbei geht es darum, sich zunächst mit der Prophetie allgemein auseinanderzusetzen und herauszuarbeiten, was Propheten auszeichnet. Beide Lehrpläne sprechen dabei von einer Vorbildfunktion der Propheten. Mit Blick auf Muhammad kommt hinzu, seine Biografie kennenzulernen und anhand exemplarischer Lebenssituationen seine Haltung zu grundlegenden Fragen des Lebens zu entdecken.[41] Im Kernlehrplan für die Sekundarstufe I in Nordrhein-Westfalen wird die Prophetie im Inhaltsfeld 2 behandelt und Muhammad als letzter Gesandter Gottes hervorgehoben. Sein vorbildliches Handeln hingegen wird im Inhaltsfeld „Verantwortliches Handeln“ aufgegriffen, wo „die Vorbildfunktion des Propheten Muhammad in seiner Rolle als Familienmensch (z. B. als Vater, Ehemann, Großvater)“[42] erörtert werden soll. Das niedersächsische Kerncurriculum behält in der Sekundarstufe I die inhaltliche Einordnung aus dem Grundschulkerncurriculum bei und vertieft die zuvor genannten Aspekte, indem die Schüler*innen Muhammad in seiner Vorbildfunktion als Leitfigur für die Glaubens- und Lebenspraxis, aber auch seine wichtigsten Lebensereignisse „[...] als Ausgangspunkt für seine Handlungen und den damit verbundenen Vorbildcharakter“[43] einordnen,

40 Im Kerncurriculum in Niedersachsen heißt der Kompetenzbereich „Nach Muhammad, der Sunna und den anderen Propheten fragen“. Niedersächsisches Kultusministerium (2017), 27. Im Kernlehrplan in Nordrhein-Westfalen lautet der Titel des Inhaltsfeldes „Die Wegweiser – die Gemeinschaft der Propheten und Muhammad der letzte Gesandte Gottes“; vgl. Ministerium für Schule und Weiterbildung des Landes Nordrhein-Westfalen (2013), 15.

41 Vgl. Niedersächsisches Kultusministerium (2017), 27.

42 Ministerium für Schule und Weiterbildung des Landes Nordrhein-Westfalen (2014), 32.

43 Niedersächsisches Kultusministerium (2014), 22.

um „[...] diese Vorbildfunktion für eigenes begründetes Handeln“[44] zu nutzen.

Baden-Württemberg

Einen größeren Raum nimmt Muhammad in den Bildungsplänen in Baden-Württemberg ein. Darin wird ein inhaltsbezogener Kompetenzbereich sowohl in der Grundschule[45] als auch in der Sekundarstufe I[46] und II[47] dem Gesandten gewidmet. In der Grundschule legt der Bildungsplan den Fokus darauf, sich zum einen mit seiner Biografie vertraut zu machen, aber auch, ihn in seiner Vertrauenswürdigkeit und Rechtschaffenheit sowie die positiven Impulse, die seine Worte und Taten für das Leben geben können, kennenzulernen.[48] In der Sekundarstufe I wird in den Jahrgangsstufen 5/6 ähnlich wie in der Grundschule „[...] das Leben des Propheten im Rückgriff auf die religiösen, sozialen und politischen Verhältnisse seiner Zeit“ betrachtet, „[...] was ihnen durch die Reflexion über die Übertragbarkeit der einzelnen Handlungen und Positionen Impulse für ihr eigenes Handeln, Verhalten und Denken im Alltag gibt sowie mögliche Konsequenzen für das eigene Leben aufzeigt“.[49] In den Jahrgangsstufen 7/8 stehen im Fokus: „Charaktereigenschaften, Verhaltens- und Handlungsweisen des Propheten Muhammad und den unterschiedlichen Rollen während seines Lebens, die Facetten zentraler Aufgaben des menschlichen Lebens spiegeln und einen emotionalen Bezug zum Propheten ermöglichen. Sie setzen sich mit Blick auf die Bedeutung und Vorbildfunktion des Propheten mit unterschiedlichen Muhammad-Bildern auseinander und beurteilen diese im historischen und gesellschaftlichen Kontext sowie vor der Ansicht des speziellen Verbots der Abbildung des Propheten und dem westlichen Verständnis von Meinungs- und Pressefreiheit, um ihre persönliche Beziehung zum Propheten zu reflektieren und begründet zu gestalten“.[50] In den Jahrgangsstufen 9/10 üben die Schüler*innen sich „[...] mit Blick auf die Vorbildfunktion des Propheten Muhammad für alle Menschen im Vertrauen auf Gott, die Welt und sich selbst sowie für andere Menschen [...].“[51] In den Jahrgangsstufen 11/12 hingegen lernen sie „[...] klassische und aktuelle theologische Diskurse und somit auch die Bedeutung des Propheten und des Islam in der heutigen

44 Ebd.
45 Vgl. Ministerium für Kultus, Jugend und Sport Baden-Württemberg (2016a), 17.
46 Vgl. Ministerium für Kultus, Jugend und Sport Baden-Württemberg (2016b), 25.
47 Vgl. Ministerium für Kultus, Jugend und Sport Baden-Württemberg (2016c), 49.
48 Vgl. Ministerium für Kultus, Jugend und Sport Baden-Württemberg (2016a), 17 und 23.
49 Ministerium für Kultus, Jugend und Sport Baden-Württemberg (2016b), 19.
50 Ebd., 28.
51 Ebd., 37.

Zeit sowie die Dynamik der eigenen Religiosität und Spiritualität in der Spannung zwischen Glauben, Wissen und Gewissheit kennen".[52]

Schwerpunkte

Die Lehrpläne dieser Bundesländer zeigen in Bezug auf die Gestalt des Propheten Muhammad folgende Schwerpunkte:

- In der Grundschule und zu Beginn der Sekundarstufe I steht das Kennenlernen der Biografie Muhammads und einzelner, für die Schüler*innen relevanter Charaktereigenschaften im Mittelpunkt.
- In den Jahrgangsstufen 7–10 setzen sich die Schüler*innen mit verschiedenen Rollenbildern, aber auch mit seiner Vorbildfunktion als Leitfigur für die Glaubens- und Lebenspraxis auseinander. Da die Schüler*innen in Deutschland auch mit westlichen Muhammad-Rezeptionen seiner Vorbildfunktion konfrontiert sind, sollten auch diese Gegenstand des Unterrichts sein.
- In der Oberstufe liegt der Schwerpunkt auf einer wissenschaftspropädeutischen Auseinandersetzung, indem sich die Schüler*innen mit aktuell theologischen sowie klassischen Diskursen um Muhammad beschäftigen.

Demzufolge hat das Lernen mit dem Propheten Muhammad im IRU das Ziel, den Schüler*innen über eine Begegnung mit seiner Biografie und seinen Charaktermerkmalen Orientierung für ihre Lebensgestaltung zu ermöglichen. Parallelen können zu den Lebensfragen/-problemen/-situationen der muslimischen Schüler*innen hergestellt und so Impulse für die Klärung ihrer Fragen und Probleme gesucht werden. Allerdings ist die Vorbildfunktion einer Person, die vor über 1400 Jahren unter völlig anderen kulturellen, sozialen und gesellschaftlichen Bedingungen gelebt hat, nicht als simple Übernahme zu verstehen, bei der der Glaube und die Lebenswelt der Schüler*innen unmittelbar auf den Glauben und die Lebenswelt des Propheten bezogen werden („Der Prophet Muhammad tat dies und darum mache ich ..."). Es ist mithin nicht als eine unmittelbare Übertragung des prophetischen Sprechens und Handelns auf den gegenwärtigen Lebenskontext von Schüler*innen gedacht. Die eingesetzten Hadithe oder ein Sīra-Segment bedürfen bei solchen In-Beziehung-Setzungen einer historischen, kulturellen und religionssoziologischen Kontextualisierung, da sie „die historischen und soziokulturellen Bedingungen der damaligen Zeit widerspiegeln".[53]

52 Ebd., 49.

53 Sarıkaya/Gömleksiz (2020), 169.

Sīra
Die Bedeutung des Wortes *Sīra*, das von der Wurzel s-y-r abstammt, variiert je nach Kontext und ist äußerst vielschichtig. *Gang, Gangart, Lauf, Laufweise* sowie *Lebensführung* und *Lebensstil*, aber auch *Lebenslauf* und *Biografie* sind semantisch mögliche Bedeutungen. Keine der uns heute vorliegenden „Biografien" wurden zu Lebzeiten Muhammads geschrieben. Die erste wurde 150 Jahre nach dem Ableben des Propheten von dem bekannten arabischen Historiker Ibn Isḥāq verfasst. (Zu ausführlicheren Erläuterungen s. Kasten S. 123)

Der Prophet kann folglich im IRU ein Modell sein, um über moralische Grundhaltungen zu sprechen und deren Bedeutung für das Leben zu reflektieren. Sein Vorbild kann dann zum Spiegel für die Reflexion ethischer Charaktereigenschaften und Werte werden. Religionspädagogisch geht es um das Bild des Gesandten Muhammad, das einen geerdeten, menschlichen und erreichbaren Muhammad darbietet, der Schüler*innen mit seiner Sunna dazu einlädt, sich an ihm zu orientieren, ihr Verhalten kritisch zu resümieren und zu bewerten.[54]

Hierfür betrachten wir zunächst Modelle aus der Lernpsychologie und konkretisieren diese in Bezug auf ihren Einsatz im IRU.

4. Lernpsychologische Modelle und ihre Konkretisierung für den IRU

4.1. Nachahmungslernen

taqlīd

Ein Blick auf pädagogisches Vorgehen in der islamischen (Lehr-) Tradition und das Verhältnis zwischen Lehrperson und Lernenden verrät uns, dass religiöses Lernen nicht auf ein bestimmtes Kindesalter begrenzt wurde und auch nicht nur in einer Bildungsstätte stattfand, sondern grundsätzlich mit einer unreflektierten Nachahmung bzw. Verhaltensübernahme, *taqlīd*,[55] begann. Sofern Nachahmung oder auch die Bewunderung von vorbildlichen Personen sich jedoch ausschließlich auf blinde und unreflektierte Verhaltensübernahme begrenzt und nicht zu einem Weiter- und Nachdenken verleitet, stehen sie einer *Selbstwerdung* im Wege. Heute lässt sich sagen, dass derartige verhaltenstheoretische Ansätze sind nicht ungefährlich und pädagogisch problematisch. Unkritische Bewunde-

54 Vgl. Isik (2015), 270.
55 Näheres zur Semantik des Wortes in Roper (2013).

rung und Nachahmung einer fremden Person kann, unabhängig vom Alter eines Kindes, einerseits zur Totalidentifikation führen (genauso aussehen, sprechen, sich verhalten und kleiden wollen wie das Vorbild oder Idol) und andererseits können problematische Verhaltensweisen urteilslos übernommen werden. Auf den schulischen Kontext übertragen, ist das Ziel einer solchen Nachahmung des Gesandten problematisch, da dieses Konzept keine Lernräume kritischer Reflexion eröffnet und das Vorbild des Propheten nicht auf die Lebenswelten der Schüler*innen hin beleuchtet. In der religiösen Erziehung in der Familie, aber auch der Moschee hat sie dagegen durchaus ihren Platz, z. B., wenn es um das Erlernen von religiösen Ritualen (*'ibādāt*) geht. Gerade die rituelle Waschung oder die rituelle Gebetspraxis wird meist im Kindesalter durch Nachahmung der praktischen Vollzüge der Erwachsenen gelernt.

4.2. Lernen am Modell

Um die koranisch zugesprochene Vorbildhaftigkeit des Propheten für schulische Lernprozesse fruchtbar zu machen, orientieren wir uns an dem *Lernen am Modell.* Im Gegensatz zur behavioristisch geprägten Auffassung einer reinen Nachahmung ist das komplexere *Modelllernen* eine sozial-kognitive Lerntheorie, die auf Albert Bandura zurückgeht. Das Lernen am Modell unterscheidet sich von dem unreflektierten Nachahmungslernen durch die Zunahme einer reflektierenden Distanz. Das Beobachtete wird in einer aufmerksamen Beobachtung gelernt (*Aneignungsphase*). Kann das Beobachtete bzw. Gelernte reproduziert und damit im eigenen Verhalten wiederholend umgesetzt werden (*Ausführungsphase*), wird gleichzeitig auch die Fähigkeit der Perspektivenübernahme erprobt. Der eigene Erlebnisbereich wird dabei erweitert. Allerdings kann es nur zur Ausführung kommen, wenn das Beobachtete der beobachtenden Person sinnvoll und vernünftig erscheint.

Lernen am Modell
Der Ansatz *Lernen am Modell* nach Bandura hebt sich deutlich von einem Imitationslernen ab und verlangt nach einer reflektierten Auseinandersetzung mit dem Modell.

Modell-Lernen

Diese besagt, dass die beobachtende Person die beobachteten Verhaltensweisen eines Modells bzw. Vorbildes in neue Situationen transformiert (und sich aneignet) oder bestehende Verhaltensmuster durch das Beobachtete verändert.[56] Wenn eine Person ein Verhalten prinzipiell beherrscht, es jedoch nur selten zeigt, dann kann das Modell zudem den Anstoß geben, das Verhalten in Zukunft häufiger zu zeigen.[57] Der Aneignungsprozess ist ganz deutlich ausgeweitet durch eine Reflexionsebene, er gestattet einen Freiraum zur kreativen Entfaltung der beobachtenden Person. Im Gegensatz zum Imitationslernen, das ausschließlich die Reproduktion des beobachteten Verhaltens anstrebt und kaum ethische Urteilsfindung schult, soll das Konzept *Modell-Lernen* kognitive, handlungsorientierte und kommunikative Prozesse initiieren, die insbesondere auf die moralische Urteilskompetenz, Perspektivenübernahme und das Denkvermögen abzielen und diese fördern, denn das Konzept hat als Ausgangspunkt ein selbstreflexives Subjekt.[58] Das Modell-Lernen bietet die Möglichkeit, sich die Menschlichkeit anderer genauer anzuschauen und für das eigene Mensch- und Muslimsein zu lernen. Die Orientierung und die Auseinandersetzung mit einem Modell bezieht sich im Rahmen von Schulstunden weniger auf den gesamten Lebensweg, sondern auf ein jeweils herausgearbeitetes Lebenssegment.[59]

Den Ansatz von Bandura übernehmen wir für ein Konzept des *Modell-Lernens am Propheten.*

Modell im historischen Kontext

Demnach bedarf das Modell-Lernen narrativer Ausschnitte, die echtes Interesse bei den Schüler*innen für den Propheten und die Beschäftigung mit seinem Menschsein erzeugen. Da Muhammad ein Gesandter ist, den Gott auserwählt und den Menschen geschickt hat, wird er von den Muslim*innen für seine besondere Gottesbeziehung geehrt und bewundert. Der IRU steht im Angesicht dieses Prophetenbildes vor der Herausforderung, ihn sowohl als eine Person seiner Zeit kennenzulernen, aber an seinem Handeln auch exemplarische Momente zu erkennen, die zur Entwicklung der eigenen Handlungskonzepte bei den muslimischen Schüler*innen beitragen können. Um bspw. zu verstehen, dass zivilcouragiertes bzw. mutiges, gesellschaftskritisches Handeln im clan-strukturierten Mekka keine Selbstverständlichkeit war, sind Einblicke in die historischen wie auch gesellschaftlichen Strukturen und Verhältnisse des 7. Jahrhunderts notwendig. Das bedeutet, dass das Lernen mit dem Propheten sich nicht nur mit dem Propheten selbst beschäftigen

56 Vgl. Bandura (1979).

57 Vgl. Perry (2011).

58 Damit ist es anschlussfähig an das didaktische Prinzip der Subjektorientierung.

59 Vgl. Mendl (2015).

darf, sondern einer reflexiven Auseinandersetzung mit der Lebenswirklichkeit des Propheten bedarf. Daher gilt es, in der Begegnung mit ihm von ihm zu lernen, sodass Schüler*innen ein Bild von Muhammad bekommen, das sich in der und durch die Auseinandersetzung mit seiner Person, seinem gesellschaftlichen Umfeld und den historischen Zusammenhängen vertieft und weiterentwickelt.

Hierfür wird der didaktische Ansatz *Modell-Lernen am Propheten* als ein vierphasiges Lernarrangement skizziert. Dieser entwicklungs- und handlungsfördernde Ansatz beruht auf einem konstruktivistischen Menschenbild, das sich nicht nur pädagogisch, sondern auch theologisch plausibilisieren lässt, wonach sich kindliche Entwicklung in einer reziproken Auseinandersetzung mit der sozialen Umwelt vollzieht. Kognitive Aspekte sollen mit emotionalen und praktischen Aspekten kombiniert werden. Damit sollen Schüler*innen Wertpräferenzen aus der Praxis erfahren und sich mit diesen auseinandersetzen.

vier Phasen

Die in Anlehnung an das klassische Modell von Bandura entwickelten vier Phasen sehen folgende Auseinandersetzung vor:

1. *Aufmerksamkeitsphase:* In der Betrachtung eines narrativen Ausschnitts aus der Biografie des Propheten wird die Aufmerksamkeit auf den Propheten sowie die prophetischen Handlungsakte, sein Sprechen, seine Argumentationen und seine Entscheidungen gelegt.

2. *Fokussierungsphase:* In dem vorgestellten Narrativ werden die Situation und die damit verbundenen Werte und Konflikte untersucht.

3. *Reflexionsphase:* Um das Verhalten in dem Narrativ bewerten zu können, erhalten die Schüler*innen weiterführende Informationen u. a. über die gesellschaftlichen Verhältnisse des Propheten und reflektieren vor diesem Hintergrund die dargestellte Verhaltensweise. Der Akzent liegt auf den Wert- und Entscheidungsmotiven, die der Handlung und dem Sprechen zugrunde liegen. Diese Motive gilt es zu diskutieren, nach ihrem spezifisch religiösen Gehalt zu fragen und zu reflektieren. Die Auseinandersetzung mit ihnen bildet das Herzstück der didaktischen Beschäftigung.

4. *Korrelationsphase bzw. Bezug der Verhaltensoption zu der eigenen Lebenswelt*: Eine Handlung bedarf der Modifikation und Anpassung an die eigene Lebenswirklichkeit. Die mekkanischen und medinensischen Lebensumstände und -bedingungen sind heute nicht gegeben. Nun beziehen Schüler*innen die Entscheidungsmotive und die Verhaltensweise des Propheten auf ihr eigenes Leben, indem sie darüber nachdenken, wo sie diese Motive oder entsprechende Verhaltensweisen bislang in ihrem Leben und Umfeld erlebt (oder auch

vermisst) haben und welche Bedeutung es für den eigenen Kontext haben kann.

Die entscheidende Frage bei der Initiierung des Modell-Lernens am Beispiel des Propheten Muhammad ist die nach den auszuwählenden Narrativen aus seiner Biografie: Inwieweit eignen sie sich dazu, in den unterschiedlichen Jahrgangsstufen Ähnlichkeiten mit der Lebenswirklichkeit der muslimischen Schüler*innen zu finden, aus denen sich Impulse für das eigene Denken und Handeln ergeben? Unterschiedliche Ansätze hierfür bieten die Kernlehrpläne des Faches. Das Lernen am Modell reduziert den Propheten nicht auf eine Imitationsgestalt, sondern setzt ihn in seinen Lebenskontext als Anregung für Verhaltensweisen, Motive oder Haltungen. Auch wenn das Vorbild zunächst eine Handlungsorientierung gibt oder einer personalen Repräsentation von Werten gleichkommt, ist es der Drehpunkt, durch gezieltes Nachfragen das Vorbildliche zur Disposition zu stellen, um ein Verständnis und den zugrundeliegenden Wert für sich selbst aufzubauen und im Weiteren sich dazu zu verhalten. Mit Muhammad als Vorbild oder seiner vorbildhaften Handlung ist keine reine Verhaltensübertragung bezweckt, sondern das Herausarbeiten von Haltungen, Einstellungen, Eigenschaften und Werten, die dann in Prozessen einer kreativen Reflexion mit dem eigenen Leben in eine Beziehung gesetzt werden.

Konkretisierung: zwei Beispiele

Das Modell-Lernen soll im Folgenden für den IRU in der Grundschule wie auch in der ersten Hälfte der Sekundarstufe I am Beispiel von zwei Sequenzen aus der Biografie Muhammads konkretisiert werden. Bei der Auswahl der Sīra-Segmente ist eine Orientierung an den Entwicklungsstufen der Schüler*innen sowie ihren Erfahrungen sinnvoll.

1. *Geburt Muhammads*: Muhammad kommt als Halbwaise in Mekka auf die Welt. Seine Familie väterlicherseits gehört zu einem angesehenen, allerdings verarmten Stamm in Mekka. Seine Geburt löst bei den Familienmitgliedern eine große Freude aus. Es wird ein großes Festessen organisiert, was in der damaligen Gesellschaft üblich war. Ihm wird der Name Muhammad gegeben, was so viel bedeutet wie ‚der Gelobte' oder ‚der Gepriesene'.[60]

   Diese kurze Sequenz eröffnet vielfältige Möglichkeiten, sie mit Erfahrungen aus den Lebenswelten der Schüler*innen in Beziehung zu setzen und einen Bezug zu ihrer Lebenssituation herzustellen. Dazu zählen insbesondere die Namensgebung und die damit zum Ausdruck gebrachte Freude über das neu-

60 Vgl. Kamcili-Yildiz/Keloglou (2016), 8ff.

geborene Familienmitglied. Wenn Eltern einen Namen für ihr Kind aussuchen, geben sie ihm einen Platz in ihrem Leben und Herzen. Mit einem Namen ist das Kind nicht nur besonders und einzigartig, es ist auch ansprechbar. Im Islam erfolgt die Namensgebung durch das Vortragen des Gebetsrufes in das eine Ohr und das Flüstern des Namens in das andere Ohr des Neugeborenen. Damit wird der hohe Wert betont sowie die Liebe Gottes und der Eltern dem Kind gegenüber unterstrichen. Auch werden Namen gezielt ausgesucht, um deren Bedeutung mit dem Charakter des Kindes oder mit den Wünschen und Hoffnungen der Eltern in Verbindung zu bringen. Vor diesem Hintergrund kann die Geburtssequenz u. a. mit folgenden Fragestellungen erarbeitet werden:

- Warum löst die Geburt Muhammads so eine große Freude bei seiner Familie aus?
- Er erhält den Namen Muhammad, was übersetzt ‚der Gelobte' bedeutet. Welche Eigenschaften haben Personen, die von vielen gelobt werden?
- Was bedeutet dein Name? Wer hat ihn ausgesucht und warum haben sie ihn dir gegeben? Passt er zu dir?
- Wenn du die Möglichkeit hättest, dir einen Namen auszusuchen, wie würdest du heißen wollen?
- Wie haben sich deine Eltern und Verwandten auf deine Geburt gefreut? Wie haben sie sich verhalten?

2. *Muhammad als Streitschlichter:* Nach Überlieferungen musste die Kaaba einmal zu Muhammads Lebzeit erneuert werden. Nachdem die Mekkaner die Mauern errichtet hatten, entwickelte sich ein Streit um die Frage, wer die Ehre haben solle, den schwarzen Stein, *ḥağar al-aswad*, einzusetzen. Die Mekkaner verständigten sich darauf, dass die Person, die die Stadt als nächste betreten würde, diese Aufgabe übernehmen darf. Nach einiger Zeit kam jemand durch das Tor, diese Person war Muhammad. Anstatt den schwarzen Stein selber anzubringen, bat er die Anwesenden um ein großes Tuch. Auf diesem platzierte er den Stein und bat die anwesenden Stammesführer, dass jeder von ihnen das Tuch an einem Ende festhält und sie es so gemeinsam hochheben. Als das Tuch die richtige Höhe erreichte, nahm Muhammad den Stein und schob ihn an seinen Platz.[61]

61 Vgl. Kamcili-Yildiz/Keloglou (2016), 26ff.

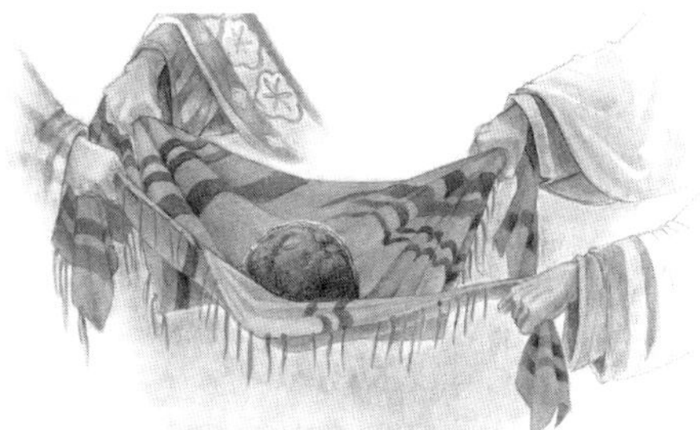

Abbildung 7: Muhammad schlichtet einen Streit.[62]

In dieser Sequenz wird Muhammad zu einem Streitschlichter. Die Geschichte verdeutlicht, dass er mit seinem besonnenen Handeln in dieser Konfliktsituation zum sozialen Frieden unter den Stämmen in Mekka beiträgt. Weil der schwarze Stein so wichtig ist, lässt er sie alle an der Ehre teilhaben und wirkt mit seinem Verhalten sowohl wertschätzend gegenüber allen Beteiligten, aber auch deeskalierend, indem er einen Streit vermeidet.

Erfahrungen mit Streit und Konflikten haben Schüler*innen sowohl aus dem schulischen und familiären Bereich als auch aus anderen Zusammenhängen.

Anhand der *Sīra*-Sequenz kann im Unterricht zunächst erarbeitet werden,

- welche Eigenschaften die Mekkaner an Muhammad schätzen,
- warum sie glücklich darüber sind, dass er die Aufgabe, den schwarzen Stein anzubringen, übernehmen wird, aber auch,
- wie die Schüler*innen das Verhalten Muhammads bewerten.

Darauf aufbauend kann ein Bezug zu der Lebenswirklichkeit der Schüler*innen erstellt werden, indem u. a. darüber nachgedacht wird,

- wie Konflikte das soziale Klima belasten,
- über welche Eigenschaften ein/-e Streitschlichter/-in verfügen sollte und
- welche Charaktereigenschaften der Beteiligten in Konfliktsituationen förderlich bzw. erschwerend sind.

62 Ebd.

4.3. Diskursethisches Lernen

Beim diskursethischen Ansatz steht nicht mehr die Verhaltensübernahme im Vordergrund, sondern das autonome Subjekt, das selbstverantwortlich über Alternativen nachdenkt und seinen Entscheidungen Sinn zuspricht. Die Schüler*innen setzen sich mit Problemen auseinander, die ihnen helfen, die Wirklichkeit nach moralischen Gesichtspunkten zu verstehen, für die es selten eine Ideallösung im Sinne eines Entweder-Oder bzw. richtig oder falsch gibt. Vielmehr gilt es, das Denken in Komplementarität zu fördern, die Sachverhalte von verschiedenen Seiten unter Berücksichtigung verschiedener Motive und Wertoptionen zu beurteilen. Das Ziel ist dabei, ethische Urteile prinzipiengeleitet zu treffen.[63]

diskursethischer Ansatz

So können nach diesem Ansatz menschlich nachvollziehbare Entscheidungssituationen im Leben des Propheten Muhammad didaktisch aufbereitet werden. Die Schüler*innen setzen sich mit den biografischen Sequenzen auseinander und analysieren diese problem- und wertbehafteten Entscheidungssituationen und treffen unter Einbezug verschiedener plausibler Argumentationsmuster eigenständige begründete Entscheidungen.

Der diskursethische Ansatz eignet sich vor allem für die Arbeit mit den höheren Jahrgangsstufen. Die ausgesuchten Narrationen aus der Biografie des Gesandten zeigen bestimmte Haltungen und ein bestimmtes Verhalten Muhammads, anhand derer die Frage diskutiert werden kann, welche Konsequenzen sich daraus für die eigene Praxis ergeben.

Beispiel: Sure 80

Exemplarisch soll das diskursethische Vorgehen mit einer Interaktionsszene aus dem Leben des Propheten konkretisiert werden. In der Sure 80 *'Abasa* (‚Er runzelte die Stirn') wird in den Versen 1–10 eine Szene aus der frühmekkanischen Ära beschrieben. Nach Überlieferungen war der Prophet mit einigen der einflussreichsten Clanführer der mekkanischen Gesellschaft im Gespräch und war bemüht, sie von der göttlichen Botschaft zu überzeugen, obwohl sie ihn seit seinem öffentlichen Auftreten als Gesandter mit allen möglichen Mitteln angefeindet haben.[64] Gemäß dem Stammesdenken der mekkanischen Gesellschaft hätten die Muslim*innen bei einer Konversion nicht nur den Stammesführer, sondern den ganzen Stamm auf ihrer Seite. Sein Handeln ist an dieser Stelle strategischer Natur und mit Erwartungen und Hoffnungen für die junge muslimische Gemeinde verbunden. In diesem Moment erscheint

63 Mendl (2015), 71ff.

64 Vgl. den Kommentar von al-Wāhidī zu dieser Sure.

der blinde ʿAbdullah ibn Umm Maktūm und möchte mit dem Propheten über den Glauben sprechen, ohne sehen zu können (obwohl er es aber hätte hören können), dass er mit anderen Personen im Gespräch ist. Er wiederholt seine Aufforderung mehrere Male und erfährt von Muhammad keine für ihn hörbare Reaktion. Der Prophet fühlt sich von ihm belästigt und „[e]r runzelte die Stirn und wandte sich ab, weil der Blinde zu ihm kam!“[65] Gott greift in die Situation nicht ein und kritisiert Muhammads Verhalten: „Doch bei allem, was du wusstest (o Muhammad,) er wäre vielleicht an Reinheit gewachsen oder er hätte (an die Wahrheit) erinnert werden können und ihm hätte durch diese Erinnerung geholfen werden können.“[66] Unter ethischen Gesichtspunkten betrachtet, zeigt die Szene, dass Gott das aufrichtige Anliegen eines blinden Mannes, etwas über Gott zu erfahren, ebenso wertschätzt und anerkennt wie die Konversion der gesellschaftlich anerkannten und mächtigen Stammesführer. Es klingt darin eine Sozialkritik Gottes an den Hierarchien an, dass dabei gesellschaftliche Unterschiede keine Rolle spielen dürfen. „Was nun den angeht, der sich für selbstgenügend hält – ihm hast du deine ganze Aufmerksamkeit gegeben, obwohl du nicht verantwortlich bist für sein Versagen, Reinheit zu erlangen, aber was den angeht, der voller Eifer zu dir kam und in Ehrfurcht (vor Gott), den hast du missachtet!“[67] Die Szene zeigt ethisch betrachtet ein bipolares Gefüge, das sich nicht einfach auflösen lässt. Auf der einen Seite steht das berechtigte Anliegen des Propheten, seine junge Gemeinde durch die Konversion der Mächtigen in Mekka zu stärken. Auf der anderen Seite steht der blinde ʿAbdullah ibn Umm Maktūm, dessen Anliegen von Gott Wertschätzung erfährt, während Muhammads Gesprächspartner eine Abwertung erfahren. Religionspädagogisch betrachtet lässt sich sagen, dass Gott den Menschen voranging vor machtpolitischen Fragestellungen behandelt.

Korankommentare berichten, dass die Kritik an Muhammads Verhalten sein Verhältnis zu ʿAbdullah ibn Umm Maktūm nicht beeinträchtigt hat, da er ihn später mit den Worten „Willkommen ihm, wegen dem mein Erhalter mich gerügt hat“[68] begrüßt haben soll.

Die Geschichte verdeutlicht die verschiedenen Entscheidungsoptionen mit unterschiedlichen Wertprioritäten und eignet sich in besonderer Weise zum Einsatz im IRU, um das Abwägen von Hand-

65 Koran 80:1–2.
66 Ebd., 3f.
67 Ebd., 5–10.
68 Asad (2015), 1137.

lungsfolgen und das Aushandeln von Lösungen einzuüben. Sie zeigt aber auch die Plausibilität verbindlicher Normen und gleichzeitig die Notwendigkeit, dem Einzelfall gerecht zu werden. Die Narration weist auch darauf hin, dass die Entscheidungssituation auf Handlungen abzielt, die moralisch zu begründen sind.

Struktur zum Umgang mit Dilemmageschichten

Um den Schüler*innen die Komplexität der ethischen Entscheidungen in biografischen Situationen des Gesandten aufzuzeigen, orientieren wir uns an der Grundstruktur einer Arbeit mit Dilemmageschichten:[69]

1. *Eindruck*: Die Geschichte wird vorgestellt und der Konflikt, in dem sich der Prophet befindet, formuliert. Damit die Schüler*innen antizipieren können, welche ethisch richtige Handlungsoptionen es in dieser Situation gibt, soll die Reaktion Muhammads nicht vorweggenommen werden. Daher eignet sich eine Erläuterung der Szene nur bis zum Eintreffen des Blinden, der Muhammad (unabsichtlich) in seinem Gespräch mit den Stammesführern unterbricht.
2. *Ausdruck*: Die Schüler*innen nehmen verschiedene Positionen zum Konflikt ein und begründen ihre Positionen auf der Grundlage von Motiven und Werten. Welche Optionen hat Muhammad, auf den Blinden zu reagieren und was wären die Konsequenzen des Verhaltens? In diesem Falle setzen sie sich mit Handlungsmöglichkeiten des Propheten in der Situation auseinander, indem sie ethische Argumente für die verschiedenen Handlungsoptionen sammeln. Sie geben auch eine Einschätzung ab, wie sie sich verhalten würden.
3. *Austausch*: Zum Abschluss tauschen sich die Schüler*innen über die verschiedenen ins Gespräch gebrachten Handlungsoptionen aus und diskutieren sie. Diese Phase verdeutlicht, dass Entscheidungen nicht nur auf der persönlichen, sondern auch gesellschaftlichen oder machtpolitischen Ebene bedacht werden müssen. Die Schüler*innen setzen sich dann mit der koranischen Version der Geschichte und der Ermahnung an den Propheten auseinander. Sie bearbeiten, welche ethische Maxime der Koran heranzieht und vergleichen sie mit den eigenen Eischätzungen.

Beispiel: Sure 58

Eine weitere koranische Narration, die sich zum Umgang mit Unrecht (allgemein) bzw. der Geschlechtergerechtigkeit (im Besonderen) eignet, findet sich in der Sure 58 in den Versen 1–7. Darin wird der Fall von Ḫawla bint Ṯaʿlaba beschrieben, deren Ehegatte sich von

69 Vgl. Mendl (2015), 251.

ihr hat scheiden lassen, indem er den vorislamischen, als *zihar* bezeichneten Eid sprach. Nach Äußerung des Satzes ‚Du bist für mich wie der Rücken meiner Mutter' wurde die Ehe ungültig und die Frau wurde in eine unwiderrufliche Zwischenstellung versetzt, in der sie weder geschieden war noch in einem Eheverhältnis stand. Eine Frau in solch einer Situation konnte nicht wieder heiraten und blieb unter der Obhut ihres geschiedenen Mannes. Ḫawla ist mit dieser Stellung nicht einverstanden, bittet zuerst den Propheten und anschließend unmittelbar Gott um eine Lösung. Gott erhört ihre Klage und greift in diese Situation ein: „Gott hat fürwahr die Worte von derjenigen gehört, die dich wegen ihres Ehegatten anflcht und sich bei Gott beklagt. Und Gott hört, was ihr beiden zu sagen habt: wahrlich, Gott ist allhörend, allsehend."[70] Im weiteren Verlauf der Sure wird *zihar* als eine Form der Scheidung für ungültig erklärt und erläutert, welche Leistungen von dem Mann für die Herstellung der Ehe zu erbringen sind.

Dieses Narrativ kann aus unterschiedlichen Perspektiven beleuchtet werden. Aus der Perspektive des Propheten kann diskutiert werden, warum er zurückhaltend auf das Klagen der Frau reagiert. Um die Perspektive von Ḫawla zu verstehen, ist es wichtig, ihre Lebenssituation zu beleuchten. Schließlich ist zu diskutieren, welche Werte, Motive, Begründungen sich in dem lösungsorientierten Eingreifen Gottes zeigen.

aktuelle Themen im IRU

Der diskursethische Ansatz (→ *Ethisches Lernen*) eignet sich auch, um aktuelle Themen aufzugreifen, wie bspw. die Frage nach der Umsetzung von Grund- und Menschenrechten in muslimischen Gesellschaften. Als Grundlage der Diskussion im IRU kann die Abschiedspredigt,[71] die Muhammad bei seiner Abschiedspilgerfahrt, *ḥiǧǧat al-wadā*, im Jahre 632 hielt, ausgewählt werden. Der Islamwissenschaftler Mathias Rohe deutet die Abschiedspredigt mit Blick auf die Errichtung einer allgemeinen Rechts- und Friedensordnung. Er hebt hervor, dass das islamische Recht seit dem Propheten die „Ablösung von einer auf Blutsverwandtschaft und Sippenverband basierenden beduinischen Ordnung"[72] zu bewältigen gehabt habe. Im Unterricht kann von dieser These ausgehend gefragt werden, welche neue gesellschaftliche Ordnung die alte beduinische abgelöst hat, wie diese theologisch begründet wird und inwiefern damit eine Grundlage für die Umsetzung von Grund- und Menschenrechten heute geboten wird.

70 Koran 58:1–2.
71 Ibn Isḥāq (2008), 250f.
72 Rohe (2011), 21.

5. Anregungen zur persönlichen Vertiefung

Lesen Sie sich die Anforderungssituation zu Beginn des Kapitels noch einmal durch. Wie kann die Unterrichtsstunde nach den einzelnen Phasen des Modell-Lernens fortgeführt werden? Machen Sie sich Stichpunkte und diskutieren Sie darüber mit Kolleg*innen.

1. **Biografisch:** Welche Bedeutung hatte der Prophet Muhammad für Sie in Ihrer persönlichen Biografie? Inwieweit haben Sie ihn als Vorbild wahrgenommen? Notieren Sie Ihre Gedanken auf einen Zettel und tauschen sich darüber mit Kolleg*innen aus.
2. **Theologisch-anthropologisch:** Der Koran bezeichnet Muhammad als „ein gutes Beispiel“[73]. Diskutieren Sie diese These, indem Sie die Bedeutung des Attributs ‚gut‘ erläutern. Beachten Sie dabei auch die Ambivalenz des Menschen, von der der Koran immer wieder spricht.
3. **Bildungstheoretisch:** Erläutern Sie die Bedeutung von Vorbildern und speziell die Bedeutung Muhammads für muslimische Kinder und Jugendliche heute.
4. **Didaktisch:** Welche Sequenzen der Sīra des Propheten eignen sich für die Behandlung im Religionsunterricht? Suchen Sie sich zwei Sequenzen heraus und konkretisieren Sie Ihre Überlegungen an einer Unterrichtsreihe.

Weiterführende Literatur

Sarıkaya, Yaşar (2021), Hadith und Hadithdidaktik: Eine Einführung, Paderborn.

Vimercati Sanseverino, Ruggero (2020), Mit dem Propheten Muḥammad in den Islamischen Religionsunterricht – Theologische Impulse für eine erfahrungsbezogene Prophetologie. In: Fahimah Ulfat/Ali Ghandour (Hrsg.), Islamische Bildungsarbeit in der Schule. Theologische und didaktische Überlegungen zum Umgang mit ausgewählten Themen im Islamischen Religionsunterricht, Wiesbaden, 95–144.

73 Koran 33:21.

III.3. Hadith

Die persönliche Gottesbeziehung des Propheten drückt sich nicht nur verbal als koranischer Text aus, sondern ebenso in Zeichen, Symbolen und Erfahrungen, die bis heute in den Hadithen überliefert sind und kanonisiert vorliegen. Hadithe rekonstruieren die historische Lebensphase des Propheten. Für Muslim*innen sind sie nicht nur wichtig, um eine eigene Beziehung zum Propheten und in der Konsequenz zu Gott aufzubauen, sondern auch, um die Zeit und das Leben des Propheten zu verstehen. Auf diesem Wege können die Hadithe helfen, Fragen theologischer, rechtlicher und ethischer Natur zu beantworten, mit denen sich Muslim*innen gegenwärtig konfrontiert sehen.

Anforderungssituation

Im IRU stehen in der heutigen Unterrichtsstunde Familienbeziehungen auf der Tagesordnung. Die Religionslehrkraft hat dazu zwei Hadithe[74] ausgewählt, die auf dem Arbeitsblatt stehen:

1. Hadith: „Kulayb berichtet: Mein Großvater erzählte mir Folgendes: ‚Ich besuchte sehr oft den Unterricht des Gesandtes Gottes. Dabei konnte ich meine Fragen direkt an ihn stellen. Einmal wollte ich wissen, wen ich am meisten ehren solle. Er sagte: ‚Deine Mutter, deinen Vater, deine Geschwister und dann deine Verwandten.'"[75]

2. Hadith: „Abu Hurayra berichtet: Ein Mann kam zum Gesandten Gottes und sagte: ‚O Gesandter Gottes, wer hat am meisten Recht dazu, gut behandelt zu werden?' Der Gesandte erwiderte: ‚Deine Mutter.' Der Mann fragte ein zweites Mal: ‚Und wer danach?' ‚Deine Mutter', antwortete der Gesandte Gottes. Der Mann wiederholte sich: ‚Und wer danach?' Der Gesandte Gottes sagte: ‚Dann dein Vater.'"[76]

Die Schüler*innen lesen die Texte durch und melden sich.

- „Warum nennt der Prophet dreimal die Mutter und erst beim vierten Mal den Vater?"
- „Was ist mit den Großeltern? Soll man sie nicht gut behandeln?"
- „Warum hebt der Prophet in einem Text die Mutter hervor und nennt die anderen Verwandten gar nicht?"

74 Die Texte sind der Zusammenstellung von Yaşar Sarıkaya entnommen und sprachlich von den Autorinnen angepasst worden; vgl. Sarıkaya (2011), 96.

75 Abū Dawūd, Sunan, Bd. 5, (35) Kitābu'l Adab, Bab 129, Hadithnr. 5140, 703.

76 Buḫārī, ṣaḥīḥ, Bd 13, (78) – Kitābu'l Adab, bāb 2, 5974.

1. Thematische Einführung

Wie in dieser Anforderungssituation deutlich wird, lassen beide Hadithe erkennen, dass der Prophet Muhammad auf zwei identische Fragen in unterschiedlichen Kontexten bedeutungsähnliche Antworten formulierte. Mithilfe dieser Hadithe ist ein *Einblick in* und ein *Verständnis für* die prophetische Zeit möglich. Mit den Hadithen konstruieren Muslim*innen eine Wirklichkeit, die für sie von religiöser und zugleich lebensrelevanter Bedeutung ist. Was hat der Gesandte Gottes getan, nicht getan, wie reagiert, was wie gesagt oder auch nur stillschweigend gebilligt, was hat er erlebt? Diese und andere Informationen erhalten wir anhand der Hadithe. Es gibt Hadithe, denen wir für unser Leben einen verbindlichen Stellenwert zuschreiben, wohingegen es auch Hadithe gibt, die weniger ihrem Wortsinn nach umgesetzt werden, sondern denen zur Orientierung eine Wertpräferenz des Propheten entnommen wird.

Hadithinhalte

Bereits im Laufe des zweiten islamischen Jahrhunderts, ca. 720–820 n. Chr., entstand eine große Sammlung an Überlieferungen bzw. Berichten über Aussagen und Handlungen des Propheten Muhammad. Die Hadithe vermitteln uns in ihrer Gesamtheit ein Abbild der Sunna Muhammads, also der prophetischen Lebensweise. Neben dem Koran dient sie den meisten Muslim*innen als ein weiteres Fundament und Wegweiser ihres Glaubens und Lebens. Seit Beginn seines Wirkens orientieren sich Muslim*innen an seiner Lebensweise, seinen Erkenntnissen, Lebenserfahrungen und Aussprüchen. In diesen Hadith-Werken sind alltägliche Gewohnheiten, Anekdoten, Sprüche, ethische Deliberationen sowie Direktive ethischer Natur, Präferenzen, Ritualverläufe, rechtliche und politische Fragen u.v.m. gesammelt. Auch wenn laut dem Duden das Wort *Hadith* im Deutschen sowohl *der* als auch *das* Hadith lauten kann, benutzen wir das Wort durchgehend im Maskulinum.

Hadith

ḥadīṯ; Bedeutung des Wortstammes: *geschehen, sich ereignen, vorkommen, bedeuten*; als Nomen kann es bedeuten: *Rede, Bericht, mündliche Mitteilung, Gespräch, Erzählung*. Koranisch wird der Begriff in der Bedeutung von *Bericht* oder *Kommunikation* verwandt[77] und keineswegs in einem technischen, exklusiven Sinn mit Bezug auf den Propheten Muhammad.

77 Vgl. Kamali (2005), 30.

2. Theologische Grundlagen

Differenz zwischen Sunna und Hadith

Die Begriffe *Sunna* und *Hadith* werden oft synonym verwendet, weil Hadithe von der Sunna des Propheten, also der *sunnat an-nabī*, berichten. Dennoch müssen wir zwischen beiden unterscheiden. Sunna ist weitgefasst die prophetische Lebensweise. Hierzu gehören besonders seine Handlungsweisen (*fiʿil*) sowie Werthaltungen, das übliche Verhalten oder Tun des Gesandten Gottes insgesamt; dazu gehören auch seine Aussprüche, Verordnungen, Feststellungen und Stellungnahmen, seine Worte (*qawl*) sowie seine schweigende Billigung eines Sachverhaltes (*taqrīr*).[78] Der Hadith ist folglich der Bericht über diese Lebensweise in ihren konkreten Ausformungen.

Aufbau des Hadith
Ein Hadith besteht aus zwei Teilen: 1. dem eigentlichen Text, der berichtet wird (*matn*), und 2. der einleitenden Überlieferungskette (*isnād*). Ein Hadith reicht nach dem Muster „A hat mir erzählt, dass B sagte, er habe von C gehört ..." idealerweise bis zum Propheten Muhammad zurück.

Erst nach dem Ableben des Propheten wurde die Bezeichnung *ḥadīṯ* ausschließlich für die Berichte über die Aussagen, Handlungen und schweigenden Billigungen des Propheten verwandt. Im 9. Jahrhundert begannen die Verschriftlichung der noch mündlich im Umlauf befindlichen Hadithe und ihre systematische Kanonisierung mit den schon verschriftlichten Hadithen – allerdings ohne thematische Anordnung. Das heißt, schon zur Lebzeit des Propheten wurden Hadithe aufgeschrieben. In der Hadith-Literatur wird dieses sporadische Aufschreiben von Hadithen *kitabāt* genannt. Erst ab der zweiten Hälfte des 8. Jahrhunderts wurden die Praktiken der Prophetengefährten, die bis dahin ebenfalls in Hadithen gesammelt worden waren, aus der prophetischen Lebenspraxis selektiert, um die Sunna auf den prophetischen Kern zu reduzieren.

Hadith Klassifizierung

Je mehr die Muslim*innen sich von der Lebzeit des Propheten entfernten, desto mehr wuchs die Anzahl der von ihm überlieferten Aussprüche, der von ihm berichteten Handlungen. Die Gelehrten (*ʿulamāʾ*) gingen damals schon davon aus, dass ein großer Teil der Überlieferungen nicht authentisch ist, und versuchten, Kriterien für die Glaubwürdigkeit zu entwickeln.

78 Vgl. Kamali (2021), 58f.

zwei Kritikcluster

Hadithwissenschaft wird auf Arabisch *ʿilm al-ḥadīṯ* genannt. *Uṣūl al-ḥadīṯ* wird die Disziplin samt ihren Kriterien genannt, die die Entstehung, Genese, Exegese, Funktion und Klassifizierung des islamischen Überlieferungsguts näher untersucht. Zwei entscheidende Kritikcluster wurden entwickelt:

1. Es gibt zum einen jenen Zweig (*ʿilm al-ḥadīṯ riwāya*), der sich mit der fehlerfreien Überlieferungskette beschäftigt, um den Text bzw. den Hadith qualifizieren bzw. kategorisieren zu können.
2. Ein anderer Zweig beschäftigt sich mit dem *matn*, dem berichteten Text selbst und seiner Authentizität, und fragt nach dem *istinbāṭ al-ḥukum*, was eigentlich ein Kriterium der *uṣūl al-fiqh* ist. *Istinbāṭ* bedeutet etymologisch „einer Sache nachgehen", „etwas erforschen". Als Terminus technicus bezeichnet er den Vorgang, aus dem Text (*naṣṣ*), in diesem Fall aus den Hadithen, verbindliche Normen bzw. Regelungen abzuleiten. Dieser Hadith-Zweig beschäftigt sich damit, ob und warum der Hadith sich für diese Normableitungen eignet.[79]

Hadithsammlungen

Ibn Sīrīn (654–728) war bspw. einer der ersten medinensischen Hadith-Gelehrten, der mit einer kritischen Sichtung der Hadithe begann. Er setzte, um Hadith-Sammlungen ‚säubern' zu können, die Qualität der Überlieferungskette der Gewährsleute als ein Beurteilungskriterium fest.[80] Eine wichtige Frage in diesem Taxierungszusammenhang lautete bspw.: *Weist der isnād Lücken auf? Waren die überliefernden Personen zuverlässig?* Als Hilfestellung bzw. Kriterienkatalog für die Bewertung entstand im Zuge der Sammlungssichtungen eine reiche biografische Literatur, in der die genannten Frauen und Männer, also die Überliefernden (*rāvī*), überprüft werden. Ein Hadith mit einer mehrfach bezeugten durchgehenden Kette angesehener Überliefernder gilt als *ṣaḥīḥ*, wörtlich gesund, oder auch *ḥaṣan*, schön, ein schlecht belegter als *ḍaʿīf*, schwach. In der Hadith-Sondierung wurde anfangs nicht auf den Inhalt des Hadith selbst geachtet, sondern auf die Gewährsmänner und -frauen des *isnād*, sodass es vorkam, dass sich auch gegensätzliche Positionen jeweils mit Hadithen belegen ließen. Bekanntlich wird die Deutungsvielfalt der Hadithe als Barmherzigkeit bzw. Geschenk Gottes für die Gemeinde charakterisiert, allerdings ist für den schulischen Kontext die Auswahl und Sichtung authentischer Hadithe von entscheidender Bedeutung, um nicht erfundene Hadithe weiterzutradieren. Insgesamt gibt es ca. 200 bekannte Hadithsammlun-

79 Vgl. Kurnaz (2016).
80 Vgl. Yücel (1999), 358f.

gen. Davon gelten sechs (*al-kutub as-sitta*) für die Sunniten, vier für die Schiiten als kanonisch, die allerdings keine uneingeschränkte Authentizität beanspruchen:

1. al-Buḫārī (9. Jh.)
2. Muslim (9. Jh.)
3. at-Tirmiḏī (9. Jh.)
4. Abū Dāwūd (9. Jh.)
5. Ibn Māǧa (9. Jh.)
6. an-Nasāʾī (10. Jh.)

Die Anordnung der Hadithe in al-Buḫārīs Werk erfolgte in thematischer Sortierung (*muṣannaf*), wie bei allen Werken der *al-kutub as-sitta*. Das war besonders hilfreich für die Rechtsgelehrten, da sie so bei konkreten Rechtsfragen nach relevanten Hadithen suchen konnten.

schiitische Hadithsammlungen

Die schiitischen Hadithsammlungen enthalten Berichte über Worte, Taten und überlieferte Verhaltensweise des Propheten, der Prophetentochter Fāṭima sowie der zwölf Imame. Vier Bücher (*al-kutub al-arbaʿa*) sind maßgeblich.

1. Kulainī (10. Jh.)
2. Šayḫ Ṣadūq (10. Jh.)
3. aṭ-Ṭusī (11. Jh. Er verfasste zwei Werke)

Exkurs: Sīra

Es gibt ein gewisses Spannungsverhältnis einerseits zwischen der wissenschaftlichen Betrachtung der Lebensgeschichte des Propheten und damit verbunden der Schwierigkeit, warum *sīra* nicht einfach mit *Biografie* übersetzt werden kann, und andererseits einer frommen Haltung zu den bekanntesten Biografie-Erzählungen. Die Bedeutung des Wortes *sīra*, das von der Wurzel *s-y-r* abstammt, variiert je nach Kontext und ist äußerst facettenreich. „Gang", *Gangart, Lauf, Laufweise* sowie *Lebensführung* und *Lebensstil*, aber auch *Lebenslauf* und *Biografie* sind mögliche Bedeutungen.[81] Keine der uns heute vorliegenden „Biografien" wurde zu Lebzeiten Muhammads geschrieben. Die erste wurde über 100 Jahre nach dem Ableben des Propheten von dem bekannten arabischen Historiker *Ibn Ishāq* verfasst, sie liegt jedoch nur noch in der Redaktion von Ibn Hišam vor. Die *sīra*-Schreiber waren bekannte Geschichtsschreiber, die sich hauptsächlich individueller Berichte, die als *aḫbār* (Sg. *ḫabar*) bekannt waren, als Quellen bedienten. Das waren Hadithe, die auf einen Tradenten zurückgingen, der meistens zu den *ṣahāba* (Gefährt*innen) oder *tābiʿūn* (zweite Generation der Gefährt* innen) gehörte. Drei berühmte Verfasser seien hier genannt:

- **Ibn Hišām (gest. 9. Jh.)**, basierend auf Ibn Isḥāqs Werk, das jedoch entscheidend gekürzt wurde.

81 Vgl. Raven (2022).

- **al-Wāqidī (gest. 9. Jh.)**, der einen starken Fokus auf Kriegszüge legt.
- **aṭ-Ṭabarī (gest. 10. Jh.)**, der sich eng an Ibn Isḥāq anlehnt.

Hadithe stellen neben dem Koran zwar die wichtigste Zeugnisquelle für diese Entstehungszeit und im Ganzen einen Wissensfundus dar, aber ihre frühe Schriftlichkeit selbst verbürgt eben nicht unmittelbar Echtheit.[82] So stellt sich die Frage: Was bilden diese Texte eigentlich ab – Wahrheit oder Wirklichkeit oder beides? Hadithe können gar nicht anders als zweierlei in sich tragen: a) ihren je eigenen spezifischen kulturgeografischen und sozialen Kontext und b) Situations- und Momentaufnahmen. Auf der einen Seite sind Hadithe eine prinzipiell zeitlose Quelle mit Anspruch auf allgemeingültige Lehre und auf der anderen Seite enthalten sie zeitlich und situativ bedingte Aussagen ohne Anspruch auf Allgemeingültigkeit.

Ferner sind Hadithe Berichte über das, was jemand beobachtet oder gehört hat, d. h., es sind subjektive Interpretationen von Ereignissen oder Handlungen und Worten der Menschen im Umfeld des Propheten, jedoch keine Wiedergabe der Wirklichkeit des Propheten selbst. Hinzu kommt die epistemische Dimension, dass Berichte durch den unvermeidlichen und zuweilen unbewussten Akt der Interpretation des Lesers bestimmt werden.[83] In diesem Zusammenhang fordert Jonathan Brown, die filternde Funktion unserer eigenen Weltanschauung und des je eigenen Kontexts nicht zu übersehen. In Gestalt eines Hadith-Korpus lag und liegt eine Quelle vor, die einigen religiösen Positionierungen und Vorstellungen zum Vorteil gereichte und weiterhin gereicht. Im Eifer der politischen Gefechte und der gesellschaftlichen Konventionen wurden mitunter, zur Bestätigung des je eigenen (politischen) Standpunktes, dem Propheten Worte in den Mund gelegt, die er gesagt haben soll. Zum einen lesen wir Berichte von frommen Männern, die über die Dekadenz ihrer Zeit so beunruhigt waren, dass sie Überlieferungen erfanden, um die Menschen zu einem rechtschaffenen Leben zu ermahnen. Abū ʿĀṣim an-Nabīl (gest. 827) hat dieses Phänomen mit den Worten umschrieben: „Ich habe gute Menschen über nichts mehr lügen sehen als über Hadithe."[84] Die Tatsache, dass verschiedene Arten von Menschen Überlieferungen erfanden, verdeutlicht im Grunde, wie wichtig Hadithe geworden waren. Aus diesem Grund machten findige Männer davon Gebrauch, um ihre Ideen und Interessen zu verbreiten.[85]

Auch misogyne Überlieferungen wie „Niemals wird ein Volk zu Wohlstand gelangen, das seine Geschicke einer Frau anvertraut" fanden weite Verbreitung. Mithilfe der Hadithe wurde je nach individueller Haltung und Verbundenheit sowie religiöser Vorstellung ein Prophetenbild skizziert. Um ein Beispiel zu nennen: Es gibt eine ganze Reihe von Hadithen, in denen der Prophet „lachte, bis seine Weis-

82 Vgl. von Ess (1975), VII.
83 Vgl. Brown (2014), 83.
84 Vgl. ebd., 83f.
85 Vgl. Robson (2022).

heitszähne zu sehen waren". Konservativen Theologen im 8. Jahrhundert war das hingegen ein Ärgernis, da sie die Ansicht vertraten, dass herzhaftes Lachen sich für einen Auserwählten Gottes nicht schicke. Obwohl des Propheten Freude am Scherzen gut belegt war, brachten sie anderslautende Überlieferungen in Umlauf und prägten die bis heute verbreitete Meinung, der Gesandte habe kaum gelacht, allenfalls habe er gemäß seiner Prophetenwürde gelächelt.[86]

3. Hadithe in den Lehrplänen des IRU

Hadithe als Lernanlässe

Hadithe nehmen in den Lehrplänen des IRU eine bedeutende Rolle ein. In dem Lehrplan für die Grundschule in Niedersachsen heißt es: „Verse aus dem Koran und Hadithe als grundlegende islamische Quellen werden bereits in der Grundschule bezogen auf die Lebenswelt der Schülerinnen und Schüler didaktisch aufbereitet."[87] Den einzelnen Leitfragen sind ausgewählte Hadithe[88] zugeordnet worden, die thematisch gebunden im Unterricht zu erarbeiten sind. Der Lehrplan für die Grundschule in NRW weist auch darauf hin, dass Hadithe in den Unterricht einfließen und dort thematisiert werden, damit Schüler*innen die Möglichkeit bekommen „Erfahrungen aus ihrer Lebenswelt mit diesen Texten in Beziehung zu bringen".[89] Für drei Inhaltsfelder werden dann Kompetenzerwartungen formuliert, die in Verbindung mit Hadithen stehen. Es geht sowohl darum, bis zum Ende der Schuleingangsphase Bezüge „zwischen ihrem Alltag und den in ausgewählten Koranversen und Hadithen beschriebenen beispielhaften Haltungen und Handlungen von Propheten"[90] herzustellen, aber auch bis zum Ende der Klasse 4 „aus entsprechenden Koranversen und Hadithen Weisungen für das alltägliche Handeln und das friedliche Zusammenleben"[91] und „die Bewahrung der Schöpfung als gottgewollt"[92] abzuleiten. Beide Lehrpläne machen damit die Alltagsrelevanz der Hadithe deutlich und legen den Schwerpunkt der Thematisierung auf die Erfahrungen der Schüler*innen in ihrer Lebenswelt. In der Sekundarstufe I hingegen

86 Vgl. Fröhlich (2013).
87 Niedersächsisches Kultusministerium (2017), 8.
88 Die Hadithe stammen aus: Sarıkaya (2011).
89 Ministerium für Schule und Weiterbildung des Landes Nordrhein-Westfalen (2013), 9.
90 Ebd., 24.
91 Ebd., 23.
92 Ebd., 33.

werden Hadithe unter der Rubrik *Koran und Sunna* zusammen als eine weitere Quelle des Islam behandelt. Hierbei geht es im Lehrplan in NRW zum einen um eine Auseinandersetzung mit der Textgattung, indem die Schüler*innen in den Klassen 7–10 „ausgewählte Hadithe im Hinblick auf deren Aufbau (Überlieferungskette/Sanad und Text/Matn) und Kategorisierung (Authentisch/Sahih, Schwach/Daif, Erfunden/Mawdu)“ analysieren und „[...] bekannte Hadithsammlungen“[93] benennen, „die Relevanz der Hadithe im Bezug zum Koran“[94] erörtern und „Umsetzungsmöglichkeiten von Hadithen in der heutigen Zeit“[95] bewerten. Ähnlich beschreibt der Kernlehrplan in Niedersachsen den Einsatz von Hadithen, indem die Schüler*innen bis zum Ende der Klasse 8 „die Überlieferung und die Kategorisierung von Hadithen“[96] skizzieren und bis zum Ende der Klasse 10 „die Bedeutung der Hadithe für ihr eigenes Leben“[97] reflektieren. Die exemplarisch betrachteten Lehrpläne verdeutlichen, dass der Tradition des Propheten eine wichtige Bedeutung zugeschrieben wird, die auch ihre Relevanz für das Leben der Schüler*innen hat. An dieser Stelle entsteht die Frage, wie sich Hadithe als Lernanlässe in einem bekenntnisgebundenen IRU fruchtbar machen lassen.

4. Didaktische Konkretisierung

Auswahlkritierien für Hadithe

Lerntheoretisch eignen sich Hadithe besonders für eine selbstständige Erarbeitung und Interpretation durch die Schüler*innen, weil sie deskriptiv Situationen, Erlebnisse und Erfahrungen wiedergeben, die in ihrer (fast fragmentarischen) Kürze doch weite normative Räume eröffnen können. Sie sind als Orientierungshilfe, Ratschlag oder zum besseren Verständnis des Unterrichtsgegenstandes einzusetzen, es soll aber nicht darum gehen, mit den Hadithen verbindliche Aussagen zu machen bzw. Normen festzulegen. Die Auswahl, der Einsatz und die Interpretation von Hadithen sind kein leichtes Unterfangen. Viele Hadithe enthalten zahlreiche Redewendungen, Bilder, Idiome, Metaphern, Gleichnisse sowie rhetorische Stilmittel. Daher ist es umso wichtiger, eine Matrix an Kriterien aufzustellen, die der Lehrkraft die Auswahl erleichtern:

93 Ministerium für Schule und Weiterbildung des Landes Nordrhein-Westfalen (2013), 30.
94 Ebd.
95 Ebd., 31.
96 Niedersächsisches Kultusministerium (2017), 20.
97 Ebd.

1. Einen ersten Filter bilden sicherlich die übergeordnete Thematik, der Lehrplanbezug und das jeweilige Lernziel, das sich die Lehrperson gesetzt hat.

2. Die Subjektorientierung und mit ihr der Bezug zur Lebenswelt der Schüler*innen ist deswegen relevant, weil sich dadurch etwas Solides für die Lebenspraxis erschließen ließe. Es geht hierbei weniger darum, Ähnlichkeiten zwischen damaligen und heutigen Situationen zu suchen und zu finden, sondern einen Vergleichspunkt im Vorfeld festzulegen, über den der Bezug angebahnt wird, z. B. unser heutiger Umgang mit Nachbarn und der Umgang bzw. die Vorstellungen des Propheten damals.

3. Eine wichtige Vorarbeit der Lehrperson besteht darin, die Kontextbedingungen der im Hadith dargestellten Situation, Gesprächs oder Ereignisses zu analysieren und ihn ggf. auch zum Unterrichtsgegenstand zu machen. Hilfreich können folgende Fragen sein: Wer spricht zu wem, wo und wann findet das Gespräch statt, was ist der Anlass?

4. Eine Elementarisierung der Hadith-Sprache ist notwendig, um die Inhalte für die muslimischen Schüler*innen verständlich und zugänglich zu machen.

Es bieten sich die von Sarıkaya und Gömleksiz erarbeiteten methodischen Zugänge für die Arbeit mit den Schüler*innen an, da sie praxisnahe Einsatzmöglichkeiten für Hadithe darlegen:[98]

a) (Bilder-)Geschichte schreiben
Besonders Hadithe mit narrativem Charakter eignen sich prinzipiell als Ausgangsmaterial für die kreative Umsetzung einer eigenen Geschichte. Dies fördert die individuelle Fähigkeit der Kinder, bestimmte Inhalte und Themen selbstständig, kreativ, schöpferisch und fantasievoll aufzubereiten.

b) Rekonstruktion von Anlass und Kontext
Die Schüler*innen werden angeregt, ihre Fantasie einzusetzen und zu überlegen, ob und wie der Anlass oder der Kontext eines im Unterricht vorgelegten Hadith rekonstruiert werden könnte – etwa dadurch, dass sie die mögliche Vorgeschichte des Hadith entwerfen, in der Zeit, Ort, Person(en) und Umstände konkretisiert und spezifiziert werden.

c) Textarbeit
Einen weiteren methodischen Zugang bildet die sogenannte Textarbeit am zitierten Hadith. Als zielführend könnten sich dabei vor allem folgende Aufgaben erweisen: Finde heraus, wel-

98 Vgl. Sarıkaya/Gömleksiz (2020), 179f.

chen Sinn, welche Kriterien oder Prinzipien du aus diesem Hadith ableiten kannst. Welche Leitideen und Beweggründe verbergen sich in diesem Hadith? Wer/was ist hier eigentlich gemeint? Ist das Wort oder die Handlung orts-, zeit- und personenspezifisch? Ob und inwieweit kann ich den Inhalt auf mich/auf unsere Zeit übertragen?

d) Hadithanalyse nach fachdidaktischen Kriterien
Schüler*innen – besonders in höheren Jahrgängen – werden dazu angeleitet, den ausgewählten Hadith aus einer in diesem Kapitel dargestellten fachdidaktischen Perspektive zu analysieren.

e) Rollen- und Hörspiel
Viele Hadithe enthalten eine dialogische Szene oder berichten über einen unmittelbaren Dialog, an dem neben dem Propheten andere Personen – nicht selten auch Kinder – beteiligt sind. Gerade diese Hadithe lassen sich im Unterricht für ein Rollen- und/oder Hörspiel einsetzen.

Für die weiterführenden Klassen sei ein weiterer methodischer Schritt von den Autorinnen zu ergänzen:

f) Dekonstruktion des Kontexts
Ein weiteres Augenmerk kann insbesondere am Ende der Sekundarstufe I bzw. in der Oberstufe auf den Aspekt gelegt werden, welches Bild vom Propheten und vom Glauben in ausgewählten Hadithen konstruiert wird: Was zeichnet Muhammad vor allen anderen Menschen, Propheten und Gesandten aus?
Bei der Dekonstruktion soll es in erster Linie darum gehen, danach zu fragen, ob und welche Funktion ein Hadithinhalt zu haben scheint. Die Forschungen zum Propheten und seine Rolle zeigen sehr deutlich, dass der Prophet allzu gern zu einer Projektionsfläche eigener, subjektiver Vorstellungen bestimmt wurde.[99]

Im Koran wird der Prophet als ein menschlicher Gesandter dargestellt, der fern von übermenschlichen Fähig- und Fertigkeiten ist und sehr wohl Fehler begeht.[100] Die Tradition zeigt dagegen, dass es ein großes Interesse daran gab, „jeglichen Makel im Lebenswandel mit der Berufung Muḥammads auszuradieren und den Propheten als reine Seele ohne Flecken“[101] zu stilisieren, wodurch im Vergleich zu anderen Propheten das Bild

99 Vgl. Isik (2015), 120f.
100 Vgl. Isik (2015), 121.
101 Ebd.

eines „Überbietungspropheten"[102] gestaltet wurde. Im Unterricht können Vorstellungen der Schüler*innen vom Propheten und Hadithe, die bspw. von Wundertaten Muhammads berichten, eingesetzt werden. Bereits in den Beiträgen aus der Lerngruppe können sich widersprechende Vorstellungen von dem zeigen, was Muhammad vor anderen Propheten und Gesandten auszeichnet und inwiefern das für den eigenen Glauben von Bedeutung ist oder sein kann. Diese Vorstellungen können in einem zweiten Schritt Hadithen gegenübergestellt werden, die von Wundertaten des Propheten berichten und die damit seine besondere Rolle als Gesandter belegen wollen. Für die Erarbeitung der ausgewählten Hadithe kann zunächst der historische Kontext erschlossen werden, um von hier aus den Inhalt selbst anzufragen. Was macht den Propheten Muhammad glaubwürdig, was bedeutet es für meinen Glauben, in ihm einen Menschen mit einer besonderen Aufgabe zu sehen – und worin liegt seine Besonderheit? Im Rahmen der Diskussion innerhalb der Lerngruppe können dann wiederum koranische Verse eingesetzt werden, in denen der Koran selbst als ein durch Muhammad verkündetes (Wunder-)Zeichen Gottes verkündet wird und in denen der Glaube in seiner Logik und Vernunft stark gemacht wird. Solche Lernprozesse fordern ein hohes Abstraktionsvermögen der Schüler*innen, aber auch die Fähigkeit zum Perspektivenwechsel und zu einem kritisch-historischen Denken. Bei Schüler*innen der Klassen 9 und 10 bleibt zu beachten, welche Beispiele aus den Hadithen und den Koran herangezogen werden und welche zusätzlichen Informationen sie brauchen, um eigene Vorstellungen (de-)konstruieren zu können. Es kann hilfreich sein, sich hier auf die Frage zu konzentrieren, welche Bedeutung Wundertaten Muhammads für Muslim*innen haben.

5. Anregungen zur persönlichen Vertiefung

Lesen Sie sich die Anforderungssituation zu Beginn des Kapitels noch einmal durch. Wie können Sie auf die Fragen der Schüler*innen reagieren? Notieren Sie eine mögliche Fortführung dieser Unterrichtsstunde und tauschen Ihren Ansatz mit Kolleg*innen aus.

102 Ebd., 127.

1. **Biografisch:** Welchen Stellenwert hatten Hadithe in Ihrer religiösen Sozialisation? Notieren Sie, wann und mit welchen Hadithen Sie seit Ihrer Kindheit am meisten in Kontakt gekommen sind und in welchen Situationen Sie auf Hadithe zurückgreifen.
2. **Theologisch-anthropologisch:** Setzen Sie sich mit der Frage auseinander, inwieweit Hadithe die Beziehung der Gläubigen zum Propheten prägen und inwiefern eine Beziehung zum Propheten theologisch von Bedeutung ist.
3. **Bildungstheoretisch:** In den Hadithwerken lassen sich Hadithe des Propheten zu einem Thema finden, deren Aussagen sich voneinander unterscheiden. Erarbeiten Sie auf der Grundlage von Hadithen zu einem Thema Ihrer Wahl, wie mit Hilfe von Hadithen ein Bewusstsein für unterschiedliche Perspektiven auf Glauben und Ambiguitätstoleranz sowie eine kritische Auseinandersetzung im Sinne einer begründeten Unterscheidung in schulischen Bildungsprozessen eingeübt werden kann.
4. **Didaktisch:** Entwerfen Sie eine Unterrichtseinheit zum Thema Schöpfung, in der Ihre Schüler*innen auf der Grundlage von Hadithen ein Bewusstsein für den respektvollen und wertschätzenden Umgang mit der Schöpfung erlangen können.

Weiterführende Literatur

Gharaibeh, Mohammad (2016), *Ḥadīt. Eine Einführung in die Geschichte und Textsorten.* (Studienreihe Islamische Theologie, Band 5), Freiburg i. Br.

Karagedik, Ulvi (2022), Hadithhermeneutik, Stuttgart 2022.

Sarıkaya, Yaşar (2011), 401 Hadithe für den Islamunterricht, Hückelhoven.

IV. Religionsdidaktische Zugänge

Die unterschiedlichen religionsdidaktischen Zugänge zeigen Handlungsoptionen auf, wie Themenschwerpunkte methodisch bearbeitet werden können.

Das *Theologisieren* greift die Möglichkeit auf, im IRU sowohl die Erfahrungen der Schüler*innen in ihrer Lebenswelt als auch ihre theologischen Fragen in das Unterrichtsgeschehen zu integrieren. Das *performative Lernen* setzt sich mit praktischen, habitualisierten und praktizierten Ausdrucksformen von Religion auseinander und eröffnet die Möglichkeit darauf, Religion erfahrbar und erlebbar zu machen. Das *ethische Lernen* zeigt das Spezifikum islamischer Ethik auf und zielt darauf ab, den Schüler*innen Wege für ein gemeinsames ethisches Handeln in der Gesellschaft als Muslim*innen zu zeigen.

Das Leben in einer multireligiösen Gesellschaft erfordert von muslimischen Kindern und Jugendlichen einen konstruktiven Umgang mit Pluralität jeglicher Natur. Das *interreligiöse Lernen* verdeutlicht in Anlehnung an die Komparative Theologie, wie im IRU anderen Religionen wertschätzend begegnet werden kann und welcher Grundhaltung es hierfür bedarf.

IV.1. Theologisieren

Im folgenden Kapitel wird das Theologisieren als ein eigenständiger Ansatz vorgestellt, der die lebensweltlichen Fragen und Erfahrungen ernst nimmt und in das unterrichtliche Geschehen integriert. Nachdem die wesentlichen Merkmale des Theologisierens vorgestellt worden sind, wird das Konzept auf den IRU übertragen und seine Möglichkeiten und Grenzen werden an einem abschließenden praktischen Beispiel aufgezeigt.

Anforderungssituation
Stellen Sie sich folgende Situation vor: Sie haben in ihrer Lerngruppe eine Box für Fragen der Schüler*innen in den Klassenraum gestellt. Gegen Ende der Unterrichtsstunde werden einzelne Fragen vorgelesen und gemeinsam beantwortet. Sie lesen die erste Frage vor: „Am Samstag ist unsere Katze Minou gestorben. Ich vermisse sie so sehr. Ist Minou jetzt im Himmel? Werde ich sie wiedersehen, wenn ich auch gestorben bin?“

1. Thematische Einführung

So naiv auch diese Frage der Schülerin klingen mag, ist sie beim genauen Hinsehen eine originell theologische Frage, die zu einem vertiefenden Gespräch im Unterricht einlädt. Die Schülerin ist auf Impulse der muslimischen Religionslehrkraft angewiesen, die ihr bei der Lösung helfen und mit ihr in ein Gespräch treten will. Das ist der Ansatz der ‚Kindertheologie‘ bzw. des ‚Theologisierens mit Kindern‘, die Heranwachsende bei der Suche nach den für sie tragfähigen Deutungen dialogisch unterstützen möchte.

Das ‚Theologisieren mit Kindern bzw. Jugendlichen‘, auch unter den Begriffen ‚Kinder- und Jugendtheologie‘ oder ‚theologische Gespräche mit Kindern‘ bekannt, ist ein Ansatz der evangelischen und katholischen Religionspädagogik. Er entwickelte sich seit den 1980er Jahren durch die bildungstheoretisch und entwicklungspsychologisch begründete Subjektorientierung und die aus dieser erwachsenen Sensibilität für lebensaltersbezogene Aspekte religiöser Bildung.[1] Mittlerweile ist das Theologisieren innerhalb der religionspädagogischen Forschung ein etablierter Ansatz.

1 Vgl. Schlag (2021), 232f.

Die Kinder- und Jugendtheologie[2] geht davon aus, dass Lernende sich in Kommunikationsprozessen theologisch eigenständig und kreativ auf Traditionsgehalte des christlichen Glaubens und des Christentums beziehen können. Das Konzept würdigt die theologischen Fragen und Deutungen der Kinder bzw. Jugendlichen und nimmt sie in ihrem theologischen Denken, Fragen und Suchen ernst. Auch wenn beide Ansätze – die Kindertheologie und die Jugendtheologie – zahlreiche Gemeinsamkeiten aufweisen, wird zwischen ihnen differenziert, da das Jugendalter sich gegenüber der Kindheit durch veränderte kognitive Fähigkeiten auszeichnet. Dieses Kapitel beschränkt sich auf die Übereinstimmungen der beiden Ansätze.

2. Theologie *von*, *mit* und *für* Kinder bzw. Jugendliche

Um die Pluralität der möglichen Kommunikations- und Deutungsweisen beschreiben zu können, unterscheidet man zwischen einer Theologie *von*, Theologie *mit* und Theologie *für* Kinder bzw. Jugendliche.

Theologie von Kindern und Jugendlichen

Bei dem Konzept Theologie *von* Kindern bzw. Jugendlichen werden die Schüler*innen als Theolog*innen und somit als eigenständige und aktive Konstrukteure theologischer Reflexionen verstanden. Es umfasst Gedanken, Deutungen oder auch Erklärungsmodelle, die von den Schüler*innen zu theologischen Fragen und Themen artikuliert werden. Dabei werden Aussagen, die in der akademischen Theologie als nicht korrekt gelten, mit Nachfragen zurückgegeben, auch mit dem Hinweis, dass diese Sicht von der Lehrperson nicht geteilt wird. Methodisch wird dabei möglichst wenig Einfluss auf die Denk- und Sprechzeugnisse der Kinder bzw. Jugendlichen ausgeübt, weshalb sie rein deskriptiv erfasst werden sollen.[3]

Theologie mit Kindern und Jugendlichen

Die Theologie *mit* Kindern und Jugendlichen, auch *Theologisieren* genannt, nimmt die Schüler*innen als Subjekte des Glaubens ernst und gibt ihnen Raum für ihre Deutungen, Fragen, Erfahrungen oder Vorstellungen zu religiösen Themen, die sie im Rückgriff auf die religiöse Tradition eigenständig vertiefend reflektieren.[4] Hier erhält die Lehrkraft die Aufgabe, zum einen möglichst präzise die Deutungen der Schüler*innen wahrzunehmen und sie durch sensibles Fragen dabei zu unterstützen, ihre Gedanken und Vorstellun-

2 Der Begriff *Theologie* wird hier nicht im wissenschaftlichen Sinne verstanden, sondern im eigentlichen Sinne des Wortes: ein Nachdenken über die Gottesfrage.

3 Vgl. Reiß (2015), 5 und Zimmermann (2015), 5.

4 Vgl. ebd.

gen zu verbalisieren. Zum anderen versucht die Lehrkraft in der moderierenden Rolle die Schüler*innenäußerungen zu bündeln und miteinander in Beziehung zu setzen. Außerdem unterstützt sie die Schüler*innen mit weiterführenden Impulsen und Deutungsangeboten.

Theologie für Kinder und Jugendliche

Unter Theologie *für* Kinder bzw. Jugendliche wird die Konzipierung von sinnvollen Anforderungssituationen verstanden, die Schüler*innen theologisch herausfordern und ihre Deutungsentwicklungen fördern, aber auch bei der Entfaltung von Fragekompetenzen unterstützen. Sie muss einerseits eine Wissensbasis vermitteln (Sachkompetenz), die andererseits ein komplexeres und kreatives theologisches Denken beim Theologisieren ermöglicht (Methodenkompetenz), und versuchen, diese Kompetenzförderung langfristig und nachhaltig anzulegen, um damit Zufälligkeit zu minimieren.[5]

Dass muslimische Kinder über eigenständige theologische Deutungsmuster und Vorstellungen verfügen und ihnen ein religiöses Denken zugetraut werden muss, zeigt die Untersuchung von Fahimah Ulfat zu Gottesvorstellungen, wonach Kinder über Gott eigenständig nachdenken und ernstzunehmende Antworten finden. Ulfat sieht in theologischen Gesprächen vor allem dann ein positives Potenzial, wenn den Kindern Deutungsangebote zur Verfügung gestellt werden, die sie selbst aufgreifen und weiterführen und mit denen sie sich individuell und vertieft auseinandersetzen.[6] Nach Ulfat findet so „[...] ein Dialog zwischen den Deutungen der Kinder und denen aus der Tradition statt, wobei die Lehrkraft die Aufgabe hat, den Kindern Reflexionsmöglichkeiten zur Entwicklung einer eigenen, selbstbestimmten Sicht auf die Tradition zu bieten".[7]

3. Theologische Grundlagen

Bislang wurde in der islamischen Religionspädagogik das Theologisieren als Konzept einer gemeinsamen Suche nach Antworten auf theologische Fragen erst ansatzweise aufgegriffen, bei dem Kinder ihre eigenen Vorstellungen einbringen, weiterentwickeln und so einen Kompetenzzuwachs erreichen. Es gibt durchaus auch vereinzelt kritische Stimmen, die postulieren, der IRU habe den Bildungsauftrag, normative Lehrsätze zu vermitteln, und die das Konzept des Theologisierens auf die Methode des Malens von Bildern verkür-

5 Vgl. ebd.
6 Vgl. Ulfat (2017), 308.
7 Ebd.

zen.[8] Dem ist zu entgegnen: Wenn der IRU im Sinne einer Subjektorientierung Impulse für die Persönlichkeitsentwicklung und religiöse Bildung der Schüler*innen gibt, sodass sie sprachfähig werden und reflektiert über die Glaubensinhalte sprechen, dann werden didaktische Konzepte benötigt, die sie dabei unterstützen, ihre theologischen Gedanken und Deutungen differenziert auszudrücken und auszubauen. Durch eine eigenständige Auseinandersetzung mit Glaubensfragen, durch das Diskutieren und Deuten verschiedener religiöser Zugänge kann die Grundlage für eine mündige und selbstverantwortete Religiosität geschaffen werden. Hier kann das Theologisieren im Religionsunterricht einen wichtigen Beitrag dazu leisten, dass junge Muslim*innen sich aus verschiedenen Perspektiven mit Glaubensfragen auseinandersetzen und ihre theologischen Kompetenzen erweitern.

Ibrāhīm

Als Beispiel für das Theologisieren durch Jugendliche kann an dieser Stelle die Geschichte des Propheten Ibrāhīm genannt werden, wie dieser – vermutlich noch in jungen Jahren – durch Beobachtung der Himmelgestirne Gott als Erschaffer und Erhalter des Universums erkennt. Ibrāhīm ist auf der Suche nach Gott und unternimmt den Versuch, durch das Sehen zur Einsicht zu gelangen. Der Koran beschreibt seinen Gedankengang wie folgt: Ibrāhīm beobachtet zunächst die Sterne: „Dann, als die Nacht ihn mit ihrer Finsternis überschattete, erblickte er einen Stern; (und) rief aus: 'Dies ist mein Erhalter!' – aber als er unterging, sagte er: 'ich liebe nicht die Dinge, die untergehen.'"[9] Ibrāhīm erkennt, als der Stern am Tage nicht mehr sichtbar ist, dass dahinter etwas Verborgenes sein muss, was größer als dieser ist. Dann beobachtet er den Mond: „Dann, als er den Mond aufgehen sah, sagte er: ‚Dies ist mein Erhalter! – aber als er unterging, sagte er: ‚Fürwahr, wenn mein Erhalter mich nicht rechtleitet, werde ich ganz gewiß einer von den Leuten werden, die irregehen!'"[10] Auch nach dem Verschwinden des Mondes gibt Ibrāhīm wieder zu, sich geirrt zu haben, und sucht weiter. Schließlich sieht er die Sonne: „Dann, als er die Sonne aufgehen sah, sagte er: ‚Dies ist mein Erhalter! Dies ist das größte (von allen)!' – aber als (auch) sie unterging, rief er aus: ‚[...] Siehe, fern sei es von mir, etwas anderem neben Gott, wie ihr es tut, Göttlichkeit zuzuschreiben!'"[11] Nach dem Untergang der Sonne, die er als den größten Himmelskörper wahrnimmt, gelangt Ibrāhīm zu der These, dass sein Herr

---

8 Vgl. Yavuzcan (2010), 227.
9 Koran 6:76.
10 Koran 6:77.
11 Koran 6:78.

größer sein muss als alles, was er durch Erfahrung wahrnimmt. Er durchläuft über die Verehrung der Himmelskörper den Weg zur transzendentalen, allumfassenden Erkenntnis Gottes, so wird durch äußere Beobachtung ein innerer Denk- und Reflexionsprozess angeregt, der ihn zur Erkenntnis führt. Die Suche Ibrāhīms kann mit der Theologie eines Jugendlichen verglichen werden, der im Horizont der religiösen Lebensdeutung seines Umfeldes seine eigenen existenziellen Fragen stellt, dadurch ein anderes Verständnis von Gott und der Welt erfährt und zu einer neuen Wirklichkeitsdeutung gelangt. Die Geschichte kann auch so interpretiert werden: Gott lässt es zu, dass Ibrāhīm sich dreimal irrt, bis er die Größe des Schöpfers hinter den Himmelskörpern erkennt. Nach Abū Hanīfa wird der Glaube, arabisch *al-īmān*, nicht durch ein vages Dafürhalten, Vermuten oder Meinen bestimmt.[12] Das Wort leitet sich von „Sicherheit" ab. Ibrāhīm ist ein Suchender und erfährt am Ende seines Erkenntnisprozesses die Gewissheit, dass Gott größer ist und über allem steht, was der Mensch mit seinen Sinnen wahrnehmen kann.

Ein Zutrauen in ihre Deutungsfähigkeit brauchen auch Kinder und Jugendliche sowie eine Unterstützung dabei, eigene Positionen sicher zu bestimmen und diese auch reflektiert zum Ausdruck zu bringen.

Auch in der islamischen Tradition lassen sich Anknüpfungspunkte für das Theologisieren mit Kindern und Jugendlichen im IRU finden.

Halaqa als eine traditionelle Sozialform

Die islamische Tradition kennt die Lernform der *halaqa*, die in Ansätzen erste Berührungspunkte mit dem Konzept des Theologisierens ermöglicht, allerdings für heutige Schüler*innen und für den Lernort Schule religionspädagogisch adaptiert werden muss. Der Begriff *halaqa* bedeutet zunächst einmal Kreis, Runde. Im Kontext von traditionellen Lernorten wie anfangs in Moscheen und später auch in Medresen bedeutet *halaqa* einen Lernkreis und bildete ein gängiges Lehrformat im Mittelalter. Jeder Student durfte an jedem Lernkreis, der ihn interessierte, teilnehmen. Der Lernkreis ist geprägt durch die Natur der Oralität, d. h. die erste basale Lernform des Zuhörens und Auswendiglernens. In diesen Lernzirkeln saßen die Lernenden in einem Kreis, um insbesondere das neu Gehörte miteinander zu diskutieren und zu reflektieren. Eine beispielhafte Beischreibung lässt sich aus dem 12. Jahrhundert wie folgt nachzeichnen: „Der Unterricht wird für das Jahr 1184 (580 H) so beschrieben, dass Schüler um einen Lehrer sitzen, der eine Koranpassage rezitiert und auslegt und zur Erläuterung Hadithe beizieht.

12 Vgl. Karimi (2015), 32.

Einige Schüler stellen ihm Fragen, während andere schriftliche Ausarbeitungen präsentieren, zu denen der Lehrer Stellung nimmt.“[13]

4. Didaktische Konkretisierung

Damit Schüler*innen ihre theologischen Kompetenzen entfalten und weiterentwickeln können, brauchen sie im IRU Lernsettings, die ihnen den Raum zum Nachdenken geben. Dabei übernehmen die muslimischen Religionslehrkräfte sowohl die Rolle von Beobachtenden als auch die von Deutenden, die die Gesprächsbeiträge der Schüler*innen als Impulse strukturiert ins Gespräch bringen. Die Schritte der Wahrnehmung, Dialogisierung und Differenzierung erfordern von der islamischen Religionslehrkraft fachliche, fachdidaktische sowie reflexive Kompetenzen.

Hierbei geht es nicht um *die richtige Antwort*, sondern um eine offene und positive Grundhaltung gegenüber der Religiosität der muslimischen Schüler*innen. Der schulische Religionsunterricht als der Ort, an dem sich muslimische Schüler*innen mit Elementen der islamischen Tradition oder mit der (persönlichen) Glaubenspraxis reflexiv auseinanderzusetzen, verlangt von ihnen auch Kompetenzen, diese Inhalte wahrzunehmen, zu unterscheiden und den Mitschüler*innen gegenüber darzustellen.

Theologisieren als ein gleichberechtigter Dialog

Das Konzept des Theologisierens sieht einen gleichberechtigten Dialog zwischen Schüler*innen und der Lehrkraft als eine Grundvoraussetzung an. Theologisieren sieht didaktisch vor, dass die Deutungen der Schüler*innen mit Interesse und als Denkanstöße auch für die Lehrkraft selbst wahr- und aufgenommen und dann auch zum Thema im Unterricht gemacht werden, manchmal direkt, aber auch in einer (zeitlich nahen) Unterrichtsreihe oder einer Art Exkurs-Stunde. So könnte die in der obigen Anfangssituation gestellte Frage der Schülerin auch zum Anlass genommen werden, dazu eine eigene kleine Unterrichtsreihe zu planen. Kinder- und Jugendliche setzen sich im Unterricht zu dem Lerngegenstand in eine Beziehung, die für unterrichtliche Prozesse aufbereitet wird. Die Religionslehrkraft verfügt über deutlich höheres Wissen und größere Erfahrung mit dem theologischen Lerngegenstand und ist von daher in der Lage, die Anfragen und Gesprächsbeiträge der Schüler*innen einzuordnen und weitergehende Deutungsangebote zu machen oder diese zu systematisieren. Wenn die Lehrkraft ihre eigene Deu-

13 Zander (2016), 501.

tung einbringt, macht sie es – im Sinne eines gleichberechtigten Dialoges – im Bewusstsein, dass dies ein Angebot ist.[14]

Zusammenfassend lässt sich festhalten, dass beim Theologisieren nicht das Vermittlungsinteresse im Zentrum steht, sondern die Überzeugung, dass die Lehrkraft den Schüler*innen die Möglichkeit eröffnen muss, ihre eigene theologische Position zu einem Thema oder einem Problem darzulegen, wenn an theologischen Themen gelernt werden soll. Auch wenn die Kommentare der Schüler*innen den Fortgang des Unterrichts und damit die Offenheit des Ausgangs beeinflussen, darf das theologische Gespräch nicht mit Beliebigkeit verwechselt werden. Mirjam Zimmermann vergleicht das theologische Gespräch mit einem Spielfeld, auf dem sich keine völlig neuen und analogielosen Bereiche entwickeln, sondern durchaus Grenzen ausgewiesen und Regeln vorgegeben sind. „Wohin sich dieses Spiel aber innerhalb der Grenzen entwickelt, hängt von den jeweiligen Akteuren ab. Dennoch braucht dieses Spiel Regeln."[15]

das theologische Gespräch folgt Regeln

Wer über Unterrichtserfahrung verfügt, weiß, dass die interessantesten Fragen oder Kommentare in Lehr- und Lernprozessen gerade auch beim Theologisieren sich eher zufällig ergeben, weil ein*e Schüler*in einen Inhalt als Widerspruch zu eigenen lebensweltlichen Erfahrungen erlebt oder versucht, den Inhalt tiefgründiger zu erfassen. Religionslehrkräfte können kaum ad hoc auf alle möglichen Situationen umfassend fachlich eingehen, wohl aber sich in Unterrichtsvorbereitungen auch auf Schüler*innenfragen beziehen. Auch sie müssen nach den Antworten suchen. Nach Mirjam Zimmermann ist es in solchen Momenten wichtig, Rückfragen zu stellen, wertende Kommentare zu unterlassen und die eigene Meinung als solche kenntlich zu machen.[16] Die Frage sollte zunächst festgehalten werden, auch wenn sie nicht sofort vertieft bearbeitet werden kann. Von Bedeutung ist zudem, wann Raum für individuelle Aussagen notwendig ist, wann die Lehrkraft theologische Inhalte einbringen oder wann sie „aufklärend" intervenieren sollte, gerade wenn z. B. extremistische und diskriminierende Wahrheitsansprüche zur Ausgrenzung anderer führen oder moralisierende Positionen mit zweifelsfreier Eindeutigkeit artikuliert werden.

Um auf die Anforderungssituation zurückzukommen, bedeutet dies, dass die muslimische Religionslehrkraft zunächst bei der Äußerung verweilt, anstatt gleich mit einer Korrektur oder Deutung einzusteigen. Dabei kann durch sensibles Nachfragen oder stumme

14 Vgl. Reiß/Freudenberger-Lötz (2012), 134f.
15 Zimmermann (2015), 7f.
16 Vgl. ebd., 9.

Impulse der Schülerin geholfen werden, ihre Gedanken und Vorstellungen zu klären und verbal zu artikulieren.

4.1. Methodische Hinweise

Das Initiieren von theologischen Gesprächen im Klassenraum erfordert eine vertrauensvolle Lernatmosphäre und eine Wertschätzung aller eingebrachten Positionen sowie eine Haltung des Respekts und der Toleranz.

klärende Fragen

Um sicherzugehen, dass die Aussagen oder Fragen der Schüler*innen von der Religionslehrkraft und den Mitschüler*innen richtig verstanden worden sind, können folgende (Rück-)Fragen helfen, den Inhalt zu erfassen:

- „Kannst du das noch einmal erklären?
- Wiederholen, um Verständnis zu bestätigen: Habe ich dich richtig verstanden, wenn …?
- Fragen nach Begründungen: Wie würdest du das begründen?
- Fragen nach den Voraussetzungen: Welche Annahme steckt dahinter? Trifft sie zu?
- Fragen nach Begriffen/Worten/Aussagen: Was meinst du mit diesem/r Wort/Begriff/Aussage? Welche ähnlichen Begriffe könnte es geben? Was wären entgegengesetzte Begriffe?
- Versuch der Abgrenzung zu anderen Vorstellungen: Was wäre eine mögliche gegensätzliche Vorstellung?
- Fragen nach Folgen: Welche Folgerung können wir ableiten? Ist sie logisch? Was ändert sich, wenn du so denkst, wenn alle so denken?
- Fragen nach Gruppenzugehörigkeit: Welche Menschen denken genauso wie du?
- Fragen nach biografischen Hintergründen: Wie ist es zu deiner Vorstellung gekommen? War das immer so? Wann hat sich deine Position warum geändert?“[17]

Gesprächstechniken

Folgende Gesprächstechniken können helfen, die Gesprächsbeiträge miteinander in Beziehung zu bringen:

- „Die Positionen in der Gruppe werden systematisiert: Welche Positionen können wir feststellen? Worin unterscheiden sie sich?
- Die Positionen werden in Beziehung gesetzt, Ähnlichkeiten und Unterschiede benannt: Worin sind sie sich ähnlich, worin unterscheiden sie sich?

---

17 Ebd., 9f.

- Die Voraussetzungen werden geklärt, indem Begriffe präzisiert, der Kontext geklärt, eigene Erfahrungen mit dem Thema abgefragt werden.
- Die Überzeugungskraft wird abgewogen. Dabei sind vor allem Schülerinnen und Schüler gefordert, die bisher keine eigene Position hatten und jetzt die Tragfähigkeit und Überzeugungskraft der Argumente bzw. der Positionen prüfen.“[18]

Ferner können unterschiedliche theologische Positionen eingebracht werden, indem man

- auf Zugänge anderer zeitgemäßer Theolog*innen oder Positionen aus der islamischen Tradition zurückgreift,
- eigene Erfahrungen einbringt oder
- Positionen anderer Personen als Gesprächs- und Diskussionsanlass hineingibt.[19]

kreative Unterrichtsmethoden

Da das Theologisieren eher ein kognitiv orientierter Ansatz ist, könnte es Schüler*innen schwerfallen, ihre Gedanken ohne Handlungselemente direkt zu versprachlichen. Als Ausgleich können durch kreative Unterrichtsmethoden zusätzliche Einsichten gewonnen werden, die ‚unbewusstes Wissen‘ zugänglich machen, wie etwa

- Rollenspiele, Standbilder
- Zeichnen, Malen, Collagen basteln
- Fantasiereisen
- Brainstorming, Gedankenexperimente
- Kreatives Schreiben, z. B. Gedichte, Elfchen
- Arbeit mit Bildern
- Narrative Erzählungen
- Lieder
- u. v. a. m.[20]

Bei der Planung des Theologisierens müssen die entwicklungspsychologischen Veränderungen im Jugendalter beachtet werden. Diese eröffnen Heranwachsenden das Denken in neuen Strukturen, sodass sie in der Lage sind, hypothetisch zu denken, sich von dem Denken des Umfeldes abzugrenzen und das eigene Denken stärker zu verändern, wenn sie sich von traditionellen Sozialisationsinstanzen abgrenzen und kindliche Vorstellungen infrage stellen. Große

18 Ebd., 10.
19 Vgl. ebd.
20 Vgl. Schwarz (2007), 168–176.

Bedeutung erlangt im Jugendalter auch die Peergroup, die als Gruppe von Gleichaltrigen den Jugendlichen einen Orientierungsmaßstab und neue Identifikationsmöglichkeiten bietet. Während Kinder offener und direkter ihre Ideen und Vorstellungen artikulieren, können Jugendliche zurückhaltender und distanzierter auf religiöse Fragestellungen reagieren. Daher kann im Jugendalter das Arbeiten mit kooperativen Lernmethoden in Kleingruppen sich eher in einem geschützten Raum entwickeln, sodass sie sich untereinander verständigen und ihnen so die Angst genommen wird, bloßgestellt zu werden.[21]

4.2. Praxisbeispiel: die Erzählung von Yūsuf

Der Koran erzählt die Geschichte von Yūsuf und seinen Brüdern in der 12. Sure zusammenhängend und ausführlich, sodass sie neben einer Vielzahl an menschlichen Grunderfahrungen auch viele theologische Fragen entstehen lässt, die sich für das Theologisieren sowohl mit Kindern als auch mit Jugendlichen eignen: Die Geschichte beginnt mit einem Familienkonflikt und greift Erfahrungen von Neid, Eifersucht oder Hass auf. Yūsuf macht auf seinem Lebensweg in Ägypten weitere Erfahrungen u. a. mit Angst, Ungewissheit, Hoffnung, Gottvertrauen, Liebe, Ungerechtigkeit, Schuld, Vergebung und Versöhnung.

Fragen an den Text

Mögliche Fragen, die sich für das Theologisieren mit dem Abschnitt der Verse 1–18 eignen, wären u. a. für den Unterricht mit jüngeren Schüler*innen:

- Warum sind die Brüder auf Yūsuf so wütend? Wie könnten sie mit ihrer Wut umgehen?
- Will Gott, dass ein Vater eines seiner Kinder einem anderen vorzieht? Widerspricht sein Umgang mit seinen Kindern einem prophetischen Handeln?
- Sollten die Brüder für ihr Verhalten, den kleinen Bruder töten zu wollen und in einen Brunnen zu werfen, bestraft werden?
- Warum lässt Gott zu, dass Yūsuf so viel Ungerechtigkeit widerfährt?

In den Jahrgängen am Ende der Sekundarstufe I eignet sich die Geschichte von Yūsuf – mit Blick auf das Zentrum des Theologisierens, das die Gottesfrage nicht aus den Augen verlieren will –, um die *Bedeutung von Propheten im Koran,* die Begleitung der Propheten und deren Schutz durch Gott selbst im Sinne der Jugendtheologie

21 Vgl. Eisenhardt (2019), 138.

zu bedenken. Hier könnte auch noch einmal auf Vers 15 der Sure 12 zurückgegriffen werden, in dem Gott Yūsuf offenbart, dass er seine Brüder später an ihre Tat erinnern werde und ihm damit Mut macht, dass er überleben wird.

Gerade für Schüler*innen in der Adoleszenz ist die anschließende Szene von Relevanz, wo Yūsuf in Ägypten als Sklave an einen reichen Herrn verkauft wird und dort aufwächst. Die Frau seines Herrn schließt eines Tages die Türen hinter ihnen zu und verlangt nach ihm. Yūsuf kann dem aber widersprechen. Hier wären folgende Impulse möglich:

- Was wäre passiert, wenn Yūsuf ihrem sexuellen Verlangen nachgegeben hätte?
- Was bedeutet es, das Gott Yūsuf nach dem Vers 22 Wissen und die Fähigkeit zu urteilen gibt? Wie kann ein Mensch diese wahrnehmen und einsetzen?
- Was bedeutet es, auf Gott zu hören? In welchen Situationen ist es schwer, überhaupt auf jemanden zu hören?
- Wie kann das Verhalten des Ehemanns bewertet werden, dass er seine Frau für ihren Versuch des Ehebruchs nicht bestraft?
- Welche Hinweise gibt die Szene zum Umgang mit sexuellen Gefühlen und Sehnsüchten in der Gesellschaft?
- Ist es legitim, mit seiner Herrin, einer verheirateten Frau, eine Beziehung einzugehen?
- Wie ist die Situation zu deuten, wenn die Herrin die Tür hinter Yusuf abschließt? Ist es Liebe oder Gewalt?
- Welche Probleme zeigen sich in dieser Szene im Hinblick auf soziale Abhängigkeit?
- Wie ging möglicherweise die Beziehung der Ehefrau zu ihrem Mann weiter, nachdem Yūsuf im Gefängnis war?

Sinnabschnitte

Die 12. Sure kann entsprechend den im Fokus stehenden existenziellen Grunderfahrungen in entsprechende Sinnabschnitte eingeteilt werden, z. B.:

- Eifersucht: die Warnung an Yūsuf, den Traum von Sonne, Mond und Sternen nicht seinen Brüdern zu erzählen, weil er damit ihre Eifersucht wecken könnte.
- Hass: Yūsuf wird zum Opfer des Hasses seiner Brüder, indem er in einen Brunnen geworfen wird.
- Liebe: die Zuneigung der Ehefrau des Herrn und das zerrissene Hemd.
- Vergebung und Versöhnung: Yūsuf vergibt seinen Brüdern ihre Tat.

Yūsuf erlebt als Kind die Liebe und große Wertschätzung seines Vaters, jedoch erfährt er später als (junger) Erwachsener durchgehend Ungerechtigkeit von seinem sozialen Umfeld, jedoch nimmt er die Situationen geduldig an.

kooperative Methode

Gerade Liebe und Zuneigung, aber auch Konflikte unter Geschwistern eignen sich als kinder- und jugendspezifische Thematik dazu, diese auch mit kooperativen Unterrichtsmethoden zu gestalten, wie etwa

- in den jüngeren Jahrgangsstufen ein stummes Schreibgespräch über das Verhalten der Brüder gegenüber Yūsuf oder
- mit Jugendlichen die Darstellung der Szenen mit der Ehefrau seines Herrn als Standbilder mit anschließenden Reflexionsphasen.

5. Anregungen zur persönlichen Vertiefung

Lesen Sie sich die Anforderungssituation zu Beginn des Kapitels noch einmal durch. Wie würden Sie mit der Frage der Schülerin aus dem Einstiegsimpuls umgehen? Welche Möglichkeiten eröffnet Ihnen das Theologisieren? Unterstützend bieten sich unterschiedliche Materialien wie etwa ein Liedtext an.[22] Notieren Sie Ihre Gedanken und diskutieren Sie darüber mit Fachkolleg*innen.

1. **Biografisch:** Wenn Sie an Ihre eigene religiöse Sozialisation zurückdenken: Können Sie sich daran erinnern, wie Ihr soziales Umfeld mit Ihren theologischen Fragen umging, als Sie Kind oder Jugendliche*r waren? Wie haben Sie sich als Kind dabei gefühlt? Berichten Sie davon.
2. **Theologisch-anthropologisch:** Das Konzept des Theologisierens nimmt die eigenständige religiöse Rede und das Nachdenken von Kindern und Jugendlichen ernst. Welche Parallelen sehen Sie zu der Suche Ibrāhīms nach Gott im Koran (Sure 6, Verse 74–79)? Welche Parallelen bzw. Unterschiede erkennen Sie in dem Vorgehen Ibrāhīms zum Ansatz des Theologisierens? Arbeiten Sie diese heraus.
3. **Bildungstheoretisch:** Diskutieren Sie, inwieweit die Theologie von, für und mit Kindern und Jugendlichen deren selbstreflexives Denken fördert.
4. **Didaktisch:** Wie lässt sich die Theologie von, für und mit Kindern und Jugendlichen im IRU umsetzen? Entscheiden Sie sich für ein Unterrichtsthema und notieren Sie, wo Sie das Theologisieren stärker bei Ihrer Unterrichtsplanung berücksichtigen können. Als Themen eignen sich u. a. Tod und Auferstehung, Engel, Fasten, Beten oder gute Werke.

22 Liedtext mit Noten zum Lied „Gibt`s einen Zoo im Paradies" https://trimum.de/dateien/Seite/a/6pg65710/datei1.pdf sowie eine Hörprobe: https://www.youtube.com/watch?v=5qor-j-T_8c.

Weiterführende Literatur

Behr, Harry Harun/Haußmann, Werner/van der Velden, Frank (2011), Yusuf oder Josef? – Eine Probe dialogischer Didaktik in der Lehrerbildung. In: Velden, Frank van der (Hrsg.), Die Heiligen Schriften des anderen im Unterricht. Bibel und Koran im christlichen und islamischen Religionsunterricht einsetzen, Göttingen, 221–241.

Ulfat, Fahimah (2017), Die Selbstrelationierung muslimischer Kinder zu Gott. Eine empirische Studie über die Gottesbeziehungen muslimischer Kinder als reflexiver Beitrag zur Didaktik des Islamischen Religionsunterrichts, Paderborn.

IV.2. Performatives Lernen

So wie in vielen schulischen Unterrichtsfächern soll auch im IRU nicht nur über Religion gesprochen werden. Durch den Einsatz der Sinne und die Einbeziehung des Körpers kann das performative Lernen die Schüler*innen in gestalterisch-performativen Bildungsprozessen dazu anregen, das kognitiv Gelernte durch intensive, existenzielle und spirituelle Erlebnisse zu intensivieren.

Anforderungssituation
Stellen Sie sich folgende Situation vor: Sie als muslimische Religionslehrkraft wollen mit ihrer Lerngruppe die Erzählung über den Propheten Yūsuf behandeln. Sie planen, die einzelnen Szenen so zu bearbeiten, wie sie im Koran erwähnt werden. Dazu konzentrieren Sie sich auf die Veränderung der Beziehung zwischen Yūsuf und seinen Brüdern, die Sie durch einen Vergleich der Anfangs- und Endszene verdeutlichen wollen. Diese Konstellation und Veränderung sollen die Schüler*innen mithilfe von Standbildern darstellen. Sie teilen die Schüler*innen auf deren Wünsche hin in Gruppen auf. Einige Schüler*innen wollen keine Rolle übernehmen.

Ihr Ziel ist es, durch die im Standbild eingefrorene Konstellation der beiden Situationen die Beziehungen der Geschwister darzustellen und über die körperliche Erfahrung die sinnliche Wahrnehmung zu fördern, die eine Reflexion auslösen kann. Allerdings stehen Sie vor der Aufgabe, wie Sie alle Schüler*innen in die Gestaltung einbinden können.

1. Thematische Einführung

gelebte Dimension des Islam

In Moscheen und den Moscheeunterweisungen haben die Rezitation des Koran, das Kennenlernen und Einüben religiöser Rituale, Bräuche, aber auch alltägliche Praktiken einen hohen Stellenwert. Hingegen stehen muslimische Religionslehrkräfte vor der wichtigen Herausforderung zu entscheiden, inwieweit sie der orthopraktischen Dimension des Glaubens in ihrem Religionsunterricht Raum geben dürfen und sollen. Entsprechend den Diskussionen des katholischen und evangelischen Religionsunterrichts wird die Frage auch für den IRU gestellt, ob und in welchem Maße habitualisierende Elemente eingebracht werden können.[23] Der Islam als

23 In der evangelischen und katholischen Religionspädagogik unterscheidet man zwischen dem Unterricht in den kirchlichen Gemeinden – Gemeindepädagogik bzw. (Gemeinde-)Katechese genannt – und dem schulischen Religi-

gelebter Glaube vereint in der Religionspraxis viele Handlungen, die als Rituale bezeichnet werden und sich durch einen konkreten und spezifischen Handlungsvollzug (Performanz) auszeichnen. Dazu gehören u. a. das (rituelle) Gebet oder die einzelnen Handlungen während des Hadsch oder der *ʿumra*, wie etwa *ṭawāf* oder *saʿy*. Zudem gibt es viele religiöse Praktiken, wie etwa die *mawlid*-Feierlichkeiten, oder besondere Anlässe und Nächte, die kulturspezifisch und historisch gebunden entstanden sind und im Prozess ihrer Überlieferung in islamisch geprägten Ländern Transformationen durchliefen. Vor diesem Hintergrund von religiösen Praktiken, die die gelebte Dimension des Islam aufzeigen, geht es im IRU dem Schulkontext entsprechend Möglichkeiten auszutarieren, um Schüler*innen mit dieser Wirklichkeit in Begegnung zu bringen, in der Religion sich zeigt, also performiert wird.

Am IRU nehmen muslimische Schüler*innen teil, die unterschiedliche Erfahrungen mit dem Islam in ihrer Primär- und Sekundärsozialisation gemacht haben. Auch wenn die große Mehrheit der Muslim*innen in Deutschland den Glauben als Teil ihrer Identität ansieht, ist die praktische Ausübung des Glaubens im alltäglichen Leben unterschiedlich stark ausgeprägt. In einer Studie des BAMF geben von den befragten muslimischen Personen 15% an,[24] nicht die religiösen Feste zu feiern, und 24,3 %, nicht zu fasten.[25] In Anbetracht der stärker werdenden Säkularisierungstendenzen in der muslimischen Community und der Heterogenität der familiären religiösen Sozialisation begegnet man im IRU muslimischen Schüler*innen, die entweder religiös indifferent aufwachsen oder ein diffuses, vor allem kognitives Wissen vom Islam haben (→ *Subjektorientierung*). Wenn es beispielsweise im Familienalltag der Schüler*innen nicht üblich ist, nach den Mahlzeiten ein Tischgebet zu sprechen, fehlt ihnen unter Umständen die vertiefende Erfahrung, das Essen mit Gott in Verbindung zu bringen, es bewusst zu erleben sowie Dankbarkeit dafür zu empfinden und auszudrücken. Hier kann der IRU nachholend Ausgleich schaffen, indem er (zumindest) im Klassenraum die lebens- und religionspraktischen Handlungsvollzüge miteinander verbindet und sie so verständlicher und unmittelbar erfahrbar macht. Religion wird gelernt und eingeübt und durch Einübung gelernt.

Hier stellt sich dem IRU die Frage, inwieweit in unterrichtlichen Lehr- und Lernsettings die Religion auch in ihren praktischen Ausdrucksformen von den Schüler*innen so erlebt, gedeutet und ge-

---

onsunterricht, wobei beide Lernorte unterschiedliche Aufgaben haben; vgl. Pohl-Patalong (2012).

24 Vgl. Pfündel/Stichs/Tanis (2021), 89.

25 Ebd., 91.

staltet werden kann, dass sie an dieser Glaubenspraxis teilhaben können. Gerade im Hinblick auf muslimische Schüler*innen, die keine religiöse Sozialisation in der Familie oder der Moschee erfahren haben, bedarf das Verhältnis von habitualisierenden Elementen, die ein Einüben in den Glauben darstellen, und der Ausbildung einer religiösen Urteils- und Handlungskompetenz einer hinreichenden Klärung.

2. Performativität – eine Begriffsklärung

performance

Der Begriff des Performativen ist vom englischen Begriff *performance* abgeleitet und wird im deutschen Sprachraum sowohl im Sinne von Performativität als auch Performanz verwendet. Der Begriff der Performativität geht auf John L. Austin und die Sprechakttheorie zurück. Nach Austin gibt es Aussagen, die gleichzeitig performative Sprechakte sind, was bedeutet, dass mit dem Aussprechen eine neue oder andere Wirklichkeit konstituiert wird. Der bekannteste performative Satz im Islam ist das Glaubensbekenntnis. Wenn eine Person sagt, ‚Ich bezeuge, dass...' spricht sie nicht nur einen Satz aus, sondern legt ein Bekenntnis ab. Das Wesentliche dieser performativen Aussage liegt darin, dass sie nicht nur etwas bezeichnet, sondern Handlungen impliziert und so die soziale Wirklichkeit herstellt, von der sie spricht. Performativität bezeichnet folglich zunächst den besonderen Zusammenhang zwischen Handeln und Sprechen und macht damit sensibel für die linguistische Erkenntnis, dass Menschen mithilfe von Sprache handeln und die soziale Wirklichkeit damit verändern.[26]

Ein Zugang zur Performanz findet sich in der Ritualtheorie Victor Turners, der sich vor allem für die wirklichkeitskonstituierende Kraft von Ritualen interessierte. Rituale ähneln nach Turner dem Spiel, sie dienen der ästhetischen Erfahrung im Zeiterleben, der leiblichen Prägung und der Stabilisierung sowie der Neuschöpfung von habituellen Strukturen und kollektivem Verhalten. Um Kulturen nicht nur von außen zu betrachten, sondern innerlich erlebbar werden zu lassen, sollten, so Turner, die besonderen Praktiken und Rituale als Bühnenstück vollzogen und damit performativ erfahrbar werden. Die Person wird während der Inszenierung, des Vollzugs der Handlung, in eine andere Realität hineingezogen. In diesem Sinne ist Performanz die körperliche und sprachliche Durch- und Ausführung von religiösen Akten.[27]

26 Vgl. Austin (2002), 63.
27 Vgl. Turner (2002), 201f.

Eine performative Äußerung hat also eine (reflexive) Meta-Ebene des Sprechens über die Handlung. Didaktisch bedeutet das für den IRU, dass es nicht um den Vollzug von Ritualen im Unterricht geht, sondern um ihr Verstehen.

Performanz

Unter Hinzunahme beider Zugänge zum Begriff bezieht sich performative Didaktik auf das Lernen mit den Sinnen und soll im aktiven Vollzug emotionales und reflektiertes Erleben ermöglichen. Damit erinnert die performative Didaktik an das ästhetische Lernen (→ *Ästhetisches Lernen*), sie will aber mehr. Auf den IRU bezogen verstehen wir performatives Lernen als ein *Erproben religiöser Praxis und das Sprechen darüber*, die in einem unterrichtlichen Kontext möglich ist. Dabei stehen körperliche Ausführungen und gesprochene (religiöse) Texte im Vordergrund, die eine Dimension der erlebten Religion eröffnen.

performatives Lernen

3. Theologische Grundlagen

Orthopraxie

Orthopraxie, die religionspraktische Dimension der islamischen Glaubenslehre, bezeichnet die Überzeugung, dass der Glaube (*imān*) mit Ausdrucksweisen (*ʿamal*) des religiösen Lebens verknüpft ist.[28] Anders formuliert, zu *glauben* ist nicht allein etwas Theoretisch-Mentales, sondern bedingt das Praktizieren. Die Konsequenz des *imān* sei in all jenen Haltungen, Gewohnheiten, Handlungsformen und Taten zu beobachten, die sich am Guten (*ʿamal aṣ-ṣāliḥ*) orientieren. Das bedeutet, der geglaubte Glaube schließt wesensmäßig den gelebten Glauben ein. Orthopraxie umfasst die rituelle wie auch praktische Dimension des islamischen Glaubens.[29] Es gibt die grundlegende Zuordnung von Koranversen in die Kategorie der gottesdienstlichen Handlungen (*ʿibadāt*), die überzeitlich sind. Im engeren Sinne dagegen schließt Orthopraxie den Vollzug und die Form jener göttlichen Worte ein, die im Leben und Handeln des Propheten Muhammad exemplarisch als gelebter Glaube konkret werden, also zwischenmenschliche Handlungen (*muʿāmalāt*), die im jeweiligen historischen Kontext zu verstehen sind und daher wandelbar. Der weit gefasste Orthopraxie-Begriff umfasst folglich einerseits ethisch richtiges Handeln (*aḫlāq*), für das der Prophet Muhammad als bestes Beispiel gilt, und andererseits ist jegliche Handlung unter Orthopraxie zu fassen, die mit der Absicht, Gottes Wohlwollen zu erreichen, getätigt wurde. Koranverse und Hadithe, die unter diese Kategorie subsumiert werden konnten, bezeichneten

28 Vgl. Koran 2:82.
29 Vgl. Koran 3:31.

die Rechtsgelehrten insgesamt als *muʿāmalāt* (zwischenmenschliche Beziehung, Handlung; das umfasst den zivilrechtlichen und öffentlich-rechtlichen Bereich), d. h. all jene Inhalte, die nicht in den *ʿibādat*-Bereich fallen.[30] Die Kategorien sind nicht scharf voneinander trennbar, so kann ein praktischer Glaubensinhalt auch unter *muʿāmalāt* gefasst werden, da er auch jeweils eine ethische Dimension aufweist, wie beispielsweise die Pflichtabgabe (*zakāt*).

Mit Bezug auf den Islam, der als Religion eine wahrnehmbare Außenseite aufweist, ist eine sprachliche wie auch praktische Dimension zu differenzieren: „Religionspraxis" und „religiöse Praktiken".

3.1. Religionspraxis (*ʿibadāt*)

Religionspraxis bezeichnet einen religiös konnotierten Akt, der physisch vollzogen, inszeniert bzw. zum Ausdruck gebracht wird. Sie hat ihren Ursprung im Koran, primär in dessen Sprache und sekundär durch die überlieferten Erfahrungen des Propheten Muhammad. Beispielsweise werden bei der rituellen Gebetswaschung (*wuḍūʾ*), die Hände, das Gesicht, Unterarme oder die Füße gewaschen, also Körperteile, die man auch aus Gründen der Körperhygiene regelmäßig wäscht. Was eine rituelle Waschung im Sinne einer religiösen Handlung von einem profanen, gewöhnlichen Waschen unterscheidet, sind die Absichtserklärung (*nīya*), das Aussprechen der Basmala und danach die festgelegte Abfolge der rituell zu reinigenden Körperteile. Damit nimmt der Gläubige die innere Haltung ein, Gott in den Vordergrund zu stellen und seine Gegenwart während und nach dem Vollzug stärker wahrzunehmen. Auch weitere Elemente der Religionspraxis, wie etwa das rituelle Gebet, das Fasten oder die Pilgerfahrt, vereinen in sich sowohl die Performanz im Sinne einer Darstellung der Handlung als auch die Performativität, also das Gesprochene, das die Erfahrung gestaltet.

3.2. Religiöse Praktiken

Religiöse Praktiken sind in einem bestimmten Kontext im Austausch mit anderen Menschen und Erfahrungen produzierte Formen, die religiös motiviert sind bzw. einen Ursprung in der Religion haben. Eine religiöse Praktik ist eine (religiöse) Performanz, deren Ausgestaltung nicht ritualisiert vorgegeben ist. Sie lässt sich in der prophetischen Tradition, so wie sie sich in der gegenwärtigen Form zeigt, nicht finden. Dazu gehören insbesondere Formen, die

30 Johnston (2004), 233–282.

unter dem Einfluss der vielfältigen kulturellen Traditionen bzw. Bräuche entstanden sind. Exemplarisch können hier die Feierlichkeiten anlässlich der Geburt des Propheten Muhammad (*mawlid*), Kermes (Benefizbasar) als Solidaritätsaktion in vielen türkischen Moscheen oder die *ʿaqīqah*-Feierlichkeiten nach der Geburt eines Kindes oder das Speisen der Pilgernden auf dem langen Pilgerweg von Nadschaf nach Karbala im schiitischen Islam genannt werden.

Die Art und Weise, wie und ob solche Bräuche bzw. Traditionen gestaltet werden, sind länder- und kulturspezifisch und wandeln sich mit der Zeit. Beispielsweise spielt das freiwillige Spenden (*ṣadaqa*), in allen muslimischen Kulturen eine bedeutende Rolle. Während früher im Osmanischen Reich das Geld auf öffentliche Spendensteine gelegt wurde, damit bedürftige Personen anonym von dort die Summe entnehmen, die sie benötigen, erfolgt das Spenden heute oft durch einen Mausklick auf der Internetseite einer Wohlfahrtsorganisation. Spenden spielt aber auch in einer säkularen Gesellschaft wie der deutschen eine Rolle, ohne religiös konnotiert zu sein. So sieht man in vielen Städten offene Schränke auf Straßen, in die Menschen Kleidung oder Bücher legen, die von anderen Personen mitgenommen werden können.

Abbildung 8: Spendenstein[31]

Abbildung 9: Spenden- bzw. Gabenzaun in Berlin[32]

31 https://somuncubabaturbesi.com/sadaka-tasi-nedir/, aufgerufen am 01.05.2021.
32 https://images.app.goo.gl/CR6tg5V129zTAmQL7, aufgerufen am 01.05.2022.

4. Performatives Lernen in den Lehrplänen des IRU

Binnenperspektive

Der IRU ist als bekenntnisgebundener Religionsunterricht so konzipiert, dass darin die Perspektive auf den Islam aus der Binnenperspektive der muslimischen Schüler*innen sowie der Religionslehrkräfte gestaltet werden soll. Religionsdidaktisch betrachtet gehört zu der Perspektive der Beteiligten sowohl der gelehrte als auch der gelebte Glaube. Ausgehend davon, dass der IRU den Schüler*innen auch einen verstehenden Zugang zum Glauben eröffnen will, sind neben der Vermittlung von theologischen Inhalten auch die Formen des gelebten Glaubens mit den vielfältigen Vollzugsformen des Glaubens, der sich an der Lebenswelt der Schüler*innen orientiert und ihnen die Relevanz der Handlungen aufzeigt, von entscheidender Bedeutung.

Reflexion des religiösen Handelns

Dazu heißt es z. B. im Lehrplan in Baden-Württemberg: „Die Lebensbedeutsamkeit des Lerngegenstandes erweist sich daran, ob das neu erworbene Wissen hilft, elementare Fragen aus religiösen Perspektiven heraus zu bearbeiten, daraus resultierende Aufgaben und Herausforderungen zu bewältigen und die eigene Religiosität und Spiritualität sowie das eigene und fremde Denken, Fühlen und Handeln zu reflektieren. Die Erfahrungsnähe verdeutlicht den Schülerinnen und Schülern außerdem, dass Religion ihren Platz mitten im Leben hat.“[33] An dieser Stelle ist die Frage zu formulieren, wie im IRU Möglichkeiten der Reflexion des religiösen Handelns eröffnet werden sollen, wenn manche muslimischen Schüler*innen in ihrer Sozialisation keine Erfahrungen mit der Glaubenspraxis gemacht haben und welche religiösen Erfahrungsräume im schulischen Kontext überhaupt eröffnet werden können. Auch ist der Vollzug von ‚echten‘ religiösen Handlungen im schulischen Religionsunterricht problematisch, da muslimische Religionslehrkräfte gemäß dem Überwältigungsverbot Schüler*innen nicht verpflichten können, an religiösen Praktiken teilzunehmen.

religiöse Rituale im Unterricht

Einen Ansatz zum Umgang mit Formen des gelebten Glaubens im IRU bietet das performative Lernen. Der Kern dieses Ansatzes verfolgt das Bestreben, Schüler*innen mit der gelebten Religionstradition in eine Begegnung zu bringen. Einerseits partizipieren die Schüler*innen an einer Religionspraxis. Zunächst ist eine physische Nachahmung (*taqlīd*) des Akts unerlässlich, um im nächsten Schritt eine Reflexionsperspektive einzunehmen, die dem Wahrgenommenen und dem damit Empfundenen eine Bedeutung zuschreibt. Performativ gestaltete Unterrichtssettings können die muslimischen

33 Ministerium für Kultus, Jugend und Sport Baden-Württemberg (2016c), 8.

Schüler*innen darin unterstützen, vielschichtige Erfahrungsräume zu empfinden, da sie Möglichkeiten einer vertieften Auseinandersetzung mit dem Lerngegenstand ermöglichen. Der neuralgische Punkt des performativen Lernansatzes liegt in der Frage, ob es sich hierbei um ein ‚Religionausüben' oder ‚Religiondarstellen' handelt. Hier muss betont werden, dass der Religionsunterricht nicht der Vollzugsort von religiösen Ritualen ist. Daher muss die Religionslehrkraft sich darüber im Klaren sein, dass es sich nicht um echte Vollzüge handelt, sondern sie stellen ein „Probehandeln in religiösen Welten"[34] dar, deren Künstlichkeit und Inszenierung den Beteiligten bewusst ist. Das schließt aber nicht aus, dass es im Religionsunterricht Situationen gibt, in denen echte Vollzüge eine Rolle spielen, wie etwa, für die Schulgemeinschaft im Ramadan einen *Iftar*-Abend zu veranstalten oder beim Besuch eines muslimischen Friedhofes für die Verstorbenen (freiwillig) zu beten. Auch können die muslimischen Schüler*innen selbst entscheiden, ob sie eine teilnehmende oder eine beobachtende Rolle einnehmen wollen. Wie die performative Gestaltung auf die Schüler*innen wirkt, liegt in ihrer subjektiven Wahrnehmung.[35]

5. Didaktische Konkretisierung

Das performative Lernen im IRU ordnen wir, ausgehend von den Begriffen *Performanz/Performance* und *Performativität* zwei Kategorien zu:

5.1 Performatives Lernen im Sinne einer Performativität

Performativität

Exemplifizieren möchten wir den Ansatz des performativen Lernens, der die Rituale der gelebten islamischen Glaubenspraxis im Sinne der *ʿibadāt* mit dem Reflexions- und Erfahrungsraum der muslimischen Schüler*innen verbindet, anhand des rituellen Gebetes (*ṣalāh*). In der Regel kommen muslimische Kinder im häuslichen Rahmen mit der Gebetspraxis in Berührung, wenn ihre Eltern als praktizierende Muslim*innen regelmäßig das rituelle Gebet verrichten. Im Kleinkindalter gesellen sie sich beim Gebet zu ihren Eltern und imitieren die einzelnen Handlungen. Im Kindesalter wird der Voll-

34 Dressler (2002), 14. Der evangelische Religionspädagoge Harald Schroeter-Wittke diskutiert die Frage, ob es wirklich einen sogenannten „echten Vollzug" und einen anderen, vermeintlich nichtechten Vollzug gibt und hält diese Unterscheidung für zu kurz gegriffen. Sie muss seiner Einschätzung nach deutlicher differenziert werden; vgl. Schroeter-Wittke (2020).

35 Vgl. Mendl (2021), 243.

zug des rituellen Gebetes im Rahmen der Moscheeunterweisung eingeübt, indem die Kinder einzelne Gebetstexte erlernen und so befähigt werden, auch am Gemeinschaftsgebet teilzunehmen. Beide Formen des Lernens geschehen wesentlich körpersprachlich und verbal und sind damit Formen performativen Lernens.[36] Die Körpersprache erhält allerdings ausschließlich mit dem Redetext einen spezifischen Sinn, d. h., in der wahrnehmbaren Erscheinung wird Gehalt und Sinn kommuniziert. Es ermöglicht den Gläubigen, direkt mit Gott zu kommunizieren, indem die Körperhaltung und die Sprache es ihnen möglich machen, ihr Innerstes zu öffnen und zu artikulieren.

Während die Einübung habitualisierender Elemente ihren Platz in der Moscheeunterweisung hat, eröffnet sich in der performativen Ausrichtung des IRU an der Schule die Möglichkeit, die islamische Glaubenspraxis zu veranschaulichen und individuelle affirmative wie reflexive Zugänge der Schüler*innen zu erarbeiten.

Ṣalāh

Das rituelle Gebet wird fünfmal am Tag verrichtet und gehört zu den fünf Säulen des Islam. Das rituelle Gebet besteht nicht nur aus einer sich wiederholenden Reihenfolge von Bewegungshaltungen (äußerliche Form, *ẓāhirī*), sondern hat auch eine spirituelle Dimension (*bāṭinī*), die über eine reine Form des Gedenkens Gottes hinausläuft. Das rituelle Gebet hat also eine physische und eine geistige Dimension, eine körperliche Sprache und eine geistige Sprache.

Das Gebet hat einen klaren Ablauf, der aus verschiedenen Bewegungen (*qiyām, rukūʿ, sāǧda*) und Rezitationen besteht. „Der menschliche Körper ist für Bewegung ausgelegt, insbesondere solche mit sich wiederholendem Muster."[37] Denn Wiederholungsmuster können entspannend wirken. Besonders wenn dazu noch etwas ständig Wiederholendes dazukommt. *Qiyām* bezeichnet das Stehen im Gebet, bei dem immer die Sure al-Fatiha anfänglich rezitiert wird. In dieser Sure beschreibt Gott sich selbst als ‚Erbarmer und Barmherziger' und ‚Herrscher am Tage des Gerichts' und die Muslim*innen als seine Dienenden, welche um seine Rechtleitung bitten. *Iqāma* (vom selben Wortstamm wie *qiyām*) bedeutet „aufrechtstehen" oder „sich zuwenden". Die Bedeutung dieses Stehens hängt von der Frage ab, wann jemand steht oder aufsteht und was das Stehen als Haltung ausdrückt. Kann dieses aufrechte Stehen im weiten Sinne auch eine Bedeutung für das Innere des Menschen haben? Ein aufrechtes Stehen kitzelt den Menschen, auch in seinem Reden und Handeln aufrecht zu sein; entsprechend der Redewendung ‚seinen Mann/ seine Frau stehen' oder ‚ein Rückgrat haben', d. h. seine Meinung vertreten und

36 Vgl. Englert (2016), 15.
37 Storn (2020), 193.

tapfer verteidigen. Die äußere Haltung hat eine Rückwirkung auf die innere Haltung bzw. eine von tiefer Überzeugung durchdrungene Einstellung, wodurch dem rituellen Gebet und der *qiyām*-Haltung eine tiefere Bedeutung zugesprochen wird. Umgekehrt kann auch gesagt werden, dass die Seele sich in Körperhaltungen ausdrückt bzw. durch sie spricht. Durch das Stehen kann all den inneren Wünschen und Ängsten, die sich in der Seele verkapselt haben, ein Ventil geöffnet werden.

Neben diesen Aspekten hat diese Gebetshaltung auch physische Auswirkungen auf den Körper. Während des *qiyām* gibt es eine gleichmäßige Verteilung auf beide Füße. Eine gute Standfestigkeit bzw. Bodenhaftung mache, laut Psychotherapie, beim Menschen deutlich, wie gut die Beziehung zur Realität und zu den eigenen Beziehungen sowie auch zu sich selbst sei.[38] Diese Bodenhaftung führe zu einer Erleichterung des Nervensystems und des Gleichgewichtes. Im Stehen kann die innere Kraft wachsen.

In dieser Haltung wird nun jedes Mal die Sure al-Fatiha rezitiert. Es ist wie ein Bekenntnis, für das jemand einsteht. Zudem spielt auch die Bedeutungsebene des Textes hinein. Betende Personen, die zu Beginn des Gebets in einer aufrechten Position stehen, gedenken Gottes mit den Gefühlen der Anerkennung, des Dankes und der Ergebenheit und sie sprechen Gott von allen fehlenden Eigenschaften frei (*tanzīh*). Auch die Schwingungen des langen Vokals *ī* an fast jedem Versende scheinen eine stimulierende Wirkung auf den Körper und das Herz zu haben.

Bei der Gestaltung eines performativen Lernarrangements zum rituellen Gebet ist darauf zu achten, dass sich an den Methoden und den ausgewählten Medien aufzeigen lässt, was es mit den einzelnen Handlungen auf sich hat. Das performative Lernen erfolgt in folgenden Phasen:[38]

1. *Hinführung*
   Den Rahmen bildet eine Unterrichtseinheit zum Thema rituelles Gebet, dessen theologische Bedeutung für das religiöse Leben der Gläubigen und die Beziehung zu Gott bereits thematisiert worden ist. Das performative Erleben wird im Unterricht so eingeführt, dass die Schüler*innen darüber informiert werden, was für die Unterrichtsstunde geplant ist und welche Rolle sie dabei übernehmen können. Es steht den Schüler*innen frei, eine beobachtende oder eine teilnehmende Rolle einzunehmen.
2. *Performative Lernphase*
   Den Schüler*innen wird das Vorgehen erläutert: Sie bilden nach Möglichkeit Paare und verteilen sich im Raum. Wenn es einzel-

38 Vgl. Morschitzky/Sator (2021).

ne Schüler*innen gibt, die die Gebetshaltungen nicht einnehmen möchten, werden sie den Paaren als Beobachtende zugeordnet. Die von der Lehrkraft mitgebrachten Gebetsteppiche werden ausgebreitet.[39] Ein*e Schüler*in stellt sich auf den Teppich und führt eine erste Gebetshaltung, z. B. *qiyām*, das Stehen, durch. Er/sie bleibt einige Sekunden in dieser Situation und konzentriert sich. Wer Gebetstexte kennt, kann freiwillig entscheiden, ob er/sie diese leise mitsprechen will. Der/die Partner*in beobachtet den/die Schüler*in dabei. Der/die Schüler*in beendet die Haltung. Die einen schreiben auf, welche Gefühle sie bei der Ausführung der Körperhaltung hatten, und die Beobachter*innen notieren ihre eigenen Gefühle beim Beobachten. Zudem tragen sie in die zweite Spalte ein, wie sie die Beziehung zu Gott in dieser Haltung wahrnehmen bzw. als Beobachtende wahrgenommen haben. Danach wechseln sie die Rollen, sodass beide die Möglichkeit erhalten, sowohl die Binnen- als auch die Außenperspektive einzunehmen.

Die Schüler*innen wechseln immer wieder die Rollen, bis sie die einzelnen Haltungen ausgeführt haben. Die Lehrkraft kann im Vorfeld entscheiden, welche von den verschiedenen Gebetshaltungen eingenommen werden soll. Es empfiehlt sich, mindestens drei verschiedene performativ darzustellen.

Körperhaltungen/ -handlungen	**Eindrücke, Empfindungen, Gefühle**	**Gefühle gegenüber Gott**
Stehen (*qiyām*)		
Knien (*rukūʿ*)		
Niederwerfen (*suǧūd*)		
Offene Hände beim Bittgebet (*duʿāʾ*)		

Tabelle 3: Möglicher Ausschnitt des Arbeitsblattes

39 Falls nicht genügend Gebetsteppiche vorhanden sind, können auch Papier oder die eigenen Jacken genutzt werden.

3. *Reflexionsphase*
   In der daran anschließenden Reflexionsphase tauschen sich die Schüler*innen im Plenum darüber aus, was sie bei den einzelnen Gebetshaltungen empfunden und beobachtet haben und wie ihr Gefühl für Gott dabei war. Die Lehrkraft hat in dieser Phase die Aufgabe, den Austausch der Empfindungen und Beobachtungen zu moderieren. Es muss damit gerechnet werden, dass es auch widersprüchliche Empfindungen und Beobachtungen gibt.

   Für die Reflexion der Ergebnisse kann vor allem für ältere Schüler*innen ein weiterer Schritt sinnvoll sein, bei dem das Zu- und Miteinander von Handlung und Sprache im Mittelpunkt stehen. Denn erst in der Verbindung der Gebetshaltung mit den aufgesagten Koranversen und gesprochenen Lobpreisungen entfaltet sich die Bedeutung des Gebetes. Was bedeutet Gott für mich, warum rufe ich ihn an, wozu hilft mir das Sprechen mit Gott, was bringt mir dieser Ritus gerade: vielleicht spirituelle Erfahrung, Einkehr, Entspannung, Erholung vom Alltag, Befreiung, Ruhe, Erneuerung, Bewusstseinsstärkung, Achtsamkeitsübung, Gottesnähe und -liebe usw.? So kann in einem zweiten Reflexionsschritt die Bedeutung von gesprochenem Gebet und rezitiertem Koranvers für die Einordnung der eigenen Eindrücke und Gefühle bedacht werden.

Warum rufe ich Gott an?

5.2. Performative Elemente im Sinne von Performance

Performance

Unter die Bezeichnung ‚performative Elemente' subsumieren wir Unterrichtsphasen, in denen eine Ausdruckshandlung im Sinne einer Performance dargestellt wird, bei der Schüler*innen ihre subjektiven Erfahrungen zum Ausdruck bringen. Darunter gehören zum einen religiöse Praktiken, die in den vielfältigen Kulturräumen der Muslim*innen zu finden sind. Dazu zählen auch gestalterische Elemente aus der Theaterpädagogik, die den Schüler*innen helfen, ihre Erfahrungen und Perspektiven sichtbar, aber auch hörbar zu machen.

1. *Musikalische Elemente im IRU*
   Muslim*innen sind aus ihren Herkunftsländern mit religiösen Liedern vertraut, die bei diversen Feierlichkeiten gesungen werden. Darunter gibt es auch Lieder wie etwa ‚*Ṭalaʿal badru ʿalaynā*'[40] was mittlerweile zur gemeinsamen Kultur der Muslim*innen weltweit gehört. Das gemeinsame Singen im IRU ermöglicht den Schüler*innen die Gemeinschaftserfahrung, sich als Grup-

40 Im Internet sind verschiedene Versionen des bekannten Liedes u. a. von Yusuf Islam oder Maher Zain zu finden.

pe wahrzunehmen. Im Anschluss erfolgt ein Austausch über die Wirkung der Musik, in der die subjektiven Empfindungen und Beobachtungen thematisiert werden.

Von Bedeutung kann es dabei sein, Gefühle von Personen in koranischen Narrativen, in denen es um schöne und traurige Geschichten von heldenhaften, leidenden, gottvertrauenden Menschen geht, also das, was Kinder berührt, in Musik mithilfe von Bodypercussion, Percussion-Instrumenten oder Orff-Instrumenten wie ein Xylophon, Triangel oder Rassel umsetzen. So können die Inhalte koranischer Narrative und deren Wahrnehmungen durch die Schüler*innen in Klangbildern hörbar werden. Als Percussion-Instrumente können auch Stifte, Brotdosen, die eigenen Hände usw. dienen.

2. *Inszenierungen im IRU*
Ursprünglich aus der Theaterpädagogik kommend, sind Rollenspiele oder Standbilder[41] Möglichkeiten performativer Lernarrangements für den IRU. Gerade Standbilder eignen sich für den IRU, weil die Schüler*innen, anders als im Rollenspiel, eine bestimmte Szene rein körperlich darstellen. Sie brauchen nicht zusätzlich einen Text zu sprechen. Standbilder eröffnen durch die körperliche Darstellung von sozialen Situationen, Personen, Konstellationen, Beziehungsstrukturen, aber auch Begriffen, bspw. Barmherzigkeit, eine neue Perspektive der (nonverbalen) Kommunikation, die im Standbild in der Haltung, Gesten und Mimik der darstellenden Person zum Ausdruck kommt.[42] Besonders geeignet sind für die Darstellung mit Standbildern koranische Narrative, aber auch Hadithe und andere Erzählungen aus dem reichen Fundus muslimischer Kulturen.

Eine weitere performative Möglichkeit sind die traditionell türkischen Schattenspiele mit den Protagonisten *Hacivat und Karagöz*, die während der Ramadan-Feierlichkeiten aufgeführt wurden. Die Spielfiguren bestehen in der Regel aus gefärbtem, durchscheinendem Rinder- oder Kamelleder. Die Figuren sind beweglich und haben eine Größe von 20–40 Zentimetern. Sie werden gegen ein mit Öllampen oder Kerzen erleuchtetes Gewebe gedrückt und mit einem oder zwei Stöcken bewegt, die senkrecht zur Leinwand gehalten werden, sodass ihr Schatten

41 Eine detaillierte Beschreibung der Methode ist u. a. zu finden in: https://www.bpb.de/system/files/dokument_pdf/methoden-kiste_aufl9_online.pdf; aufgerufen am 05.05.2022.

42 Vgl. Scheller (1998), 59.

möglichst wenig zu sehen ist. Mithilfe der Figuren lassen sich vor allem verbale Darstellungen gut inszenieren.[43]

6. Anregungen zur persönlichen Vertiefung

Lesen Sie sich die Anforderungssituation zu Beginn des Kapitels noch einmal durch. Im Einstiegsimpuls ist die Religionslehrkraft bestrebt, alle Schüler*innen einzubinden. Planen Sie diese Unterrichtssequenz weiter, indem Sie auch Möglichkeiten der Reflexion für Beteiligte und Beobachter*innen aufschreiben.

1. **Biografisch:** Welche Bedeutung hatte das performative Element für Ihre religiöse Entwicklung? Befragen Sie Ihre eigene religiöse Sozialisation auf Situationen, in denen Sie performatives Lernen erleben konnten bzw. inwiefern hätte performatives Lernen Ihre religiöse Entwicklung bereichern können? Tauschen Sie Ihre Gedanken mit Kolleg*Innen aus.
2. **Theologisch-anthropologisch:** Arbeiten Sie unter Hinzunahme des Koran und Ansätzen aus der islamischen Theologie die Beziehung zwischen Glauben *(imān)* und Handeln *(ʿamal)* heraus.
3. **Bildungstheoretisch:** Welche Zugänge eröffnet das performative Lernen im IRU muslimischen Schüler*innen? Beziehen Sie in Ihre Überlegungen sowohl Schüler*innen mit einer religiösen Sozialisation als auch ohne religiöse Vorerfahrungen ein.
4. **Didaktisch:** Notieren Sie auf einen Zettel, wie Sie die Rituale des Hadsch performativ im IRU mit einer Schulstufe Ihrer Wahl umsetzen können.

Weiterführende Literatur

Isik, Tuba (2017), *Karneval aus islamischer Perspektive. Über Verkleidungen als „Prophet" und Bilderverbote.* In: Richard Janus/Florian Fuchs/Harald Schroeter-Wittke (Hrsg.), Massen und Masken. Kulturwissenschaftliche und theologische Annäherungen, Wiesbaden, 237–246.

König, Bernhard/Isik, Tuba/Heupts, Cordula (Hrsg.) (2016), Singen als interreligiöse Begegnung. Musik für Juden, Christen und Muslime, Paderborn.

Kamcili-Yildiz, Naciye/Kammeyer, Katharina/Tombrink, Claudia/Biricik, Senay (2015), Kinder feiern Ramadan, München.

43 Eine Transformation erlebt das Schattentheater in einer Verwechslungsgeschichte zwischen Karagöz und Kasper zum Thema Ramadan in: Kamcili-Yildiz (2015), 72–75.

IV.3. Ethisches Lernen

Das Zusammenleben in unserer multireligiös und -kulturell zusammengesetzten Gesellschaft ist einem stetigen Wandel unterworfen. Die damit verbundene Vielfalt von Lebens- und Handlungsweisen stellt Menschen vor unterschiedliche Herausforderungen, die auch ethische Fragen betreffen. Die Frage danach, wie wir miteinander leben wollen, ist damit sowohl gesellschaftlich relevant als auch für Fragen der ethischen Bildung in der Schule.[44] Ethische Bildung ist auch ein wesentlicher Bestandteil islamisch-religiöser Bildung. Dem IRU geht es am Lernort Schule vor allem darum, das Spezifische islamischer Ethik, ihrer theologischen und anthropologischen Grundlagen aufzuzeigen, zu bedenken und den Schüler*innen Wege für ein gemeinsames ethisches Handeln als Muslim*innen in der Gesellschaft zu eröffnen.

Anforderungssituation
In der Lehrerkonferenz Ihrer Schule ist die ethische Bildung der Schüler*innen ein Tagesordnungspunkt. Dazu werden Kolleg*innen für die Fächer Philosophie/Ethik, evangelischer und katholischer RU und Sie für den IRU aufgefordert, aus jeweils der eigenen Perspektive einen fünfminütigen Vortrag über die Relevanz ethischer Bildung zu halten. Die Vorträge dienen als Grundlage für die anschließende Diskussion im Kollegium.

1. Thematische Einführung

Ethisches Handeln, aber auch das Nachdenken über ein angemessenes, richtiges ethisches Handeln sind für Menschen aller Kulturen, Weltanschauungen und Religionen wichtig. In der Tradition des Islam sind der Gottesglaube und das konkrete, alltägliche Handeln des Menschen auf das Engste miteinander verbunden. Ein gutes, ein gelungenes menschliches Leben findet im Glauben Orientierung. So wird dem Glauben (*imān*) und dem ethischen Handeln (*aḫlāq*) traditionellerweise eine enge Verbindung zugesprochen.

44 So formuliert die Kultusministerkonferenz für alle Lehrer*innen, unabhängig von ihrem Unterrichtsfach folgende Kompetenz: „Lehrkräfte vermitteln Werte und Normen, eine Haltung der Wertschätzung und Anerkennung von Diversität und unterstützen selbstbestimmtes und reflektiertes Urteilen und Handeln von Schülerinnen und Schülern". Sekretariat der KMK (Hrsg.) (2019), Standards für die Lehrerbildung: Bildungswissenschaften. Beschluss der KMK vom 16.12.2004 i. d. F. vom 16.05.2019, Berlin, 10.

Ethisches Lernen gehört wesentlich zur schulischen Bildung hinzu, weshalb auch eine ethische Erziehung in den Schulgesetzen der einzelnen Bundesländer verankert ist.[45] Ziel ethischen Lernens ist die Förderung ethischer Urteilskompetenz. Das gilt auch für den IRU.[46] Damit ist eine reflexive Form des Lernens eingefordert, die über eine einfache Übernahme von bspw. in der Familie angeeigneten Werten hinausgeht.

Grundlage islamischer Ethik

Grundlage für eine islamische Ethik sind der Koran und die Sunna, sie bilden den Orientierungsrahmen. Allerdings sind die ethischen Aussagen des Koran und der Sunna in die Zeit des Propheten hineingesprochen (→ *Korandidaktik*). Muslim*innen stehen daher vor der Herausforderung, auch für heutige Lebenswelten ethische Orientierung zu finden, indem einerseits auf die Offenbarung und den Umgang mit ethischen Fragen zur Zeit Muhammads sowie deren Auslegung in der Tradition des Islam zurückgegriffen wird und andererseits mithilfe theologischer und islamisch-ethischer Prinzipien eine auch rational begründete Auseinandersetzung mit Fragen der Menschen heute erfolgen kann.

Ethik

Ethik beschäftigt sich mit der Frage, wie Handlungen, deren Motive sowie Emotionen und ihre Folgen zu bewerten sind. Ethik bezeichnet eine akademische Fachrichtung der Philosophie, die sich sowohl mit Wissensgebieten – etwa ethischen Theorien, z. B. der teleologischen, deontologischen Ethik oder Tugendethik – als auch mit Gegenstandsbereichen, z. B. ethischen Fragen und Phänomenen, beschäftigt.[47] Im Konkreten befasst sich Ethik mit der Reflexion menschlichen Handelns, seinen Ursachen und/oder der Lebensführung von Menschen. Für das soziale Handeln bilden *Werte* gesellschaftliche Maßstäbe. Werte stellen ein Gut dar, das den Menschen wichtig ist. Das kann materieller oder ideeller Art sein. Sie bilden eine Orientierungshilfe für ethische Fragen, eine Legitimationsbasis für Normen, haben aber auch eine kritisch-irritierende Funktion, z. B. in Situationen, in denen keine Einigkeit über bestimmte Werte oder über deren Hierarchisierung besteht.

45 Beispielhaft sei hier auf das Schulgesetz in NRW, hier vor allem auf § 2 hingewiesen: https://bass.schul-welt.de/6043.htm#1-1p2 (Zugriff: 01.05.2022).

46 Vgl. Badawia (2022), 338; vgl. hierzu auch die Ausführungen in den Curricula für den IRU zur Urteilskompetenz.

47 Vgl. Hübner (2021), 17f.

2. Ethisches Lernen in den Lehrplänen des IRU

Ethisches Lernen stellt einen zentralen Aspekt von Bildungsprozessen allgemein dar. Es umschreibt ein weites pädagogisches Feld, das die Sozialisation in der Familie, Identitätssuche und Selbstvergewisserung innerhalb jugendlicher Peergroups, Räume arbeits- und berufsethischer Anforderungen, gesellschaftliche Rahmenbedingungen u. a. mehr umfasst.

Der Blick in die Lehrpläne für den IRU bestätigt, dass der ethischen Bildung im Rahmen des IRU ein hoher Stellenwert beigemessen wird. Im Kerncurriculum Niedersachsens für die Grundschule wird hervorgehoben, wie wichtig es ist, dass die Schüler*innen eine Haltung des Fragens einnehmen, in der sie unterschiedliche Wege der Lebensdeutung und -führung kennenlernen und damit ein Angebot für die eigene Lebensorientierung und die Entwicklung von ethischen Maßstäben erhalten.[48] Das Kerncurriculum Niedersachsens für den Sekundarbereich I fordert dazu auf, „keinen tradierten Wertekanon im Sinne katechetischen Lernens weiterzugeben, sondern letztendlich zum ethischen Urteil zu befähigen".[49] Die Herstellung von Sinn für das Leben wird indirekt auch im Kernlehrplan NRW für die Sek. I angesprochen, denn das ethische Lernen „beleuchtet vor dem Hintergrund islamischer Ethik Fragen, die sich angesichts der Herausforderungen einer pluralen Lebenswelt ergeben".[50]

Ethik im Kerncurriculum

In den Lehrplänen werden religiöse und ethische Fragestellungen miteinander verknüpft, wenn bspw. gefordert wird, religiöse und ethische Positionen „kritisch zu erörtern sowie unter der Perspektive islamischer Werte und Positionen ein eigenes begründetes Urteil zu formulieren".[51]

Noch deutlicher lenken die Bildungspläne Baden-Württembergs den Blick auf die religiösen bzw. theologischen Gehalte, wenn bspw. für die Grundschule zum Thema eines verantwortungsvollen Umgangs mit Menschen, Tieren und Pflanzen dazu geraten wird, nach islamischen Überlieferungen und Geschichten sowie anderen Informationsquellen zu suchen, die einen verantwortlichen Umgang mit der Umwelt veranschaulichen.[52] Im Bildungsplan für die Sek. I

48 Vgl. Niedersächsisches Kultusministerium (2017), 14.
49 Niedersächsisches Kultusministerium (2014), 8.
50 Ministerium für Schule und Weiterbildung des Landes NRW (2014), 17.
51 Ministerium für Schule und Weiterbildung des Landes NRW (2016), 16.
52 Vgl. Ministerium für Kultus, Jugend und Sport Baden-Württemberg (2016a), 15. Ein verantwortlicher Umgang mit der Schöpfung ist auch im Kernlehrplan für die Grundschule in NRW ein Thema, vgl. Ministerium für Schule und Weiterbildung des Landes NRW (2013), 33.

wird für die Klassen 7 bis 9 im inhaltsbezogenen Kompetenzbereich „Mensch – Glaube – Ethik" auf die *amāna* verwiesen, wenn es darum geht, das Leben (allgemein) als ein dem Menschen von Gott anvertrautes Gut ethisch zu reflektieren.[53]

Im Kernlehrplan für die Sek. II (NRW) wird im Inhaltsfeld 6 „Verantwortliches Handeln aus islamischer Sicht" ein ethisch begründetes, verantwortliches Handeln islamisch-anthropologisch begründet, indem auf die *fiṭra* verwiesen wird.[54]

Auf die Bedeutung islamischer Prinzipien als theologische Grundlage für ethisches Lernen im IRU allgemein und für einen reflektierten Umgang mit Normen und Werten wird in einigen der Curricula verwiesen.[55]

Themenschwerpunkte ethischen Lernens

Vielfältig sind die Themen, die im IRU im Rahmen ethischen Lernens erarbeitet werden können. Solche thematischen Schwerpunkte ethischen Lernens sind:

- ethische Fragen zum Umgang mit der Schöpfung Gottes
- ethische Fragen zu einem gedeihlichen Umgang miteinander, zu sozialem und gesellschaftlichem Engagement in der Umma und der Zivilgesellschaft
- ökologische Themen, Umweltschutz, Klimaschutz usw.
- Fragen zu Gewalt in Religion und Gesellschaft mit Blick auf eine gewaltfreie islamische Ethik (Friedensbildung, Friedenswahrung)
- grundlegende Werte islamischer Ethik (z. B. Solidarität, Frieden, soziales Engagement, gerechtes und tolerantes Verhalten)
- Zusammenhang zwischen ethisch-praktischen Dimensionen des Islam und leitenden Prinzipien der islamischen Tradition
- Auseinandersetzung der Schüler*innen mit dem Zusammenhang zwischen ihrem ethischen Selbstkonzept und der Bedeutung des Glaubens für die eigene Lebensorientierung; theologische und anthropologische Begründung ethischer Haltungen
- islamische Rechtsfindung und ethisch-moralische Aussagen der Tradition und deren Zusammenhang mit heutigen und eigenen ethisch-moralischen Fragen
- Fragen medizinischer Ethik, der Gentechnik
- Menschenrechte (am Beispiel verschiedener muslimischer Stellungnahmen und Erklärungen, Bezug zu grundlegenden ethischen Übereinstimmungen in der heutigen Gesellschaft)
- Wirtschaftsethik

53 Vgl. Ministerium für Kultus, Jugend und Sport Baden-Württemberg (2016b), 34.
54 Ministerium für Schule und Weiterbildung des Landes NRW (2016), 18.
55 Vgl. Ministerium für Schule und Weiterbildung des Landes NRW (2016), 20; Ministerium für Kultus, Jugend und Sport Baden-Württemberg (2016c), 6ff.; ebenso Ministerium für Kultus, Jugend und Sport Baden-Württemberg (2016b), 8ff.

3. Theologische Grundlagen

'ilm al-aḫlāq

Im 8. bis 11. Jh. wurden im Zuge der Genese der islamischen Wissenschaftszweige vielfältige Diskurse um ethische Fragestellungen geführt. Dies führte allerdings nicht zur Entwicklung einer eigenständigen Disziplin der Ethik. Islamisch-ethische Fragen wurden im Rahmen der systematischen Theologie (*kalām*) sowie der Rechts- bzw. Normenlehre (*fiqh*) aufgegriffen, jeweils mit Verweisen auf den Koran und die Sunna. Im 9. und 10. Jh. etablierte sich im Sinne einer deontologischen Ethik die islamische Normenlehre als eigenständige Disziplin, die im alltäglichen Leben der Muslim*innen normative Orientierung bot und an Dominanz gewann. Dagegen konnte sich die islamisch-ethische Strömung, *'ilm al-aḫlāq* genannt, nicht durchsetzen, auch wenn sie bis heute in der islamischen Philosophie und Mystik nachwirkt. Die insbesondere von der antiken griechischen Moralphilosophie inspirierte *'ilm al-aḫlāq* griff Ideen und Argumentationen der aristotelischen Tugendlehre auf.[56] Kurzum lässt sich *aḫlāq* als ein islamisches Verständnis von Ethik umschreiben, mit dem nicht nur Kerngedanken antiker Ethik verbunden sind, sondern mit dem auch Brücken zur modernen Ethik geschlagen werden können. Dabei kommt der Fähigkeit zur vernünftig nachvollziehbaren Argumentation eine große Bedeutung zu.

Aḫlāq

In der islamischen Tradition findet sich im Zusammenhang mit ethischen Fragen der Begriff *aḫlāq*. Grammatisch bildet der Begriff *aḫlāq* die Pluralform des Wortes *ḫulūq* und vereint Bedeutungsfelder wie Charakter, natürliche Veranlagung, Wesen, Disposition sowie Angewohnheit.[57] Er bezieht sich damit auf die innere Anlage des Menschen, d. h. auf Eigenschaften und Haltungen, die sowohl lobens- als auch tadelnswert sein können.

Vorbild Muhammad

Der Begriff *ḫulūq* ist eng mit dem primären koranischen Wort für Schöpfung, *ḫalq*, verwandt, er bezeichnet die Physis, die körperliche Beschaffenheit des Menschen. Der Begriff *aḫlāq*, der neben den physischen auch die psychischen und kognitiven Fähigkeiten des Menschen einschließt, bezieht sich folglich auf den Menschen als

56 Vgl. Isik (2021a), 191.
57 Vgl. Ibn Manẓūr (1994), 88f.; vgl. Wehr (2008), 360 ff.

Ganzes.[58] Für die Ausbildung der *aḫlāq* sind demnach alle Aspekte islamischer Anthropologie von Bedeutung. Ein Schlüssel zum Verständnis des Menschen bildet der Begriff der *fiṭra*.[59] Er bezeichnet einen inneren Kompass, ein Wissen um die rechte Haltung im Leben, die den Menschen auch ohne besondere Offenbarung bereits aufgrund seines natürlich gegebenen Vermögens eine Beziehung zu Gott ermöglichen kann.[60] Muslim*innen sollen sich darum bemühen, diese Anlage in sich zu wecken bzw. den Kompass zu aktivieren, indem eigene Haltungen und eigenes Verhalten reflektiert werden, um so einen guten und gottgewollten Lebensweg zu finden und zu beschreiten. Vor diesem Hintergrund nimmt in der islamischen Lehrtradition das Vorbildlernen einen besonderen Platz ein. Muslim*innen sind in ihrem moralischen Reifungsprozess nicht auf sich alleine gestellt, sondern haben ein Exempel in der charakterlichen Vorzüglichkeit des Propheten Muhammad (*aḫlāqī muḥammadī*) vor Augen,[61] der mit seiner Lebensführung eine Vision des moralisch guten Muslim-Seins bietet und an dessen Vorbild Muslim*innen Wertpräferenzen erfahren und tugendhaftes Handeln beobachten können, um dann aus eigener Kraft das ethisch Gute in einer konkreten Situation erkennen und entsprechend handeln zu können (→ *Prophet Muhammad*).

tugendethisches Denken

Das tugendethische Denken in der islamischen Tradition hat sich im Anschluss an Aristoteles mit der Kultivierung von Tugenden befasst[62] und bspw. in Anlehnung an Platon Weisheit (*ḥikma*), Mut (*šağaʿa*), Besonnenheit (*ʿiffa*) und Gerechtigkeit[63] (*ʿadl*) als Kardinaltugenden festgelegt.[64] Eine Tugend bildet stets die Mitte zwischen zwei Extremen. Da eine Tugend das rechte Maß und das Bestmögliche zwischen zwei entgegengesetzten Lastern bildet, eröffnet das phronetische (d. h. kluge und vernünftige) Abwägen der rechten Mitte (*iʿtidāl*) unzählige Handlungsmöglichkeiten, das u. a. auch die Variabilität von Kulturspezifität abbildet. Hierzu gehören ebenso Emotionen wie Tugenden, die nach rechtem Maß ihren Ausdruck

58 Vgl. Kılıç (2015), 4f.

59 Vgl. Koran 30:30.

60 Vgl. Tautz (2007), 174.

61 Aus u. a. diesem Grund wird der Prophet *raḥmat lil-ʿā*lamīn „Gnade für die Welt" genannt, vgl. Koran 21:107.

62 Angefangen bei Miskawayh (gest. 1030), dem noch viele weitere gefolgt sind wie bspw. Ar-Rāgib al-Isfahānī (gest. 1108), Ghazālī (gest. 1111), Nasiruddīn Tusī (gest. 1274), Adududdin al-Iğī (gest. 1355), Dawwāni (gest. 1502).

63 Die Gerechtigkeit Gottes fordert das gerechte Handeln des Menschen, weshalb der Koran die Gerechtigkeit zu einer besonderen Tugend der Muslim*innen erhebt: Näheres hierzu in Koran 5:8; 7:29 und 49:9.

64 Vgl. hierzu Ferrari (2016), 118; Miskawayh (2011), 249–251.

finden sollen. Zu diesem Abwägungsprozess gehört vor allem das achtsame Wahrnehmen einer Situation, das Abwägen aller wichtigen Faktoren und Aspekte eines Falles,[65] um das richtige Maß einer Handlungsdisposition auszumachen. Eine umsichtige und bedachtsame Wahrnehmung der Situation fordert gleichermaßen eine ehrliche Selbstreflexion ein. Diesem Deliberationsprozess folgt dann ein Urteilen und schließlich ein tugendhaftes Handeln.

Tugend
Eine Tugend wird als eine durch gezielte Übungen erworbene Charaktereigenschaft oder Disposition verstanden, sich in wechselnden Lebenssituationen und Lebenswelten moralisch angemessen zu entscheiden und zu verhalten.

4. Ethisches Lernen als Teil religiöser Bildung und als Teil des IRU

4.1. Ethisches Lernen im Kontext des IRU

In der Pädagogik sind unterschiedliche Ansätze ethischen Lernens bekannt.[66] Für ethisches Lernen im Religionsunterricht ist die Frage wichtig, in welchem Verhältnis Religion und Ethik, religiöses und ethisches Lernen zueinander stehen (sollen). Das Unterscheidungsmerkmal einer *theologischen Ethik* gegenüber der allgemein-philosophischen sind die Vorstellung und Überzeugung, sich und sein Verhalten vor einer transzendenten Instanz – und das heißt vor Gott – verantworten zu müssen.

Die Schnittstelle von Ethik und islamischer Religionspädagogik ist ein recht wenig erforschter Bereich. Daher können auch wichtige Fragen nicht erschöpfend oder gar abschließend geklärt werden: Wie kann ethische Orientierung und Überzeugung im IRU erworben werden, wie kann eine entsprechende Urteils- und Handlungsfähigkeit ausgebildet werden, wie können Religionslehrkräfte Möglichkeiten der Erprobung anbieten und welche Rolle kann dabei auch der Schule als gemeinsamem Lebensraum für Kinder, Jugendliche,

65 Die didaktisch-methodische Arbeit mit Fallanalysen oder Dilemma-Diskussionen im IRU lässt sich von daher auch theologisch gut begründen.

66 Vgl. Oser, Fritz/Edelstein, Wolfgang/Schuster, Peter (Hrsg.) (2001), Moralische Erziehung in der Schule. Entwicklungspsychologie und pädagogische Praxis, Darmstadt; Mokrosch, Reinhold (2016), Art. Ethische Bildung und Erziehung. In: Das wissenschaftlich-religionspädagogische Lexikon im Internet www.wirelex.de, (https://doi.org/10.23768/wirelex.Ethische_Bildung_und_Erziehung.100188; aufgerufen am 05.05.2022.

Lehrer*innen und Eltern verschiedener Lebenswelten beigemessen werden? Mit Rekurs auf unterschiedliche ethische Denkansätze in der islamischen Wissenstradition, die sich im Laufe der Geschichte des Islam in der Auseinandersetzung mit ethischen Fragen herauskristallisiert haben, lassen sich unterschiedliche didaktische Ansätze für den Religionsunterricht ableiten und begründen.

In der islamischen Tradition gibt es u. a. die Denkströmung, die den Ansatz einer von theologischen Prinzipien ausgehenden Ethik vertritt. Welche Handlungsweisen sind moralisch erlaubt, welche verboten, welche moralisch indifferent? Es gehört zum Aufgabenbereich dieser normativen Ethik, die Frage nach der Moral auf eine solche Weise zu stellen und entsprechende Antworten zu suchen. Hierbei spielen Wertvorstellungen und -präferenzen sowie ihre religionsspezifische Begründung eine wesentliche Rolle. Bereits in der Grundschule ist es daher eine Aufgabe der Religionslehrer*innen, mit Schüler*innen bspw. in einem kindertheologischen Gespräch (→ *Theologisieren*) zu erarbeiten, welche spezifisch islamisch-theologischen Begründungen und Prinzipien aus der islamischen Tradition die Grundlage einer konkreten ethischen Norm oder eines als gut angesehenen Wertes bilden. Ein solches ethisches Lernen eröffnet Denkräume für gesamtgesellschaftlich relevante ethische Fragen, die jeweils unterschiedliche Begründungsgrundlagen aufweisen können.[67] Auf diese Weise kann nicht nur religiöse Urteilskompetenz im Rahmen einer pluralistischen Gesellschaft, sondern auch Orientierung und Identitätsstärkung der eigenen Werte gefördert werden.

Lern- und Entwicklungspsychologie

Die Erkenntnisse der Entwicklungspsychologie können wichtige Hinweise für eine subjektorientierte Begleitung geben. Bei der grundsätzlichen Frage nach der Fähigkeit und dem Bedürfnis nach ethischem Lernen geht die Entwicklungspsychologie von der Erlernbarkeit moralischer Kompetenz aus. Für eine religionspädagogische Begründung ethischen Lernens ist eine theologische Fundierung ebenso wichtig. Dazu kann auf die islamische Anthropologie zurückgegriffen werden (→ *Subjektorientierung, Exkurs Menschenbild*), nach der Menschen zum Schlechten tendieren können, womit auf das Potenzial hingewiesen wird, dass Menschen veränderbar und veränderungsbedürftig sind[68] und mit Blick auf ethische Entscheidungen und Handlungen in der Konsequenz sowohl lernfähig als auch lernbedürftig. Damit ist lernpsychologisch wie auch theolo-

67 Vgl. Tautz (2007), 201, 282f., 403.
68 Vgl. Koran 4:28; 12:53.

gisch die Sinnhaftigkeit und Notwendigkeit ethischen Lernens gleichermaßen begründbar.

Im Folgenden werden zwei Ansätze vorgestellt, die vonseiten der islamisch-religionspädagogischen Forschung in Deutschland bedacht sind.[69] Der tugendethische Ansatz zeichnet sich dadurch aus, dass islamisch-theologische Grundlagen und islamisch-ethische Bildungsschwerpunkte im Zentrum stehen.[70] Der Ansatz des ethischen Lernens an Narrationen entspricht weitgehend der narrativen Ethik.[71]

4.2 Ein tugendethischer Ansatz im IRU

Die Tugendethik ist ein klassisches moralphilosophisches Themenfeld, das auch im europäischen Kontext wieder neu an Interesse und Bedeutung gewinnt.[72] Sie geht zurück auf die Tugendlehre des Aristoteles, der das ethische Denken muslimischer Denker*innen entscheidend geprägt hat. Grundfrage der Tugendethik ist die nach einem gelingenden, nach einem guten Leben, nicht nur für sich, sondern auch für die Gesamtgesellschaft.

Heute über Tugendethik nachzudenken ist zum einen aus theologischen und zum anderen aus philosophisch-ethischen Gründen interessant. Theologisch, weil sie theologische Grundlagen mit theologisch-anthropologischen und philosophisch-ethischen verknüpft und damit der islamischen Tradition und der islamischen Anthropologie gerecht wird, philosophisch-ethisch ist Tugendethik interessant, weil zeitgemäße Ethikkonzepte mitbeachtet werden. Die Stärke des tugendethischen Ansatzes besteht darin, dass ethische Werte als eine Größe verstanden werden, die immer kultur- und situationsabhängig sind und daher in jeder Lebenslage neu bedacht und dann in Handlung umgesetzt sein wollen. Hierin darf die Wirkkraft der Emotionen nicht vernachlässigt werden, die den Entscheidungsprozess und die Handlung maßgeblich beeinflussen. Die Basis dessen bildet die Überzeugung, dass bestimmte Grundhaltungen[73] der Möglichkeit eines guten Lebens zuträglicher sind als andere.

69 Näheres hierzu in Isik (2022), Self-Cultivation as the Main Objective of Islamic Religious Education.

70 Vgl. Isik (2021b), 37–40.

71 Zum Lernen an Narrationen im IRU allgemein siehe Ulfat (2021).

72 Vgl. Anscombe (1958), 1–6; vgl. Snow (2015).

73 In den Lehrplänen für den IRU ist der Begriff der Tugend im Themenschwerpunkt zum Propheten und Gesandten Muhammad aufgenommen. In den explizit ethisch ausgerichteten Inhalten und Themenschwerpunkten selbst ist

Der tugendethische Ansatz lässt sich sehr gut auch mit dem ethischen Lernen an Narrationen verknüpfen, weshalb dieser im Weiteren konkretisiert wird.[74]

4.3. Ethisches Lernen an Narrationen im Kontext des IRU

Bedeutung des Erzählens

Erzählen ist eine Form menschlicher Kommunikation und damit Bestandteil des alltäglichen Handelns. Dem Erzählen kommt auch in der islamischen Tradition eine große Bedeutung zu. Daher stellt die Fähigkeit, verschiedene Narrative der islamischen Tradition zu deuten, eine wesentliche Aufgabe des IRU dar. Diese Aufgabe hat auch im Kontext des ethischen Lernens ihre Berechtigung, zumal mit dem Einüben einer narrativen Deutungskompetenz verschiedene Perspektiven eingenommen und widerstreitende Werte erörtert werden. Narrationen bieten sich für das ethische Lernen im IRU an, da Erzählungen dazu verhelfen, alltägliches Handeln bewusst zu machen, Zusammenhänge zu erkennen und mit diesen (neuen) Erkenntnissen zu handeln.[75] Erzählungen stellen für die Zuhörer*innen lebendige (Glaubens-)Erfahrungen dar und vermögen damit einen Zugang zum theologischen Kern, zu elementaren Glaubenswahrheiten zu eröffnen.[76]

Dazu bieten sich Texte aus der islamischen Tradition, aber auch literarische Texte aus dem muslimischen Erbe an. Beim Zuhören und Nachdenken über die in den Narrationen lebendig werdenden muslimischen Lebenswelten können sowohl theologische als auch religiös-praktische und ethische Aspekte im Unterricht thematisiert werden.[77] Literarische Narrationen können zum Reflexionsmedium im IRU werden. Legenden, Epen, Spruchweisheiten, Sinngedichte, Mythen, humorvolle Kurzgeschichten und Bildergeschichten bspw. können für Kinder und Jugendliche Impulse

---

der Begriff nur in einem Falle anzutreffen; vgl. Ministerium für Kultus, Jugend und Sport Baden-Württemberg (2016b), 35: Schüler*innen können darlegen bzw. erfassen, „dass Liebe und Verantwortung gegenüber Gott und den Menschen die Motivation von Tugenden und Geboten bilden". Religiöse und ethische Grundhaltungen werden allerdings immer wieder als Thema des Unterrichts genannt und diese können im Sinne des hier vorgestellten tugendethischen Ansatzes als Tugenden verstanden werden.

74 Dieser Aufgabe hat sich Tuba Isik mit ihrem Ansatz des *Lernens an ethischen Narrationen* gestellt; siehe Isik (2021a), 195.

75 Vgl. Ulfat (2021), 50.

76 Vgl. Lämmermann (1998), 158.

77 In diesem Sinne können auch die didaktisch inspirierten Erzählungen in der arabischen und persischen Literatur als eine alte Lehrtradition bezeichnet werden.

zum eigenen Nachdenken und Nachfragen geben. Erzählende Texte können die kindliche Fantasie anregen, Fragen hervorlocken, die durch die Texte selbst direkt oder indirekt evoziert werden oder die aus der Lebenswelt der Rezipient*innen heraus in den Text hineingelesen werden. Auf diese Weise entsteht eine Art Kommunikation mit dem Text, die dazu auffordert, über den tieferen Sinn und Gehalt des eigenen Lebens – bei älteren Schüler*innen auch des menschlichen Lebens prinzipiell – nachzudenken, den Blick für Mehrdimensionalität der Wirklichkeit zu öffnen und damit auch religiöse Deutungsansätze und Begründungszusammenhänge anzustoßen. Durch die Erschließung von unterschiedlichen Mustern der Deutung der Welt, des menschlichen Seins und seiner Verstrickung in die Welt können Schüler*innen bisherige Lebensmuster klären und weiterentwickeln. Das gilt sowohl für literarische Texte als auch für koranische.

Erzählen als eine Form der koranischen Sprache

Erzählen ist eine Form der koranischen Sprache sui generis, d. h., neben Erzählungen aus der Geistesgeschichte der islamischen Kultur bietet der dialogisch-kommunikative Charakter des Koran ebenfalls unterschiedliche Narrationen an. Hierbei ist anzumerken, dass die koranischen Erzählungen verstärkt den Charakter von Lehrgeschichten[78] haben, die grundlegende ethische Prinzipien verkörpern, wie sie uns ebenfalls aus Werken der *Adab-Literatur* bekannt sind und die auf zentrale Werte verweisen. Die koranischen Erzählungen des gebrochenen und zweifelnden Yūnus, des ängstlichen Mūsā, des scharfsinnigen Ibrāhīm, des vertrauenswürdigen Muhammad können Befremdung und Erstaunen auslösen, die Bereitschaft zum Nachfragen fördern und schließlich neue Deutungsweisen für das eigene Leben eröffnen.

Narrationen können identitätsstiftender Anker sein

Vor diesem Hintergrund eigenen sich Narrationen an vielen Stellen für einen altersgerechten Zugang zur Bedeutungsvielfalt ethischen Handelns und bieten orientierende und identitätsstiftende Anker. Narrative Segmente und die Charaktere der Erzählung können Schüler*innen dazu anregen, die Folgen von Handlungen zu sehen, Haltungen und Verhalten zu beschreiben sowie zu beurteilen, Einsicht in Sinnzusammenhänge von Ordnung und Regeln im menschlichen Zusammenleben zu erhalten.[79] Narrationen eröffnen im Unterricht einen Raum, um über ethische Überzeugungen, Werte, personale Eigenschaften und Handlungsweisen sowie über die Wirkung von Sprache nachzudenken. In einer tugendethischen

78 Näheres hierzu in Koran 12:111.

79 Vgl. Mar/Oatly (2008). Eines der für die Rezeption und Wirkung von Narrationen zentrale Konstrukte ist hier die Empathie, vgl. Sukalla (2019), 23.

Betrachtung von Narrationen ist der Fokus auf die moralische Verfasstheit der handelnden Personen gerichtet, die eine Spannweite an Ausdrucks- und Handlungsweisen eröffnet. Auch wenn das moralisch Gute und Richtige in der Betrachtung der Moralphilosophen immer das Vernunftgemäße ist, bedarf es einer eigenen Erfahrung. Diese moralische Erfahrung kann nicht einfach vorausgesetzt werden. Narrationen bieten die Möglichkeit, diese Erfahrung, repräsentiert durch die Protagonist*innen, durch ästhetische Lernräume für das eigene Denken einzubringen.

Mit zunehmendem Alter der Schüler*innen kann die in den Handlungen, Eigenschaften oder der Sprache aufscheinende religiöse Überzeugung bzw. können die grundlegenden Prinzipien islamischer Ethik herausgearbeitet werden.

5. Didaktische Konkretisierung

Das Feld ethischen Lernens im IRU ist weit. So zeigen, wie oben dargelegt, die Curricula eine Fülle an Themenfeldern. Im Folgenden sollen nicht bestimmte Themen für die didaktische Konkretisierung skizziert werden, sondern es werden die beiden oben erläuterten Ansätze an einem Beispiel dargelegt.

5.1. Ethisches Lernen an Narrationen im IRU

Narrative Texte setzen sich aus einer zeitlich gestaffelten Handlungssequenz zusammen, in deren Verlauf sich die erzählte Situation verändert und so die Ausgangssituation transformiert wird. Die lebendige, bildhafte Sprache und ihr Inhalt kommen dem Bedürfnis des Kindes nach Anschaulichkeit entgegen und bieten Identifikationsmöglichkeiten.

Ethisches Lernen an Narrationen
Ethisches Lernen an Narrationen sieht vor, dass Erzählungen bzw. Narrationen auf ihre ethischen Implikationen hin untersucht und reflektiert werden, und geht der Frage nach, wie Handlungen, deren Motive und Folgen im Horizont der Religion zu bewerten sind.

Freundschaft, Gerechtigkeit, Respekt, Liebe

Für Kinder sind Freundschaft, Gerechtigkeit, Respekt, Liebe und viele weitere Werte von entscheidender Bedeutung. An solchen Werten lässt sich menschliches Handeln orientieren.[80] Da für Kinder, die sich mithilfe ihrer Imaginationskraft auf die Handlung und die Protagonist*innen einlassen, die Frage nach dem konkreten Handeln in einer vergleichbaren Situation (Was soll ich tun?) geklärt werden muss, ist der Unterricht auf die Frage nach dem guten Leben für mich und andere (Wie möchte ich sein?) auszuweiten. Mit anderen Worten: Es geht in diesem Ansatz nicht darum, den ethischen Gehalt von Normen, Geboten, Prinzipien oder Verboten zu vermitteln, so als sei es das Ziel des Unterrichts, dass alle Kinder *die eine Moral der Geschichte* erkennen und benennen. Stattdessen muss darauf geachtet werden, dass die Schüler*innen Urteilskompetenz in ethischen Fragen aufbauen können und in diesem Prozess miteinander und mit der Erzählung ins Gespräch kommen.

Narrative haben breite Deutungsräume

Narrative zeichnen sich durch ein offenes Sinnpotenzial aus, das einen breiten Deutungsraum eröffnet, aber nicht beliebig ist. Daher kann es auch nicht die eine richtige Entschlüsselung der Geschichte geben, andererseits setzt sie einen Deutungsrahmen, der im Gespräch der Schüler*innen mit dem Text erarbeitet werden kann und in dem unterschiedliche Perspektiven der Schüler*innen auf das Thema und/oder das Handeln der Protagonist*innen ihren Platz finden.

methodisches Vorgehen

Folgende methodisches Vorgehen können bei der Unterrichtsplanung und -durchführung helfen:

1. **Auswahl eines geeigneten Textes**
   Ob ein Text geeignet ist, kann mithilfe folgender Fragen geklärt werden:
   - Ist die Sprache des Textes für die Schüler*innen verständlich?
   - Entspricht der Inhalt der kindlichen bzw. jugendlichen Lebenswelt?
   - Kann der ethische Gehalt des Textes aus unterschiedlichen Perspektiven beleuchtet werden?
   - Bietet der Text direkte Hinweise zu religiösen bzw. theologischen Kontexten? Kann der Text, z. B. mithilfe weiterer Medien (Bilder, Filmszenen), für die religiöse Dimension geöffnet werden?
2. **Präsentation des Textes**
   Der Text selbst sollte sprechen bzw. erzählen. Bei der Präsentation des Textes für Kinder sollte der Text daher im Erzählton vorgetragen werden, damit er lebendig wird und die Imagina-

80 Vgl. Riegel (2021),16.

tionskraft der Kinder anregt.[81] Damit die jugendlichen Schüler*innen sich ganz auf das Zuhören konzentrieren können, ist es sinnvoll, dass die Lehrkraft den Text selbst vorliest.

Der Präsentation kann ein erstes Rezeptionsgespräch folgen, bei dem erste Eindrücke und Fragen der Zuhörer*innen ungeordnet und unkommentiert formuliert werden. Oft bieten die ersten und spontanen Eindrücke Potenzial für eine kritische Auseinandersetzung oder weiterführende Informationen durch die Lehrkraft in einer der folgenden Unterrichtsphasen.

3. **Interaktion mit dem Text**
   In dieser Phase sollen Schüler*innen in die Erzählung verwickelt werden, um persönliche und interaktive Teilhabe zu ermöglichen. Das kann mithilfe unterschiedlicher Methoden geschehen. Beispielhaft werden zwei kurz skizziert:
   - Einzelne Szenen können als Standbild dargestellt werden, um die Beziehung der Personen zueinander (Nähe und Distanz), Mimik, Gestik und Körperhaltung als Ausdruck der inneren Befindlichkeit in einem Bild nachzustellen. Der Vergleich verschiedener Aufstellungen zu derselben Szene bietet Anlass zur Diskussion.
   - Innere Monologe, von den Schüler*innen schriftlich formuliert, können die Gedanken der Protagonist*innen zum Ausdruck bringen. Auch hier bietet der Vergleich unterschiedlicher Fassungen Möglichkeiten zur Diskussion über verschiedene Deutungen.
4. **Reflexion der ethischen Aspekte**
   Die Auseinandersetzung mit dem Text in der vorhergehenden Phase hat unterschiedliche Perspektiven des Verstehens ermöglicht. Diese sollen nun auf ihre ethische Aussage hin kritisch befragt werden. Je nach der angestrebten Kompetenz ethischen Lernens kann hierzu weiteres Material eingesetzt werden, mit dem z. B. theologisch-ethische Fragen oder Thesen in den Unterricht eingebracht werden.

   Die Unterrichtsreihe kann mit diesem Schritt abgeschlossen werden, wenn die Beteiligung der Schüler*innen hoch war und neben schlüssigen Argumenten auch emotionales Engagement deutlich geworden ist. Die Ergebnisse können dann benannt und mögliche unterschiedlichen Deutungen kurz begründet werden.

81 Nach Claus Claussen bedingen sich Erzählen, Zuhören und Mitmachen (vgl. Schritt 3) gegenseitig; vgl. Claussen (2006), 40f.

5. **Kreative Auseinandersetzung**
   Fakultativ kann am Ende der Unterrichtseinheit ein Arbeitsauftrag zur persönlichen Auseinandersetzung mit den Ergebnissen formuliert werden. Im Sinne des ästhetischen Lernens wird den Schüler*innen die Möglichkeit gegeben, die eigenen Gedanken und Gefühle z. B. zu einer bestimmten Szene, die zur Schlüsselszene für sie geworden ist, darzustellen. Die Ergebnisse können abschließend präsentiert werden.

Beispiel: Die Erzählung „Iß, mein Pelz, iß!" von Nasreddin Hodscha[82]
Der Hodscha ist zu einem Bankett eingeladen. Er trägt sein Alltagsgewand und wird von niemandem beachtet. Das macht ihn betroffen. Er eilt nach Hause, wirft seinen prächtigen Pelzmantel um und kehrt zu der Festgesellschaft zurück. Schon am Eingang wird er in Empfang genommen und zu einem Podest geführt, wo man ihm den besten Platz zuweist. Als die Suppe serviert wird, tunkt der Hodscha das Revers seines Mantels in die Schüssel und sagt: »Bitte, bediene dich. Iß, mein Pelz, iß, mein Pelz!« Den erstaunten Gästen aber erklärt er: »Die Ehre gilt ja doch dem Pelz, soll der auch das Essen haben!«

In der Erzählung wird eine Szenerie geschildert, die Schüler*innen in ähnlicher Weise auch heute in ihrem Alltag erleben könnten. Die knappe Darstellung bietet Raum, um die Leerstellen mit eigenen Vorstellungen zu füllen. Möglicherweise muss das Wort „Bankett" erklärt werden oder es wird bspw. durch die Umschreibung „zu einem großen Fest" ersetzt. Ethische Fragen, die der Text aufwirft, sind bspw. die nach einem wertschätzenden Umgang miteinander, nach Regeln der Höflichkeit, nach Statussymbolen. Über den Protagonisten ist die Erzählung in einem muslimischen Kontext verortet. Das kann zum Anlass genommen werden, neben ethischen Fragen zum menschlichen und gesellschaftlichen Umgang miteinander auch religiöse aufzunehmen. Folgende Fragen bieten sich für die Phase der ethischen Reflexion an:

- Warum wird dem Hodscha in seinem Alltagsanzug keine Beachtung geschenkt?
- Warum macht es den Hodscha betroffen, dass niemand ihn beachtet? Kennt ihr eine solche Situation?

82 http://www.hekaya.de/maerchen/die-geschichten-des-nasreddin-hodscha-asien_132.html; aufgerufen am 05.05.2022.

- Welche Gedanken und Gefühle können mit dem Begriff „Ehre" verbunden sein? Kann man das Wort „Ehre" im letzten Satz des Hodschas auch durch ein anderes Wort ersetzen? Welches Wort könnte passen? Verändert das den Sinn des Satzes?
- Abwägen der Aufmerksamkeit auf das Äußere:
  - Auf sein Äußeres zu achten, scheint wichtig zu sein. Oder sollte die Aufmerksamkeit eher auf einem gepflegten Äußeren liegen? Lässt sich das auf etwas Religiöses oder Kulturelles oder beides zurückführen? Sollte das äußere Erscheinungsbild unsere Umgangsart und unseren Umgangston beeinflussen?
  - Gibt es Empfehlungen aus der prophetischen Tradition zum Umgang mit dem Äußeren und der Hygiene?
  - Auf sein Äußeres zu achten, kann auch gefährlich sein. Wann beispielsweise? Kontexte und Folgen bedenken.
- Wie kann man die Geschichte aus dem heutigen Kontext erzählen?

5.2. Konkretisierung tugendethischer Ansätze im IRU

Für Schüler*innen ab der neunten Klasse soll ein kurzes Beispiel für den tugendethischen Ansatz vorgestellt werden. Wichtig beim tugendethischen Ansatz ist, dass die im Unterricht thematisierten Tugenden zum einen hinsichtlich der ihnen zugrunde liegenden Werte bedacht werden. Zum anderen geht es um eine Auseinandersetzung mit den theologisch-anthropologischen sowie philosophisch-ethischen Traditionen. Diese Auseinandersetzung kann dazu verhelfen, dass Schüler*innen die Bedeutung einer Tugend, die sie als wichtig für das eigene Leben und als orientierend wahrnehmen, erläutern können und damit erkennen, dass eine bestimmte tugendhafte Haltung vernünftig kommunikabel ist. Auf diese Weise kann wiederum die Motivation geweckt werden, die als richtig erkannte Grundhaltung im Alltag einzuüben.

Als Grundlage des Unterrichts dient eine (Kurz-)Geschichte aus dem Meisterwerk Maṯnawī des Sufi-Meisters Ǧalaladdīn Rumī (1207–1273). Die Kurzgeschichte über den Bootsmann[83] wird an dieser Stelle verkürzt und sinngemäß wiedergegeben:

83 Rumī, Maṯnawī, Bd. I, 2835–2852.

Beispiel: „Der Bootsman" von Rumī
Ein in der Grammatik [nahiv, Vf.] und Redekunst bewandter Mann ging auf eine Reise. Er bestieg ein Boot, mit dem er an das andere Ufer gelangen wollte. Der Dichter war sehr selbstgefällig und verhielt sich meist arrogant. Er betrachtete den Bootsmann von der Seite und fragte ihn mit angehobenem Kopf in einem überheblichen Ton: „Kennst du dich mit der Sprachlehre/Grammatik aus?" Daraufhin antwortete der Bootsmann, der sein ganzes Leben auf dem Meer und auf Schiffen verbracht hatte, etwas verlegen: „Nein, mein Herr, leider bin ich Analphabet." Spottend bemerkte der Dichter: „Ja, wenn du die Schönheit der Grammatik und Redekunst nicht beherrschst, hast du die Hälfte deines Lebens vergeudet." Der Bootsmann war beleidigt und verärgert, aber antwortete nicht hierauf. Nach einer kurzen Weile wurden die Wellen stärker und ein kraftvoller Sturm brach auf, der den Mann von seinem Platz auf den Boden warf. Der Mann war von Angst erfüllt. Daraufhin fragte der Bootsmann besorgt den Dichter: „Kannst du schwimmen?" Als dieser verneinte, erwiderte der Bootsmann: „Ja, dann hast du nicht nur die Hälfte deines Lebens vergeudetet, sondern dein ganzes. Denn unser Boot wird gleich auf den Grund gehen und dein Grammatikwissen wird dich nicht retten können."

methodisches Vorgehen

Folgendes methodische Vorgehen ist hier möglich:

1. Da die Textgrundlage eine Erzählung ist, können tugendethische Aspekte dem methodischen Vorgehen beim ethischen Lernen an Narrationen entsprechend erarbeitet werden. Dieses Vorgehen bietet sich vor allem für die Klassen 9 und 10 der Sekundarstufe I an. Dabei steht das Nachdenken darüber, ob die beiden Protagonisten tugendhaft handeln und welche Alternative es nach islamisch-ethischer Überzeugung geben könne, im Zentrum.
2. Mit Schüler*innen der Sekundarstufe II kann die Erzählung als Grundlage für eine Unterrichtsreihe genutzt werden, um das Beispiel der beiden Protagonisten kritisch zu bedenken. Hierbei geht es um die Frage, was einen achtsamen Umgang miteinander prinzipiell auszeichnet (Frage nach den Werten) und worin sich eine achtsame Haltung der Protagonisten zeigt (tugendethische Frage). Eine kritische Reflexion des Verhaltens und Argumentierens der Protagonisten kann zur Frage führen, was ein gutes, ein gelingendes Leben ausmacht. Theologisch-anthropologische Grundlagen können über die Frage, wie die beiden Protagonisten ihre Argumentation theologisch begründen können, erarbeitet werden. Dazu bietet es sich bspw. an, die koranische Kritik an den Menschen, die zwar über Wissen verfügen, es aber nicht für ein dementsprechendes Handeln nutzen, auf-

zugreifen.[84] Das Zu- und Miteinander von Wissen und Handeln und die Notwendigkeit eigener, eben auch selbstkritischer Reflexion kann von den Schüler*innen mithilfe islamischer Theolog*innen unterschiedlicher Epochen der islamischen Tradition zur Diskussion gestellt werden. In der Sek. II gehört dazu auch eine Reflexion philosophisch-ethischer Argumentationsmuster, die ihrerseits mit den theologischen bzw. religionsphilosophischen der islamischen Tradition in ein Gespräch gebracht werden. Auf diese Weise ist es möglich, tugendethische Überlegungen auf eine breite Basis zu stellen und Gespräche über ihre Bedeutung für das eigene Leben anzuregen.

6. Anregungen zur persönlichen Vertiefung

Lesen Sie sich die Anforderungssituation zu Beginn des Kapitels noch einmal durch. Formulieren Sie Thesen für Ihren Vortrag, indem Sie für den Kontext *Lebensraum Schule* wichtige theologische Argumente anführen.

1. **Biografisch:** Welche ethischen Überzeugungen sind für Sie wichtig? Wo und wie haben Sie ethisch gelernt? Wer oder was hat Sie in ethischen Fragen zum Nachdenken gebracht? Beantworten Sie die Fragen in Stichworten.
2. **Theologisch-anthropologisch:** Erarbeiten Sie die ethischen Maximen aus der Sure Luqmān und diskutieren Sie ihre Relevanz für die Beziehung *Gott – Mensch* und *Mensch – Gesellschaft*.
3. **Bildungstheoretisch:** Im öffentlichen Diskurs wird der IRU häufig als Werteunterricht deklariert. Inwieweit können Sie dieser Zuordnung folgen? Sammeln Sie Argumente bzw. Gegenargumente, ob der IRU auf diesen Bereich der religiösen Bildung begrenzt werden kann.
4. **Didaktisch:** Der Koran erzählt in der Sure al-Qalam, Verse 17–31, die Geschichte von den Gartenbesitzern, die von der Ernte ihres Gartens nichts an Bedürftige abgeben wollen und deren Ernte von Gott vernichtet wird. Didaktisieren Sie diese Geschichte für eine Jahrgangsstufe Ihrer Wahl. Erarbeiten Sie die ethischen (Ideal-)Vorstellungen, die die Geschichte vermittelt.

Weiterführende Literatur

Abu-Subhieh, Daniela (2009), Philosophieren mit Kindern und Jugendlichen im IRU, Saarbrücken.

Eichner, Heidrun/Perkams, Matthias/Schäfer, Christian (Hrsg.) (2017), Islamische Philosophie im Mittelalter. Ein Handbuch, Darmstadt.

Fischer, Johannes (2007), Vier Ebenen der Narrativität. Die Bedeutung der Erzählung in theologisch-ethischer Perspektive. In: Karen Joisten (Hrsg.), Narrative Ethik. Das Gute und das Böse erzählen, Berlin, 235–252.

Forster, Regula/Günthart, Romy (2010), Didaktisches Erzählen, Formen literarischer Belehrung in Orient und Okzident, Frankfurt a.M.

IV.4. Ästhetisches Lernen

Religion und Kunst teilen das Anliegen, das Unsagbare ausdrückbar zu machen. Kunst im weitesten Sinne (Literatur, Musik, Kunstwerke) kann eine Brücke zum Glauben werden bzw. einen Zugang zum Glauben schaffen. Ästhetisches Lernen im IRU eröffnet den Schüler*innen Zugänge zur sinnlichen Dimension des Islam, die Wirklichkeit in ihrer Bedeutungsvielfalt zu erfahren. Im IRU bietet es sich an, ihn mit Bildern und Kunstwerken aus den verschiedenen Epochen der muslimischen Kunstgeschichte zu gestalten, an denen sich Schüler*innen sowohl reiben können, als auch mit ihnen Sinn-, Deutungs- und Empfindungswelten generieren. Denn Gott teilt sich Muslim*innen in erster Linie über eine ästhetisch vermittelte Ausdrucksform mit: durch den Koran. Vor diesem Hintergrund kann u.a. eine Koranrezitation ein besonderer ästhetischer Zugang nicht nur für Muslim*innen sein.

Anforderungssituation
Stellen Sie sich folgende Situation vor: Mit einer katholischen Religionslehrkraft zusammen planen Sie mit ihren Lerngruppen einen Unterrichtsgang in eine Kirche und anschließend in eine Moschee. Die Gruppen schauen sich zunächst den Kircheninnenraum an und gehen danach in den Gebetsraum der Moschee. Die Schüler*innen sehen sich in den Räumen eigenständig um und sammeln erste Eindrücke. Im Anschluss daran äußern sie die ersten Assoziationen. In der Moschee ruft eine katholische Schülerin „Hier sind ja gar keine Bilder zu sehen!"

1. Thematische Einführung

Die Bilderlosigkeit, die dieser Schülerin auffällt, ist eine allgemeine Erfahrung von Nichtmuslim*innen, wenn sie einen muslimischen Gebetsraum besuchen. An die Beobachtung der Schülerin anknüpfend ließen sich weitere Fragen formulieren: Wie lässt sich die allgemeine Bilderlosigkeit islamisch-theologisch plausibilisieren? Welche Überlieferungstraditionen gibt es dazu? Bezieht sie sich auch auf den profanen Bereich?

Kunstformen im Islam

Bilderlose Moscheeinnenräume mögen den Eindruck erwecken, der koranische Text und/oder die prophetischen Überlieferungstexte predigten einen bilderlosen Islam. Hingegen dürfte bekannt sein, dass es kein ausdrückliches ‚Bilderverbot' gibt,[84] das sich auf

84 Nimet Seker schlägt vor, dieses frühe Verbot als *Götzenbildverbot* zu bezeichnen; vgl. Seker (2013), 122.

die Abbildung Gottes bezieht. Verurteilt werden in der Formierungsphase des Islam Götzen und Götzenbilder, die vor dem Hintergrund der Botschaft des einen Gottes (*tawhīd*) zu bewerten ist.[85] Die Tabuisierung von menschlichen und tierischen Gestalten hängt mit der in das magische Denken hineinreichenden Vorstellung zusammen, dass der Gegenstände bildlich darstellende Mensch sich neben den einzigen Schöpfer, und damit auf die gleiche Schöpferebene wie Gott stellt. Dies mag – neben der Betonung der Sprachlichkeit der göttlichen Offenbarung – der Hauptgrund dafür sein, dass die Schreibkunst bzw. Kalligrafie in der islamischen Kunstgeschichte einen derartigen Rang einnehmen konnte. Darüber hinaus weist die islamische Traditionsgeschichte ein breites Spektrum an künstlerischen Bereichen auf, wie Architektur, (Miniatur-)Malerei, Keramik oder Textilien, die den Menschen religiöse Erfahrungen über ästhetische Erlebnisse ermöglichen und damit einen wichtigen Beitrag zur religiösen Bildung leisten.

Kunstwerke oder Bilder werden im IRU selten eingesetzt, obwohl ästhetische Praxis mit einem religiösen Bezug im Alltag von Muslim*innen sehr präsent ist: Sei es die Rezitation des Koran beim fünfmaligen rituellen Gebet, die Innen- und Außenarchitektur einer Moschee oder eine Kalligrafie als Dekorationsobjekt an der Wand. Die Kunst als Darstellungsform des Religiösen hat in der Geschichte des Islam den Gläubigen ästhetische Zugänge eröffnet, die das religiöse Leben und Erleben in vielen Ausdrucksformen erweitert, intensiviert und bereichert hat. Dabei lässt sich das gestalterische Schaffen in islamisch geprägten Kulturen bereits auf das 7. Jahrhundert datieren, es zeugt über die Jahrhunderte von einem ausgeprägten Bewusstsein für Bilder und ihren Einsatz (bspw. in der Miniaturmalerei ab dem 13. Jahrhundert, die nicht nur religiöse Motive thematisieren) in verschiedenen Epochen und Regionen. Es lässt sich festhalten, dass die islamische Traditionsgeschichte bzw. die islamische Kunst- und Kulturgeschichte an Gattungen und Formen facettenreich ist, in denen Inhalte, Werte und Einstellungen künstlerisch ausgedrückt worden sind.[86] Dazu zählen insbesondere die Miniaturmalerei, Kalligrafie, Arabesken oder Ornamente. Dabei spiegeln die entstandenen sprachlichen wie bildlichen Formen und Charakteristiken in ihrer Vielfalt die individuellen und kulturellen Züge der verschiedenen Epochen wider und zeigen als Ausdruck des Glaubens heterogene Sichtweisen auf Gott, die Welt sowie den Menschen.

---

85 Vgl. Seker (2013), 121.
86 Vgl. Korn (2008), 37.

In der islamischen Religionspädagogik und dem IRU liegen bislang nur wenige theoretische Ausarbeitungen oder praxisrelevante Ansätze für den Einsatz von Kunst und ästhetischen Darstellungen vor. Dieser Abschnitt möchte einige didaktische Vorschläge unterbreiten, wie mithilfe von Kunstwerken – insbesondere mit Bildern, da sie etwas zur Anschauung und zum Ausdruck bringen können – religiöse Lernprozesse initiiert werden können. Denn mithilfe von Bildern und Kunstwerken können Wahrnehmungs- und Gestaltungskompetenzen erworben werden, da sie visuell anregende und oft auch irritierende Zugänge zu Themen und Texten bieten.

2. Ästhetisches Lernen in den Lehrplänen des IRU

Ästhetische Bildung ist ein äußerst komplexer Bereich und je nach Fachtradition und dem zugrunde gelegten Verständnis von Ästhetik kann ihre Bestimmung unterschiedlich ausfallen. Sie schwankt zwischen einem weiten Verständnis, das sich auf die Bildung und Schulung der Sinneswahrnehmung bezieht, und einem engen Verständnis, das sich die didaktische Vermittlung der bildenden Künste in deren unterschiedlichen Erscheinungsformen zur Aufgabe macht.[88] Insofern umfasst ästhetische Bildung eine große Bandbreite an Gegenstandsbereichen. Diese reichen von der Beobachtung der Natur bis hin zur Auseinandersetzung und Würdigung von bildender Kunst, betreffen aber auch Methoden des ästhetischen Lernens, wie ganzheitliche Sinnesübungen bis hin zur Gedichtanalyse. Auch sind Wege und Ziele ästhetischer Bildungsprozesse und ihrer entsprechenden Lehr-Lern-Arrangements recht offen.[89]

Den weiteren Ausführungen wird folgende Definition von ästhetischer Bildung zugrunde gelegt, auf der die Konzeption ästhetischer Bildung im IRU beruht:

Ästhetische Bildung

Ästhetische Bildung soll hier im Sinne „[...] einer sinnlich-reflexiven und performativ-handlungsbezogenen Praxis verstanden werden als reflektierende und in Urteilen sich präsentierende Bildungsform, die in besonderer Weise die prozessualen Möglichkeiten für Übergänge, Verknüpfungen und das In-Beziehung-Setzen von Wahrnehmungen, Erfahrung und Imaginationen auf der einen und Kunst, Schönheit und die mit ihr verbundenen Zeichen und Symbole auf der anderen Seite betrifft“.[89]

87 Vgl. Mollenhauer (2007), 222.
88 Vgl. Gärtner (2016), 2.
89 Klepacki/Zirfas (2012), 68.

Kompetenzerwartungen im Lehrplan

Die Thematisierung der ästhetischen Dimension des Islam gehört in vielen Lehrplänen zu den Inhalten des IRUs. Die Kerncurricula des Faches in Niedersachsen sehen vor, dass die Schüler*innen in der Grundschule „die ästhetische Dimension des Koran (Rezitation, Kalligrafie) beschreiben",[90] während sie in der Sekundarstufe I diese „beschreiben und zum Ausdruck bringen".[91] Der Lehrplan in Nordrhein-Westfalen formuliert es ähnlich und legt den Fokus auf die Ästhetik des Koran. Am Ende der Schuleingangsphase werden dazu folgende Kompetenzerwartungen formuliert: Schüler*innen

- „beschreiben ästhetische Merkmale der Koranrezitation (z. B. Reim, Rhythmus, Pausen)
- beschreiben ästhetische Elemente der arabischen Schrift anhand von kalligrafischen Beispielen aus dem Koran
- benennen die Koranrezitation als religiöse Ausdrucksform".[92]
- Bis zum Ende der vierten Klasse soll dann eine Vertiefung erfolgen: Schüler*innen
- unterscheiden die Koranrezitation von religiösen Liedern (z. B. Mawlid-Vortrag)
- entwickeln beispielhaft eine künstlerische Darstellung einer kurzen Koransure (z. B. als Rezitation, als Bild, als Lied, als Kalligraphie)".[93]

Im Lehrplan für die Sekundarstufe I hingegen sollen Schüler*innen am Ende der sechsten Klasse „angeleitet ästhetische Merkmale (z. B. Reim, Rhythmus, Pausen, kalligrafische Elemente) und den Aufbau des Koran"[94] beschreiben.

Die Betrachtung der Lehrpläne zeigt, dass Ästhetik bzw. ästhetisches Lernen im IRU durchaus ein Thema sein kann, an das sich Kompetenzanforderungen richten. Auch wenn in den beiden exemplarisch betrachteten Lehrplänen der Fokus auf das ästhetische Erleben des Koran gelegt wurde, werden als weitere künstlerische Ausdrucksformen Koranrezitationen, Kalligrafien, Bilder, Lieder oder lyrische Texte wie *Mawlīd* erwähnt. Damit wird den Religionslehrkräften ein weites Feld zur Gestaltung des IRU unter ästhetischem Gesichtspunkt eröffnet.

90 Niedersächsisches Kultusministerium (2017), 17.
91 Niedersächsisches Kultusministerium (2014), 15.
92 Ministerium für Schule und Weiterbildung des Landes NRW (2013), 27.
93 Ebd., 27.
94 Ministerium für Schule und Weiterbildung des Landes NRW (2014), 22.

2.1. Ästhetisches Lernen im Religionsunterricht

Eine Miniatur des für seine Portraits bekannten *Nakkaş Sinan Bey*,[95] eine Kalligrafie des berühmten osmanischen Kalligrafen *Hafiz Osman*, eine Koranrezitation oder ein Foto von der Stadtburg *Alhambra* in Spanien – die Betrachtung von ästhetischen Objekten oder der Einsatz von auditiven oder auch visuellen Medien eröffnen muslimischen Schüler*innen im IRU neue Möglichkeiten, Traditionen anschaulicher und emotionaler zu erfahren und der ästhetischen Dimension religiöse Ausdrucksformen abzugewinnen.

Auch Schulbücher oder für schulische Zwecke entwickelte Publikationen für den IRU enthalten unterschiedliche künstlerische Abbildungen. Exemplarisch werden an dieser Stelle erwähnt: Das Schulbuch IKRA[96] setzt sich in dem Band für die vierten Klasse mit Moscheen auseinander. Auf einer Doppelseite sind mehrere Moscheen aus der ganzen Welt abgebildet, deren Architekturen sich stark voneinander unterscheiden. Die Schüler*innen werden aufgefordert, diese miteinander zu vergleichen. Eine weitere Doppelseite thematisiert die verschiedenen Kunstrichtungen im Innenraum einer Moschee. Die Schüler*innen sollen Kalligrafien und Ornamente identifizieren und ein Bild von einem Gebetsraum nach eigenen Vorstellungen malen. Das Schulbuch Saphir[97] für die Sekundarstufe I enthält u.a. Kalligrafien und Miniaturen von zeitgenössischen Künstler*innen. Historische osmanische Miniaturen verwendet das von Lamya Kaddor und Rabeya Müller herausgegebene Werk „Koran für Kinder und Erwachsene".[98] Auch Hamideh Mohagheghi und Dietrich Steinwede haben in ihrem Band „Was der Koran uns sagt. Für Kinder in einfacher Sprache"[99] historische Miniaturen zu Illustrationszwecken eingesetzt. Wie eine Lehrkraft mit den darin enthaltenen Bildern im Religionsunterricht arbeiten könnte, diese Frage bedarf methodisch-didaktischer Ansätze.

95 Der Miniaturmaler wird *nakkaş*, die Miniatur selbst *nakış* oder *tasvir* genannt.
96 Vgl. Islamische Föderation in Berlin (2017), 48–51.
97 Vgl. Kaddor/Müller/Behr (2011), (2012) und (2017).
98 Kaddor/Müller (2010).
99 Mohagheghi/Steinwede (2010).

Abbildung 10: Yūnus und Ǧibrīl[100]

100 And (2021), 366.

Abbildung 11: Muhammad vermählt Fātima und ʿAlī[101]

101 And (2021), 359.

Miniaturen
Die Miniatur ist eine Malkunst ohne Perspektiven, Tiefen, Lichteinwürfe oder Schatten, die sowohl in persischen als auch in osmanischen Höfen als eine Kunstform ausgeübt wurde. Legendäre Herrscher, Helden, aber auch paradiesische Gärten, (idealisierte) Alltagsszenen und Porträts sowie historische Szenen aus dem städtischen und öffentlichen Leben wurden dargestellt, wie siegreiche Schlachten des Reichs sowie staatstragende öffentliche Ereignisse. Persische und osmanische Künstler behandelten in profanen Schriften auch religiöse Themen. Sowohl im Koran erwähnte Propheten als auch der Prophet Muhammad selbst wurden illustriert. Die Gesichter der prophetischen Gestalten wurden entweder verschleiert oder ohne Bedeckung gezeichnet bzw. wie bei Engeln auch durch eine Flamme über dem Kopf kenntlich gemacht. Während die osmanischen Miniaturkünstler das Gesicht des Propheten immer verschleierten, ist in persischen Miniaturen auf unterschiedliche Versionen anzutreffen.

Zu bedenken bleibt, dass unter Muslim*innen eine weitverbreitete Ablehnung vor allem menschlicher Darstellungen und im Besonderen solcher des Propheten Muhammad herrscht. Auch wenn theologisch betrachtet die Darstellung des Propheten Muhammad oder anderer Propheten im Koran nicht explizit verboten ist, so ist sie doch weitgehend verpönt. Daher sind ein sensibler Umgang mit und Einsatz entsprechender Abbildungen im Religionsunterricht didaktisch geboten. Die einschlägigen Bedenken und die Zurückhaltung der Schüler*innen zu thematisieren und zu reflektieren, ist ein wichtiger Teil des Lernprozesses im Umgang mit künstlerischen Darstellungsformen des Religiösen.

2.2. Ästhetisches Lernen mit Kunstwerken

Die allgemeine Beschäftigung mit Bildern, visueller oder auditiver Art, künstlerischen, auch nichtreligiösen Werken konfrontiert die Schüler*innen grundsätzlich mit einem anderen Verständnis von Kunst, die sich von ihren Begegnungen im Alltag, wie etwa in sozialen Medien, unterscheidet.

Ambiguität

Dabei ist der Aspekt der Ambiguität von Bedeutung, die heute als konstitutives Merkmal von Kunstwerken gilt und in der Mehrdeutigkeit sinnlich-ästhetischer Ausdrucksformen besteht. Eine Ambiguitätstoleranz zu fördern ist ein bedeutsames Ziel in pädagogischen Lehr- und Lernarrangements. Sie bedeutet die Förderung der Fähigkeit, abweichende Perspektiven wahrzunehmen, diese probeweise empathisch einzunehmen und schließlich als zustimmungswürdige oder auch begründet abzulehnende Perspektive zu akzeptieren. Ambiguitätstoleranz heißt aber auch, die Offenheit zu besitzen, auf Befremdung und Verunsicherung nicht mit Ablehnung und Abgrenzung zu reagieren.[102] Damit wäre an den Einsatz einer ästhetischen Darstellung im IRU das Bildungsziel gebunden, dass die Lernenden neugierig und deutungsoffen auf Fremdes zugehen können. Der Umgang mit Fremdem kann sich darin zeigen, dass Schüler*innen sich damit auseinandersetzen, wie Menschen in anderen Epochen oder anderen Kulturen ihre religiösen Überzeugungen oder ihren Glauben ästhetisch zum Ausdruck gebracht haben. Diese den Schüler*innen teils fremden Lebens- und Glaubenswelten zeigen eine Vielfalt von konkurrierenden Deutungen, die es auszuhalten gilt, auch wenn sich nicht alles in das eigene Weltbild und die eigenen Lebensformen einordnen lässt.

3. Theologische Grundlagen

Die Beschäftigung mit islamischer Kunst stößt unter Muslim*innen schnell auf eine Ablehnung figürlicher Darstellungen aufgrund des sogenannten Bilderverbotes, das seinen Ursprung eigentlich im Judentum und Christentum hat. Der Koran äußert sich nicht zur schöpferischen Hervorbringung von Bildern an sich, sondern verurteilt Kultbilder von Gottheiten und Götzen. In den theologischen Ausführungen zum Umgang mit Bildern spielt das Gottesattribut *al-muṣawwir* eine wichtige Rolle. Der Begriff *al-muṣawwir* leitet sich von der arabischen Wurzel *ṣ-w-r* ab. Das Verb *ṣawwara* bedeutet *(er-)schaffen* oder *gestalten*, im modernen Schriftarabisch u.a. *bebildern* und *fotografieren*. Im modernen Arabisch ist *al-muṣawwir* folglich der Maler oder Künstler.

Diskurs über bildliche Darstellungen

Nimet Seker kommt bei der Analyse der entsprechenden koranischen Passagen, wie etwa der Verse 40:64 und 64:3, zum Ergebnis, dass *ṣ-w-r* durchgängig im Zusammenhang mit der Schöpfung und Formgebung des Menschen verwendet wird.[103] In dem Gelehrtendiskurs stehen überwiegend Hadithe im Vordergrund, in denen Künstler als *muṣawwirūn* in dem Sinne bezeichnet werden, dass sie durch die Schaffung eines Bildwerkes in Konkurrenz zu Gottes alleiniger Schöpfungsmacht treten. Aufgrund der semantischen Nähe des Begriffs zum koranischen Gebrauch betrachtet der Hadith-Kommentator *an-Nawawī* (gest. 1277) jegliche Darstellung von Lebewesen als verboten. Seker vermutet, dass diese keine Ambiguität zulassende puritanische Sichtweise vor allem von der Wahhabiyya in

102 Vgl. Schnurr (2021), 46.
103 Vgl. Seker (2013), 123–128.

Saudi-Arabien übernommen wurde. Sie macht darauf aufmerksam, dass sich im klassischen Schrifttum, entgegen *an-Nawawīs* absolutem Verbotsverständnis jeglicher bildlicher Darstellung, Positionen finden lassen, die die Hadithe anders deuten. So steht für *al-Fārisī* (gest. 987) dagegen nicht der Aspekt des Schöpfungshandelns im Vordergrund, vielmehr wurden die Künstler*innen wegen ihrer anthropomorphen Gottesvorstellung, nach denen sie Bildwerke formten, bestraft. Nach *al-Fārisī* könne der Mensch nicht mit dem Schöpferhandeln Gottes konkurrieren, da nur Gott allein es sei, der Leben geben und nehmen kann.[106] Hier ist ein Bezug zu altarabischen Götzenbildern erkennbar, die aus Holz oder Stein geformt und verehrt wurden. Damit dreht sich der Diskurs über bildliche Darstellungen zum einen um die anthropomorphe Darstellung Gottes und andererseits um die magische Vorstellung der Belebtheit bildlicher Darstellungen. Dass muslimische Künstler*innen kaum Lebewesen dargestellt haben, liegt an der Überlagerung der beiden Ebenen. Daher haben sich im Laufe der Geschichte nur wenige muslimische Künstler*innen mit dreidimensionalen Skulpturen und der bildlichen Darstellung von Lebewesen beschäftigt. Die meisten neigten eher dazu, die Schrift und die Ornamentik in verschiedenen Kunststilen weiterzuentwickeln. Die *unikonische* Kultur im islamischen Kulturraum löste sich von den Bildern und Körpern der Antike und konzentrierte sich auf Geometrie und bilderlose Darstellungen.

„Bilderverbot"?
Im Ganzen ist festzuhalten, dass die Bezeichnung ‚Bilderverbot' verwirrt und Assoziationen weckt, die es – angefangen mit der Bezeichnung selbst – zu dekonstruieren gilt. Angemessener wäre im islamisch-theologischen Kontext die Bezeichnung *Bildervermeidung*.

Im sakralen Bereich ist bis heute bewusst auf figürliche Darstellungen und Dekorationen verzichtet worden. Angesichts der religiös begründeten Ablehnung menschlicher Darstellungen neigten viele muslimische Künstler dazu, die Ornamentik, unterschiedliche Dekorationskünste und die Schönschrift in verschiedenen Kunststilen weiterzuentwickeln, sodass im Laufe der Geschichte diese zum Hauptcharakteristikum der islamischen Kunst wurden.

104 Vgl. ebd.

Die Verzier- und Papierkunst *kâtı'*
Kât oder *kâtı'* bedeutet ursprünglich *schneiden* und bezieht sich auf die dekorative Kunst des Ausschneidens und Herauspickens einer Schrift, eines Motivs, eines Musters oder einer Form, also die Kunst des Schablonierens aus einem Papier oder Leder und des Aufklebens auf ein anderes Stück Papier (wie ein Relief) oder Leder mit dekorativen Zwecken. Zum Einritzen des Papiers und des Leders wurde ein *nevregen*, ein kleines, scharfes Messer, verwendet. Neben einfachen Formen wurden auch komplexe Scherenschnitte hergestellt, die bunte Blumen, Blumengärten oder eine Landschaft, kalligrafische Verzierungen usw. zeigten und zu dreidimensionalen Bildern wurden. Die Ursprünge dieser Kunst lassen sich bis nach China und auch in den Iran zurückverfolgen. Im 15. Jahrhundert wurden mit großem Geschick und viel Geduld filigrane und wunderschön komponierte Muster in Lederfiligran und Scherenschnitt hergestellt. Osmanische Künstler, „*kati'an*" genannt, begannen ab dem 16. Jahrhundert damit, die Einbände religiöser und philosophischer Texte zu verzieren. Besonders zu Zeiten Sulaiman des Prächtigen wurde diese Kunst sehr populär. Leider gibt es heute nur noch sehr wenige *kât'i*-Meister; es ist eine aussterbende Kunstform.

Insbesondere lassen sich in der Miniaturmalerei wie auch in der (höfischen) Teppichkunst oder in profanen Bauten figurative (wie auch geometrische) Motive auffinden. Zu verschiedenen Zeiten wurde mit bildlichen Darstellungen im Islam unterschiedlich umgegangen. Heute zeichnen, fotografieren und filmen Muslim*innen, ohne darin einen Verstoß gegen Gottes Gebote zu sehen. In Moscheen wird weiterhin vollständig auf die Darstellung von Menschen verzichtet. Moscheen in Deutschland und andernorts sind mit sich wiederholenden abstrakten Mustern, wie Ornamenten oder Kalligrafien geschmückt. Fliesen um die Gebetsnische herum weisen florale oder geometrische Motive auf. Die Wände sind verziert mit kunstvoll gestalteten Koranverse in arabischer Sprache. Die Kunst der Kalligrafie gehört heute noch zu den meist praktizierten und tradierten Künsten im arabischen Raum.

Gott ist schön

In Anlehnung an die aus der Antike übernommenen Vorstellungen von Schönheit standen für muslimische Künstler Ebenmaß und Ausgeglichenheit im Vordergrund. Als wichtigste Grundlage künstlerischer Schönheit legten sie bei den Darstellungen Wert auf Harmonie und Proportion, Ausgewogenheit und Ordnung, um die Schönheit Gottes zum Ausdruck zu bringen.[105] Sie orientierten sich

105 Vgl. Hagedorn/Wolf (2011), 7ff.

vor allem an der prophetischen Aussage *„Gott ist schön und liebt das Schöne"*.[106] Künstlerischen Werken in den Bereichen Architektur, Kalligrafie, Malerei, Glas, Keramik und Textilien wurde ein hoher pädagogischer Wert zugewiesen, sie entfalteten über die Jahrhunderte hinweg praktisch und theologisch eine hohe Wirksamkeit. Sie sollten der Schönheit Gottes einen Aus- und Abdruck verleihen, um auch anderen einen Zugang zu Gott zu eröffnen. Damit wurde dem Kunstwerk sowohl eine theologische Legitimation als auch ein tieferer Sinn verliehen. In der Anschauung und Anschaulichkeit eines Kunstwerkes liegt eine affektive Botschaft, in der sich das Entzücken und die Freude des Glaubens zeigen, und die Betrachter*innen zu Zeug*innen und Teil dieses Entzückens werden lässt.[107]

Seinen pädagogischen Wert bezieht das Kunstwerk daraus, dass es anschaulich herausfordert, (a) ein Bewusstsein und ein Auge für *das Schöne* zu entwickeln und (b) eine Verbindung zu Gott herzustellen. Damit wird das Kunstwerk zu einem Instrument transzendiert, das zur Andacht einlädt und dem Glauben eine ästhetische Dimension hinzufügt.

4. Didaktische Konkretisierung

Bei der Auswahl der Kunstwerke ist in didaktischer Hinsicht zu fragen, welche Zugangsmöglichkeiten das Werk den Schüler*innen bietet und wie die Hinführung und die Erschließung gestaltet werden kann. Bei jüngeren Schüler*innen kann das Bild durch eine Rahmenerzählung in seinen historischen Kontext eingeordnet werden. Da islamische Kunstwerke wohl eher nicht Unterrichtsgegenstand anderer schulischer Fächer sind, benötigen Schüler*innen religionsdidaktische Unterstützung, damit ihre ästhetische Gestaltung von ihnen erfasst und verstanden wird. Dabei darf ihre subjektive Befindlichkeit in Bewegung geraten und sie länger beschäftigen, indem sie irritiert, ergriffen, herausgefordert oder in ihrem Horizont erweitert werden.

Zeit, Raum, Geduld

Zum Einsatz können dabei neben klassischen Kunstformen auch moderne Kunstwerke kommen, um die Schüler*innen mit der Fülle muslimischer Kunst vertraut zu machen. In welcher Form oder in welcher Phase sie auch eingesetzt werden, ästhetische Werke

106 Muslim, ṣaḥīḥ, Bd. 1,(1) – Kitābu'l īmān, bāb 39, Hadithnr. 147.

107 Das Museum für Islamische Kunst im Pergamonmuseum in Berlin verfügt über vielfältige Werke islamischer Kunst aus dem 7. bis 19. Jahrhundert, die in den Gebieten zwischen Spanien und Indien entstanden sind. Vgl. https://www.smb.museum/museen-einrichtungen/museum-fuer-islamische-kunst/home/; aufgerufen am 05.05.2022.

verlangen Zeit, Raum und Geduld, wenn ästhetische Lernprozesse angeleitet werden sollen. Sie bedürfen einer Atmosphäre, in der sich die Schüler*innen dem Medium nähern können.

Zu bedenken bleibt bei der Behandlung historischer Kunstwerke im Unterricht, dass sie unseren heutigen Sehgewohnheiten als nicht-perspektivische Bilder fremd erscheinen. Bspw. sind Miniaturen zweidimensional dargestellt und vermitteln keine Raumtiefe, sondern zeigen flächenhafte Darstellungen. Auch lassen sich anhand der gezeichneten Gesichtszüge kaum Emotionen ablesen.[108] Aus historischer Perspektive muss bedacht werden, dass die Künstler*innen als Zeugen ihrer Zeit tätig waren und die dargestellten Personen ihren zeitgenössischen Vorstellungen entsprechen. Bspw. tragen Maryam und Propheten in osmanischen Miniaturen typische Gewänder aus der Entstehungszeit des Bildes. Bilder mit religiösen Motiven illustrieren oft das Verständnis der Glaubensvorstellungen von Künstler*innen.

Dieses Bild der Künstlerin drückt die Bedeutung und Rolle des Propheten Muhammad für sie aus. Es zeigt, wozu der Prophet sie als glaubende Person animiert und aufruft.

Abbildung 12: „Muhammad denken"(Tuba Isik)

108 Orhan Pamuk beschreibt in seinem Roman „Rot ist mein Name" die Arbeit von Miniaturkünstlern im 16. Jahrhundert in Istanbul auf eine beeindruckend anschauliche Weise.

Kompetenzen schulen

Eine **Ambiguitätskompetenz** im Kontext der ästhetischen Bildung lässt sich sukzessive aufbauen, hierzu gehören folgende Dimensionen der Betrachtung und des Umgangs mit islamischer Kunst.

1. *Wahrnehmungsschulung*
   Ausgehend vom koranischen Ethos, dass alles in der Welt und so auch der Mensch Zeichen (*ayāt*) sind, die es anzuschauen gilt, um das Göttliche in ihnen zu entdecken oder/und sie deuten zu können, kann diese Aufforderung analog auf Darstellungsformen der Kunst insgesamt übertragen werden. Kunstvoll gestaltete Objekte und Bilder eignen sich gut, vielschichtiges Wahrnehmen zu schulen oder auch Wahrnehmungsgewohnheiten aufzubrechen und zu hinterfragen. Dadurch kann für das subjektive Wahrnehmen sensibilisiert und neue Erkenntnisse ermöglicht werden. Bilder und Objekte können ein bestimmtes ‚Bild', also eine je eigene Vorstellung von Gott, Gottesliebe, Gottessehnsucht oder das persönliche Verhältnis zu Gott abgeben.
2. *Sinnesschulung*
   Eine ernsthafte Wahrnehmungsschulung geht mit der Schulung der Sinne Hand in Hand – unabhängig von der Tatsache, dass die Sinnesausbildung intuitiv einen wichtigen Aspekt der kindlichen Entwicklung ausmacht. Ästhetische Erfahrungen besitzen das Potenzial, Sinne zu schulen und Emotionen hervorzurufen – wobei nicht jede sinnliche Wahrnehmung unmittelbar eine ästhetische Erfahrung sein muss. Bewusstes Sehen, Hören, Tasten, Riechen und Fühlen helfen, eine persönliche Verbindung zum jeweiligen Gegenstand aufzubauen und diese verbal oder gestalterisch zum Ausdruck bringen können.
3. *Ästhetische Erfahrung und ihre Ausdrucksmöglichkeiten*
   Am Beginn eines ästhetischen Wahrnehmungsprozesses steht zumeist das Staunen. Dieses Staunen kann als Überraschung zum Innehalten und zur Irritation führen. An dieser Stelle haben nun die Schüler*innen die Gelegenheit, ihre individuelle Wahrnehmung und Erfahrung ästhetisch auszudrücken und zu gestalten, wie z. B. durch ein Kunstwerk, ein Bild, Musik, Dichtung oder eine Performanz.

4.1. Ästhetische Erfahrungen mithilfe von Bildern

Im IRU können Bilder Quelle für religiöses Fachwissen, kulturell-historisches Wissen sowie Gegenstand von kunstpädagogischen Lernprozessen werden. Eine Miniatur aus dem 16. Jahrhundert, die eine Abbild aus einer Prophetenerzählung ist, kann genauso eine rezeptive Auseinandersetzung auslösen wie ein Bild aus der Gegenwart.

sechs Schritte der Begegnung

Im Umgang mit Bildern ist eine Orientierung an fünf Schritten im *Standardschema* der idealen Begegnung von Günter Lange[109] möglich. Diese Schritte haben wir um einen weiteren ergänzt, in dem auch das performative Lernen im Sinne einer ästhetischen Erfahrung und ihrer Ausdrucksmöglichkeiten von Bedeutung ist:

1. *Spontane Wahrnehmung: Was sehe ich?*
   In der ersten Anschauung des Bildes wird den Schüler*innen Raum für spontane Rezeptionsreaktionen gegeben.
2. *Analyse der Formensprache: Wie ist das Bild aufgebaut?*
   Im nächsten Schritt beschreiben die Schüler*innen Farben, Formen und Strukturen, die sie wahrnehmen. Die Lehrkraft unterstützt die Schüler*innen dabei, eine Ordnung oder einen Aufbau im Bild zu erkennen.
3. *Innenkonzentration: Was löst das Bild in mir aus?*
   Die Schüler*innen werden nach ihren Gefühlen und Assoziationen befragt, die sie bei der Betrachtung des Bildes haben, und bringen diese zum Ausdruck.
4. *Analyse des Bildgehalts: Was hat das Bild zu bedeuten?*
   Mit der Unterstützung der Lehrkraft wird ein Bezug des Bildes zum Koran oder zu anderen religiösen Quellen hergestellt. Dabei wird der spezifische Gehalt, den das Bild dem Thema des Bildes verleiht, an die sinnliche Gestaltung gebunden.
5. *Identifizierung mit dem Bild: Wo ist mein Ort in dem Bild?*
   In dieser Phase suchen die Schüler*innen für sich selbst einen Ort in dem Bild oder identifizieren sich mit einer Figur, einer Gestalt oder einem Gegenstand. Dieser Prozess kann durch Fragen abgeleitet werden wie etwa: ‚Wer oder wo wärst du gerne im Bild? In welcher Figur findest du dich am ehestens wieder?‘ Mit einer weiteren Nachfrage, was mit ihnen selbst in diesem Bild passieren könnte, wird die eigene Entscheidung, wer oder wo man im Bild sein möchte, reflektiert.
6. *Inszenierung: Wie kann ich das Wahrgenommene kreativ gestalten?*
   Im letzten Arbeitsschritt bekommen die Schüler*innen die Möglichkeit, das Bild aus- bzw. weiter zu gestalten. Hierfür verwenden sie Formen und Farben ihrer Wahl. Im Anschlussgespräch erklären sie ihre Gestaltung und deren Bedeutung für sie selbst.

Kunst in verschiedenen Unterrichtsphasen

Künstlerische Werke können in allen Unterrichtsphasen eingesetzt werden und dabei unterschiedliche Funktionen übernehmen. Franz Wendel Niehl und Arthur Thömmes stellen in ihrem Methoden-

109 Vgl. Lange (2010), 259f.

buch für den Religionsunterricht über 30 Methoden vor, von denen im Folgenden einige exemplarisch auf die Arbeit mit einer Miniaturmalerei zur Opferungsgeschichte im Koran angewendet und unterschiedlichen Unterrichtsphasen zugeordnet werden. Dazu gibt es verschiedene Miniaturen aus der osmanischen und persischen Kunst, die die Opferszene bildlich darstellen:

1. *Einstiegsphase*
   Die Schüler*innen nehmen eine *Bildbefragung*[110] vor, indem sie die Miniatur betrachten. In Partner- oder Gruppenarbeit notieren sie sich Fragen an das Bild. Diese werden im Anschluss als Wandzeitung präsentiert. Nach dem Einholen eines ersten Eindruckes, was das Bild bei den Schüler*innen auslöst, wird das Bild formal analysiert. Dabei geht man unter anderem auf die Bildhandlung, die Bildelemente und ihre Beziehung sowie auf die Farbgebung und Raumtiefe ein.
2. *Erarbeitungsphase*
   Im Anschluss wird die Opferungsgeschichte aus dem Koran[111] besprochen. Zur Vertiefung kann eine weitere Miniatur aus einer anderen Epoche betrachtet werden, die dieselbe Szene mit abweichenden Motiven darstellt.
3. *Vertiefungsphase*
   Mit der Methode *Vergleich Bild – Text*[112] kann die Miniatur mit dem koranischen Text verglichen werden. Der Schwerpunkt liegt darauf, welche Szene das Bild darstellt, ob es Informationen enthält, die der Text nicht hergibt und wie das Bild den Text auslegt. Daran anknüpfend kann die eingangs betrachtete Miniatur noch einmal herangezogen und daraufhin analysiert werden, worin die bildnerische Realisierung des Themas und die koranische Erzählung übereinstimmen, in welchen Aspekten sie auseinandergehen und welche koranischen ‚Leerstellen' von dem Künstler mit welchen Elementen gefüllt worden sind.

   Eine weitere Vertiefung kann durch einen *Bildvergleich*[113] erreicht werden, bei dem eine weitere motivgleiche Miniatur aus einer anderen Epoche auf Gemeinsamkeiten und Unterschiede untersucht wird. Der Vergleich der Motive bietet auch religionspädagogisch die Chance, dass muslimische Schüler*innen auf ästhetisch-visuellem Weg Unterschieden im Verstehen korani-

110 Vgl. Niehl/Thömmes (1998), 19.
111 Koran 37:100–109
112 Vgl. ebd., 24.
113 Vgl. ebd., 22.

scher Texte nachgehen und die Vielfalt religiöser Vorstellungen erfassen.

4. *Transferphase*
   Eine Möglichkeit bieten *Bilddialoge,*[114] mit denen Schüler*innen in Einzel- oder Partnerarbeit fiktive Dialoge zwischen den Personen auf dem Bild verfassen. Es kann auch eine weitere Person ergänzt werden, z. B. ein Augenzeuge oder die Mutter. Im Anschluss werden die Gespräche vorgetragen oder szenisch nachgespielt. Die Schüler*innen können so ihre Lern- und Erfahrungszusammenhänge performativ inszenieren. Sie nehmen eine Vertiefung des Verständnisses der eigenen und anderer Bedeutungszuweisungen vor. Dies erfordert von ihnen in der Lernsituation ein Ethos des Wahrnehmens, des Reflektierens und des Sich-Einlassens auf die Vielfalt der Perspektiven und im Sinne der Ambiguitätstoleranz auch den Respekt vor der Verschiedenheit der Deutungen.

4.2. Performativ-ästhetisches Lernen

kreatives Gestalten

Dieser Ansatz geht davon aus, dass Religion nicht rein rational zugänglich, sondern auch ästhetisch und damit erfahrbar und begreifbar ist und sich in konkreten Handlungen (z. B. Gebetshaltungen) ausdrückt. Hierbei geht es gemäß dem performativen Ansatz um Inszenierungen und kreatives Gestalten im Religionsunterricht.[115] Religion wird so für die Schüler*innen erlebbar und eröffnet ihnen Wege der Teilhabe.

Darunter kann die Performanz eines Gedichtes von Yunus Emre, das Gestalten einer Kachel oder einer Kalligrafie gefasst werden, wo Schüler*innen ihr eigenes religiöses Erleben im Unterricht kreativ zum Ausdruck bringen. (→ *Performatives Lernen*)

4.3. Koran als Hörerlebnis

Akt der Vergegenwärtigung Gottes

Die Koranrezitation spielt im alltäglichen Leben der Muslim*innen eine eminent wichtige Rolle. Sowohl im gemeinsamen rituellen Gebet in einer Moschee als auch bei religiösen Gedenk- oder Trauerveranstaltungen wird der Koran kunstvoll rezitiert. Das Hören des rezitierten Korantextes stellt für die Gläubigen die Begegnung mit dem göttlichen Wort dar und ist als Akt der Vergegenwärtigung Gottes und seines Gesandten eine Wiederholung des Offenbarungs-

114 Vgl. ebd., 32.
115 Vgl. Gärtner (2021), 268.

ereignisses. Für Milad Karimi wird mit der Rezitation des Koran die Schönheit Gottes zum Erklingen gebracht und vernommen. „Der Koran, wird er im Modus seines ästhetischen Offenbarungscharakters erfahren, lässt Gott, Muhammad und die Menschen im Schönen sich vereinen."[116] Daher ist das Rezitieren mehr als ein bloßes Lesen oder Informieren, es ist ein Erlebnis.

Navid Kermani weist auf die ästhetische Eigenart des Korantextes hin, dass dieser, „[...] sich nicht etwa nur reimt, sondern in verstörenden, vieldeutigen, geheimnisvollen Bildern spricht, er ist auch kein Buch, sondern eine Rezitation, die Partitur eines Gesangs, der seine arabischen Hörer durch seine Rhythmik, Lautmalerei und Melodik bewegt".[117] Es ist nicht selten, dass muslimische Zuhörer*innen von der rhythmischen Kraft und poetischen Schönheit einer Koranrezitation so ergriffen sind, dass sie zu Tränen gerührt werden.

Schönheit der Sprache

Die islamische Theologiegeschichte hat sich bereits früh mit der sprachlich-stilistischen Eigenart des Koran auseinandergesetzt und die Schönheit und Unnachahmlichkeit der Sprache (*iʿǧāz*) zum Beglaubigungswunder des Islam erklärt. In der Bekehrungsgeschichte des zweiten Kalifen Omar wird dargelegt, wie ergriffen er von der Schönheit der Worte des Koran gewesen sei, dass er zum Islam konvertierte. Das Hören ist eine ästhetisch-poetische Erfahrung, die zur Erkenntnis führen kann. Navid Kermani beschreibt das religiöse Erkennen als ästhetisch vermittelt, „als ein Schauder erregendes, Gänsehaut verursachendes Hören einer als schön bezeichneten Rede".[118] Folglich spricht im Erleben von Muslim*innen, wenn der Koran rezitiert wird, Gott; das Hören vermittelt die Gewissheit, in der Gegenwart Gottes zu sein.

Die im Laufe der Geschichte entstandene Kunst der Koranrezitation ist die Konsequenz einer im Text bereits angelegten klanglichen Kommunikationsebene. Im 9. und 10. Jahrhundert etablierte sich ein umfangreiches Regelwerk des *taǧwīd*, das die phonetischen Aspekte der Koranrezitation sehr detailliert festlegt. Es besitzt bis dato Gültigkeit in Bezug auf Angaben der Artikulation, der Aussprache einzelner Laute und Lautkombinationen sowie der Prosa und Metrik. Zu den phonetischen Feinheiten zählen u. a. Dehnungen und Verkürzungen von Vokalen, Einsätze und Pausen, Konsonantenverdoppelungen, Nasalierungen der Konsonanten, Schattierungen von Vokalen oder die bewusst eingesetzte Vibration der Stimme. Das

116 Karimi (2016), 270.
117 Kermani (2015), 6.
118 Ebd., 23.

Resultat ist ein sinnliches Erfahren und meditatives Reflektieren des Textes aufseiten der Hörerschaft – Letzteres, sofern sie des Koranarabischen mächtig sind. Die in einer gleichbleibenden Tonhöhe stattfindende Textrezitation kann in einer bestimmten Melodieform, für die sich die Rezitator*in von vornherein entscheidet, erfolgen. Die Melodie kann eine bestimmte Farbe besitzen, also eine Gemütsfärbung, die eine Stimmung wiedergibt.[119]

4.3.1. Der Koran als Hörerlebnis im Religionsunterricht

Die ästhetisch anspruchsvolle Wiedergabe des Koran ist eine Kunst, die ein auditives ästhetisches Moment der islamischen Kultur darstellt und sich auch als ein Ausgangspunkt anbietet, um (Sprech-) Gesang im Religionsunterricht zu thematisieren.

Je nach religiöser Sozialisation können muslimische Schüler*innen Erfahrungen mit der Koranrezitation mitbringen, wenn sie bspw. am Moscheeunterricht teilnehmen und dort das Rezitieren nach den *taǧwīd*-Regeln gelernt haben. Sie können einer Rezitation auch im Rahmen eines rituellen Gemeinschaftsgebetes, einer Trauerfeier für eine verstorbene muslimische Person oder einer *mawlid*-Feier begegnet sein. Aufgrund der innermuslimischen Vielfalt in Deutschland muss allerdings berücksichtigt werden, dass nicht alle Schüler*innen Vorerfahrungen mitbringen.

Befragt man Muslim*innen zu ihren Emotionen beim Hören einer kunstvollen Koranrezitation, ist oft von Ergriffenheit und tiefer Berührung die Rede. Allerdings fällt es selbst Erwachsenen schwer, in Worte zu fassen, welche Gefühle bei ihnen hervorgerufen werden und was sie auslöst.

Einflüsse auf das Hörerlebnis

Die Rezeption eines Vortrages unterscheidet sich nicht nur nach den äußeren Umständen der Hörumgebung und der Vortragskunst des Rezitators, sondern auch nach der Hörerfahrung und der Tiefe des spirituellen Empfindens und ist damit etwas höchst Individuelles. Auch bei den Schüler*innen kann die ästhetische Wahrnehmung der Koranrezitation individuell unterschiedlich ausfallen – in einer Spanne zwischen innerer Bewegtheit und Emotionslosigkeit. Die von einer Wahrnehmung ausgelösten Emotionen hängen immer auch vom situativen Kontext ab, der meist unbewusst auf die individuelle Interpretation sprachlicher Hörmuster einwirkt. Dazu zählen u. a.

119 Vgl. Isik, 187.

- kontextbezogene Einflüsse wie das Publikum, das Setting, die Tageszeit, das akustische Umfeld, die Raumtemperatur oder die Lichtverhältnisse,
- inhaltsbezogene Einflüsse wie etwa Wissensstand oder persönliches Interesse,
- sprachliche Präsentation wie der Sprachstil, Tonfall, Sprechgeschwindigkeit, Gestik und Mimik und
- personenbezogene Merkmale wie die Einstellung zum/zur Sprecher*in, Aufmerksamkeit und Motivation.[120]

Zum anderen haben individuelle Hörprägungen und -erfahrungen nicht nur einen Einfluss darauf, wie das Gehörte auf jemanden wirkt, sondern auch darauf, wie sich jemand zum Gehörten verhält. Die soziokulturellen Umweltbedingungen, die Sprache, die Art des Sprechens, die Kommunikationskultur, Musik, technische und natürliche Geräusche beeinflussen, welches Repertoire an Möglichkeiten zur Verfügung steht, um sich selbst zu äußern, sei es sprachlich, körperlich, musikalisch oder über das Verhalten insgesamt. Ebenso werden die Wahrnehmungs-, Interpretations- und Verhaltensmuster vom emotionalen und situativen Kontext sowie von den sozialen und kulturellen Bedeutungszuweisungen gelenkt.[121]

4.3.2. Didaktisierung der Koranrezitation im Religionsunterricht

Spiritualität, Andacht, Hingabe

In schulischen Lehr- und Lernprozessen herrscht in der Regel das verstehende Zuhören vor, weil die Schüler*innen die mündlich vermittelte Botschaft erfassen sollen. Davon unterscheidet sich die Koranrezitation insofern, als es sich um einen ästhetisch anspruchsvoll vorgetragenen sakralen Text handelt, der eine andere Dimension des Auffassens anspricht als das kognitive Verstehen – Spiritualität, Andacht und Hingabe. Hierauf lässt sich der Begriff des würdigenden Zuhörens anwenden, *appreciative listening,* womit ein respektvoller Umgang mit Darbietungen bezeichnet wird.[122]

intersubjektives Reflektieren

Dem Hören einer Koranrezitation in schulischen Bildungskontexten lassen sich prozessbezogene Kompetenzen wie Wahrnehmungs-, Deutungs-, Urteils- und Handlungsfähigkeit zuordnen.

120 Vgl. Berg/Imhof (1996).
121 Vgl. Hagen (2006), 68.
122 Vgl. Wegener (2017), 88.

Auch kann die Versprachlichung eines Höreindrucks und damit die Erweiterung des Ausdrucksrepertoires ein Angebot an die Schüler*innen sein, religiös Erlebtes in rationale Verständigungsprozesse einzubetten. Zu beachten bleibt, dass sich in pädagogischen Lernsettings Emotionen nicht ‚auf Kommando' abrufen lassen und immer auch mit einem ‚Zwangscharakter' der Institution Schule wie etwa Notendruck oder Lehrkraft bspw. als Autorität verbunden sind. Daher sollte primär nicht das Gefühl beim Hören einer Koranrezitation an sich, sondern die Kommunikation darüber und das Sprechen, d. h. die Förderung der Sprachkompetenz, im Mittelpunkt der unterrichtlichen Interaktion stehen. Die Versprachlichung der emotionalen Erfahrungen erfolgt über ein intersubjektives Reflektieren, das die Vielschichtigkeit der Zugänge und der Vorstellungskraft der Schüler*innen deutlich macht. Die zum Ausdruck gebrachten Emotionen sind immer auch eine Momentaufnahme in dieser spezifischen Situation. Es können unter anderen inneren und äußeren Dispositionen andere Gefühle entstehen. Die Schüler*innen verlassen dabei den Schonraum ihres individuellen Erlebens und machen ihre Eindrücke nach und nach öffentlich. Einer Koranrezitation zuzuhören verlangt von ihnen die Selektion und Interpretation sprachlicher Informationen, dessen Textaussage sie zunächst nicht verstehen.

Um Schüler*innen einen reflexiven Zugang zur Koranrezitation zu verschaffen, empfiehlt sich ein Ablauf mit drei Durchgängen. Diese können je nach dem unterrichtlichen Kontext weiter modifiziert werden:

1. Durchgang	**2. Durchgang**	**3. Durchgang**
Hören	Lesen und Verstehen	Hören
Emotio	Ratio	Emotio und Ratio

Tabelle 4: Tabellarische Darstellung der drei Durchgänge

1. Durchgang: Hören

Der erste Durchgang beschränkt sich auf das Auditive und zielt nur auf das Hörerlebnis ab. Hierbei geht es um die Förderung des würdigenden Zuhörens sowie der Wahrnehmungs- und Darstellungsfähigkeit, indem die Schüler*innen die eigenen inneren Bilder beschreiben. Als Vorbereitung auf ein konzentriertes und bewusstes Hinhören nehmen die Schüler*innen zunächst eine meditative Hörhaltung ein, indem sie sich auf die Stille einlassen und nach Wunsch die Augen schließen. Wer sich nicht darauf einlassen will, bleibt leise. Danach spielt die Lehrkraft die ausgewählte Koranrezitation ab. Je nach Alter der Schüler*innen ist zu beachten, dass die abgespielte Rezitation eine Länge von 2–4 Minuten nicht überschreitet, zumal ein konzentriertes Zuhören eine höhere kognitive Kapazität erfordert. Die Schüler*innen hören zu und machen sich danach auf die Suche nach inneren Bildern und Gefühlen.

Versprachlichung des Hörerlebnisses

Im Anschluss erfolgt die Versprachlichung des Hörerlebnisses. Der gehörte Text ruft vorerst nur Assoziationen bei den Schüler*innen hervor, da sie den Text nicht kennen, nicht verstehen und sich auf den Klang konzentrieren.

Die ersten Assoziationen können mündlich eingeholt werden. Die Schüler*innen haben durch das Hören eine Grundstimmung wahrgenommen und versuchen diese in eigenen Worten wiederzugeben. Möglicherweise haben sie in der abgespielten Rezitation einzelne Begriffe erkannt, die ihnen aus ihrer Herkunftssprache bekannt sind. Auch kann die Koranrezitation in die Lebenswelt der Schüler*innen eingeordnet werden und sie können sich darüber austauschen, wann und wo sie eine Koranrezitation gehört und welche Körperhaltung sie dabei eingenommen haben.

Da Versprachlichung der Empfindungen und Eindrücke einen differenzierten Wortschatz sowie ein hohes Bewusstsein von den eigenen Empfindungen voraussetzt, worüber nicht alle Schüler*innen verfügen, empfiehlt es sich, mit einem Polaritätsprofil[123] zu arbeiten. Das Polaritätsprofil ist dadurch gekennzeichnet, dass zwei entgegengesetzte verbale Pole die Endpunkte einer Skala darstellen: Dazwischen sind fünf Kategorien, in welche die Schüler*innen die gehörte Rezitation einordnen und mit einem Kreuz markieren. Im Anschluss werden die Kreuze miteinander verbunden, sodass eine Kurve entsteht.

123 In Anlehnung an Heike Lindner entwickelt, vgl. Lindner (2014), 34.

verschlossen	O	O	O	O	O	geöffnet
schwer	O	O	O	O	O	leicht
fremd	O	O	O	O	O	vertraut
hart	O	O	O	O	O	weich
traurig	O	O	O	O	O	fröhlich
langweilig	O	O	O	O	O	interessant
dunkel	O	O	O	O	O	hell
hektisch	O	O	O	O	O	ruhig
nervös	O	O	O	O	O	ausgeglichen
unbekannt	O	O	O	O	O	bekannt
unangenehm	O	O	O	O	O	angenehm
alltäglich	O	O	O	O	O	besonders
berührend	O	O	O	O	O	emotionslos

Tabelle 5: Exemplarisches Arbeitsblatt mit einem Polaritätsprofil

2. *Durchgang: Lesen*
In dieser Phase ist zunächst die Handlungs- und Deutungsfähigkeit der Schüler*innen gefragt, indem sie sich in Kleingruppen in die rezitierende Person hineinversetzen und ihre Körperhaltung und ihre Gefühle während der Rezitation z. B. in Form eines Standbildes nachstellen. Die Schüler*innen kommen über die unterschiedlichen Wahrnehmungen ins Gespräch und beschreiben die Mimik, Gestik und Körperhaltung der darstellenden Personen und diskutieren über die Gemeinsamkeiten und Unterschiede im Ausdruck.

Fragen an den Text

Im Anschluss wird ein rationaler Zugang erarbeitet, indem sich die Schüler*innen mit dem gehörten Text inhaltlich auseinandersetzen. Damit wird die Fähigkeit der Wahrnehmung um die Fähigkeit des Verstehens und der Deutung des Inhaltes erweitert. Sie lesen die deutsche Übersetzung der auf Arabisch rezitierten Verse und erschließen den Text u. a. mittels folgender Fragen, die die Religionslehrkraft in einem Unterrichtsgespräch einbringt:

- Was ist der Inhalt?
- An wen ist der Text gerichtet?
- Welche Bilder werden gezeichnet?
- Spricht der Text die Schüler*innen an?
- Welche Assoziationen werden in ihnen geweckt?
- usw.

Die Schüler*innen nehmen den Inhalt und damit die Botschaft der Koranverse in Grundzügen wahr und gehen in ihren Gesprächsbeiträgen in die Interpretation des Textes hinein. Zusätzlich stellt die Religionslehrkraft Deutungen von islamischen Theolog*innen vor, deren hermeneutischen Zugänge sich voneinander unterscheiden. Auch wird darüber gesprochen, ob die Schüler*innen Ähnlichkeiten zwischen dem Inhalt und dem Vortrag erkennen.

3. Durchgang: erneutes Hören
Die Schüler*innen hören sich die Rezitation ein zweites Mal an. Dies führt zu einer produktiven Verlangsamung des Lernprozesses. Das wiederholte Hören bringt den Schüler*innen einen Zuwachs an Informationen und erweitert ihre Wahrnehmung. Sie äußern sich spontan zu der Hörwirkung. Die Polaritätsprofile werden erneut von ihnen ausgefüllt, um so vergleichen zu können, ob durch das Verstehen des Korantextes das Hörerlebnis sich verändert hat. Die Profile aus beiden Durchgängen werden miteinander verglichen. Erwartbar ist, dass das zweite Profil stärker von dem Textverständnis beeinflusst wurde und eine entsprechende Verschiebung bei den Emotionen stattgefunden hat. Im Anschluss kann darüber diskutiert werden.

produktive Verlangsamung

Im Sinne eines performativ-ästhetischen Lernens bietet sich im Anschluss hieran auch eine Inszenierung eines ins Deutsche übersetzten Textes wie in der Übersetzung von Milad Karimi oder Friedrich Rückert an, die bei ihren Übersetzungen die lyrische Form des arabischen Textes beachtet haben. Hierbei können die Schüler*innen den übersetzten Text in deutscher Sprache wie einen poetischen Text vortragen, indem sie auf Sprechausdruck und Gestik achten.

5. Anregungen zur persönlichen Vertiefung

Lesen Sie sich die Anforderungssituation zu Beginn des Kapitels noch einmal durch. Darin hat eine katholische Schülerin ihr Staunen über die Bilderlosigkeit einer Moschee zum Ausdruck gebracht. Wie können Sie in dieser Situation darauf reagieren? Erarbeiten

Sie ein mögliches Szenario, indem Sie die Aufmerksamkeit der Schülerin auf künstlerische Elemente einer Moschee richten.

1. **Biografisch:** Welche ästhetischen Erfahrungen haben Sie in Ihrer Biografie in Ihrem familiären und sozialen Umfeld gemacht, die für Sie religiös von Bedeutung waren? Skizzieren Sie diese Erfahrungen und deren Bedeutung für Ihren Zugang zur Ästhetik.
2. **Theologisch-anthropologisch:** Im März 2001 wurden die Buddha-Statuen von Bamiyan von den Taliban, 2015 antike Statuen vom sogenannten „Islamischen Staat" in der Oasenstadt Palmyra in Syrien zerstört. Recherchieren Sie die Motive für die Zerstörung und nehmen Sie Stellung dazu, inwiefern das Vorgehen theologisch begründbar ist oder nicht.
3. **Bildungstheoretisch:** Der katholische Religionspädagoge Georg Hilger plädiert für eine „Verlangsamung"[124] des Religionsunterrichts. Diskutieren Sie diese Frage im Hinblick auf das ästhetische Lernen.
4. **Didaktisch:** Entwerfen Sie eine Unterrichtseinheit, in der sich Ihre Schüler*innen mit künstlerischen Elementen aus dem islamischen Kulturraum auseinandersetzen. Beziehen Sie in Ihre Planungen auch die Erstellung eines Lernproduktes ein.

Weiterführende Literatur

Isik, Tuba (2017), Karneval aus islamischer Perspektive. Über Verkleidungen als „Prophet" und Bilderverbote. In: Richard Janus/Florian Fuchs/Harald Schroeter-Wittke (Hrsg.), Massen und Masken. Kulturwissenschaftliche und theologische Annäherungen, Wiesbaden, 237–246.

Pamuk, Orhan (2003), Rot ist mein Name, München.

Enderlein, Volkmar (2001), Museum für Islamische Kunst. Staatliche Museen zu Berlin, Preußischer Kulturbesitz, Mainz.

124 Hilger (2010), 342.

IV.5. Interreligiöses Lernen

In der religionspluralen und multikulturellen Gesellschaft Deutschlands gewinnt das interreligiöse Lernen in der Schule immer mehr an Bedeutung. Der Diskurs um das interreligiöse Lernen hat sich in den letzten 20 Jahren in den christlichen Religionspädagogiken stark weiterentwickelt, sodass dazu vielfältige Ansätze vorliegen. In diesem Kapitel werden die Grundlinien interreligiösen Lernens im IRU aufgezeigt. Die Konkretisierung von interreligiösen Lernarrangements für die unterschiedlichen Schulformen erfolgt am Beispiel von Maryam/Maria. Als Grundlage dienen dabei die Grundannahmen der Komparativen Theologie, die auf die Bedingungen der Schule hin reflektiert und didaktisch geprüft werden.

Anforderungssituation
Stellen Sie sich folgende Situation vor: Es ist Weihnachtszeit. Sie haben im IRU den Propheten ʿĪsā und seine Geburtsgeschichte im Koran thematisiert. In der nächsten Stunde setzen Sie die Unterrichtsreihe fort. Zu Beginn der Stunde meldet sich ein Schüler und erzählt, dass er mit seinem Freund darüber gesprochen habe, dass Muslim*innen auch an ʿĪsā/Jesus[125] glauben. Sein Freund habe ihn dann gefragt, warum er und seine Familie dann nicht Weihnachten feiern. Der Schüler konnte darauf nicht antworten und fragt Sie.

1. Thematische Einführung

So wie der Schüler in der Anforderungssituation erleben muslimische Kinder und Jugendliche als religiöse Minderheit in Deutschland recht früh, dass viele nicht den gleichen Glauben wie sie haben. Damit werden sie als Mitglieder einer multireligiösen und -kulturellen Gesellschaft mit Fragen konfrontiert bzw. entwickeln Fragen, worin sich ihr Glaube von anderen unterscheide, welche Religion die ‚wahre' sei, ob alle Religionen gleich seien oder welche Gemeinsamkeiten ihre Religion mit anderen habe. In dieser gesellschaftlichen Gesamtsituation ist es offensichtlich geboten, dass Bildungseinrichtungen im Sinne eines friedlichen und menschenwürdigen Zusammenlebens eine Auseinandersetzung mit anderen Religionen er-

125 Die theologische Bedeutung von ʿĪsā im Koran und Jesus in der Bibel ist unterschiedlich. Um in diesem Kapitel zum interreligiösen Lernen deutlich zu machen, dass die jeweils anderen theologischen Kontexte mitbedacht sein müssen, verwenden wir in diesem Abschnitt auch die christlichen Namen. Das gilt auch für andere Personen, so z. B. Maryam und Maria.

möglichen, bei der die Lernenden den religiös Anderen in seinen Glaubensüberzeugungen und religiösen Praktiken kennen und verstehen lernen. Die Begegnung mit dem religiös Anderen relativiert die eigenen religiösen Überzeugungen und Praktiken, fordert die Muslim*innen heraus, sich zu dem Eigenen zu positionieren. In dieser Hinsicht kann interreligiöse Bildung in der Schule auch für die islamische Religionspädagogik ein adäquater Lernraum sein, um andere Religionen kennenzulernen, sie anzuerkennen und in ihrer religiösen Eigenart zu verstehen. Es geht aber auch um das Einüben in eine den Anderen anerkennende Streitkultur, um auf dieser Grundlage ein für alle gedeihliches Zusammenleben gestalten zu können. Daher ist seit etwa 30 Jahren das Lernen *von, an* und *mit anderen Religionen* im Rahmen des Religionsunterrichts in allen Schulstufen und Schulformen aller Konfessionen und Religionen im Rahmen der öffentlichen Schule eine fest etablierte Größe.

respektvolle und würdigende Grundhaltung

Interreligiöse Bildung ist für die islamische Religionspädagogik ein sehr neues Feld, da Muslim*innen von ihrer Tradition her eine Auseinandersetzung mit unterschiedlichen Glaubensüberzeugungen in einem säkularen Umfeld (!) nicht kennen. Daher liegen bislang noch keine auf der Grundlage der islamischen Theologie ausgearbeiteten Konzepte vor. Das Hauptziel interreligiöser Bildung im IRU ist es – entsprechend dem Religionsunterricht der anderen Konfessionen –, muslimische Schüler*innen dabei zu begleiten, eine respektvolle und würdigende Grundhaltung gegenüber dem religiös Anderen zu entwickeln.

Interreligöse Begegnungen
Interreligiöse Begegnungen dienen der Befähigung zu selbstbestimmtem Umgang mit religiöser Pluralität.

Auf didaktischer und methodischer Grundlage ist es die Aufgabe der Religionslehrkräfte, interreligiöse Lernarrangements so zu konzipieren, dass muslimische Schüler*innen ihren eigenen Standpunkt einbringen können und gleichzeitig in der Lage sind, den Standpunkt des Angehörigen einer anderen Religion zu verstehen. Ein weiterer Grund für eine solche Konzeption ist die Tatsache, dass sowohl im Koran als auch in der Lebensführung des Propheten Muhammad viele Referenzen zu Andersgläubigen, vor allem zum Judentum und Christentum, zu finden sind und damit eine theologisch begründete Haltung gefordert ist.

2. Theologische Grundlagen

Denkraum der Spätantike

Die Lebenswelt der Spätantike sich vor Augen zu führen, ist für ein besseres Verständnis der Entstehung des Islam und des Koran mit seinen Bezügen zu den abrahamitischen Religionen nützlich. Im 7. Jh. ist die Arabische Halbinsel von unterschiedlichen Weltbildern bereits geprägt, der Koran entsteht in einem weitgehend vorgeformten Debatten-Raum. Die Spätantike wird also nicht exklusiv als eine durch politische Ereignisse definierte Epoche, sondern vor allem als ein ‚Denkraum' verstanden, in dem verschiedene ‚antike' Traditionen einer neuen Lektüre unterzogen werden. Den Denkraum der Spätantike erschließen wir durch Texte. In diesem Sinne wird auch der Koran in der heutigen arabischen Philologie-Forschung als ein Gespräch mit den spätantiken theologischen Traditionen verstanden, d. h. als eine Reflexion auf die vorherrschende Gedanken- und Ideenwelt der Spätantike.[126] Deswegen ist der historische, kulturelle und religiöse Zusammenhang, in dem die Koranverse offenbart wurden, von entscheidender Bedeutung auch für die Bewertung religiöser Traditionen. Zugleich geben sie ein Zeugnis von der Entstehungsgeschichte einer neuen religiösen Gruppe ab und sind damit Wegstationen einer Gemeinde zu einer neuen religiösen Identität. Der frühe Islam entwickelte sich aus bestimmten sozialen und politischen Bedingungen heraus, aber er entsteht auch vor allem aus einem energischen Bestreben nach Korrektur. Dieses Bestreben nach Korrektur basiert auf den theologischen Gegebenheiten im Judentum und Christentum aus der Perspektive des 7. Jahrhunderts. Alles in allem zeigt sich, dass die drei Religionskulturen unauflöslich miteinander verbunden sind.

Der Koran ist ein multireferenzielles als auch selbstreferenzielles Werk. Er bezieht sich auf sich selbst, bewertet sich selbst und legt auch dar, welche Stellung er in der Offenbarungsgeschichte einnimmt. Der Koran versteht sich als das chronologisch letzte Glied der Kette von göttlichen Offenbarungen, die das ewige Wort Gottes

126 Näheres hierzu in Neuwirth (2010), Der Koran als Text der Spätantike, Frankfurt am Main. Ein europäischer Zugang. In diesem Buch beleuchtet Neuwirth die Entstehung des Korans in seinem dialogischen und diskursiven Offenbarungscharakter. Hierin stellt sie den historischen und gesellschaftlichen Kontext, in den Gott hineinspricht, als Bezugssystem dar. Sie bleibt dabei der Sakralität des Korans verpflichtet. Akribisch und geprägt von ihrer Liebe zur arabischen Sprache zeigt sie die engen Linien und Verwandtschaften innerhalb der religiösen Traditionen auf – seien sie philologischer oder auch theologischer Natur.

zum Ausdruck brachten. Sure: 4:163 bekräftigt diese Fortführungsszene mit folgenden Worten:

„Siehe, Wir haben dir (o Prophet) eingegeben, geradeso wie Wir Noah und allen propheten nach ihm eingeben – wie wir Abraham eingaben und Ismael und Isaak und Jacob und ihren Nachkommen einschließlich Jesus und Hiob und Jona und Aaron und Salomon; und wie Wir David ein Buch der göttlichen Weisheit gewährten."

Anhänger der Schrift

Als das letzte Glied in der Kette der göttlichen Erinnerungen in Offenbarungsform versteht sich der Koran als eine Art Aktualisierung aller vorhergehenden Schriften. Er erfüllt damit zwei Funktionen: die einer Bestätigung und die einer Korrektur. So wurden Juden und Christen in der mekkanischen Offenbarungsperiode als Gemeinden desselben Glaubens angesehen und von ihnen wurde eine positive Annäherung an die aktualisierte Botschaft erwartet. Dass der Koran die Muslim*innen zu einer eigenen Gemeinde erklärte, ist eine relativ späte, medinensische Konsequenz, die damit zusammenhängt, dass die ‚Anhänger der Schrift' (*ahl al-kitāb*) diese Erwartung ablehnten.[127] Der Koran erklärte weder die früheren Offenbarungen, die Tora und das Evangelium, für ungültig noch gab er seine Erwartung an die ‚Anhänger der Schrift' völlig auf. In diesem thematischen Zusammenhang wird der Prophet aufgefordert zu sagen: „[...] Ich glaube an jede Offenbarung, die Gott von droben erteilt hat; und mir ist geboten, Gerechtigkeit in eure gegenseitigen Ansichten zu bringen.[...]."[128] Oder auch die Stelle: „Und streitet mit den Anhängern früherer Offenbarungen anders als auf die gütigste Weise – außer es seien solche von ihnen, die auf Übeltun aus sind – und sagt:'Wir glauben an das, was uns von droben erteilt worden ist: denn unser Gott und euer Gott ist ein und derselbe, und ihm ergeben wir (alle) uns."[129] Diese und weitere koranische Textstellen werden oft angeführt, um den Zuhörer*innen der neuen Gemeinschaft zu verdeutlichen, dass auch die vorherigen Offenbarungen, also Bibel, Psalmen und Tora, solche göttliche Offenbarungen sind und als solche zu bezeugen sind.

Analog hierzu bezog sich auch der Prophet nach der muslimischen Geschichtsschreibung bis zu seinem Tode auf das, was den ‚Anhängern der Schrift' in seiner Umgebung vorlag, sofern er keine

127 In diesem Zusammenhang könnte in weiterführenden Klassen die Bezeichnung *ahl al-kitāb* problematisiert werden, vor allem in Bezug auf die Christen, da der Koran ʿĪsā als *kalimatullah* bezeichnet, das bedeutet, sein Handeln und Sprechen selbst sind das Wort Gottes und folglich die göttliche Offenbarung selbst, also das Evangelium (*inǧīl*), wie im Koran bezeichnet.

128 Koran 42:15.

129 Koran 29:46.

neue Bestimmung offenbart bekam. So konnte sich das jüdische und christliche Recht als die ‚Scharia der Früheren' innerhalb der islamischen Jurisprudenz als anerkannte Rechtsquelle etablieren.[130]

Aus korantheologischer Sicht ist die Offenbarung des Wortes Gottes letztendlich Vergegenwärtigung des göttlichen Willens in historischen, kulturellen und sprachlichen Kontexten: eine Vergegenwärtigung, durch die das Göttliche in konkrete Kontexte übertragen, übersetzt oder herabgesandt wird. So führt sich der Koran wie alle früheren Offenbarungsschriften auf eine himmlische Urschrift zurück, wobei er sich gleichzeitig als die arabische Entfaltung dieser darstellt. In Sure 43:2–4 heißt es z. B.:

„Betrachte diese göttliche Schrift, klar in sich selbst und klar die Wahrheit zeigend: siehe, wir haben sie einen Diskurs in der arabischen Sprache sein lassen, auf daß ihr sie mit eurem Verstand erfassen möget. Und, wahrlich, in der Quelle aller Offenbarung bei uns (entspringend, wie sie es tut), ist sie fürwahr erhaben, voller Weisheit."

Wahrheitsanspruch

Muslim*innen stehen im Angesicht weiterer monotheistischer Religionen vor einer grundsätzlichen Herausforderung, den eigenen Glauben in seinem Geltungsanspruch zu vertreten und dabei die Andersgläubigen in ihrer Andersheit gleichwertig zu würdigen. Doch ist dies tatsächlich möglich, also am Wahrheitsanspruch der eigenen religiösen Tradition festzuhalten und gleichzeitig anderen religiösen Traditionen Wahrheit und die Möglichkeit der Gottesbeziehung zuzusprechen? Für solch eine grundsätzlich positive Bewertung der Religionen bedarf es einer entscheidenden Haltung und Überzeugung gegenüber dem religiös Anderen: diese nicht als Ungläubige per se zu (dis-)qualifizieren und sich damit jeglicher Lern- und Begegnungsmöglichkeiten zu verschließen. Deshalb sollte die Theologie zu einem Standpunkt im Sinne einer Grundvoraussetzung für die eigene Identifikation einladen, damit die Gläubigen sich einen Weg durch die bunte Welt der verschiedenen religiösen Traditionen und Orientierungssysteme bahnen können. Andererseits muss die Theologie Antworten auf die Frage nach dem Verhältnis zu anderen Religionen und Gewissheiten[131] geben. Es erscheint

130 Näheres hierzu in Özsoy (2007).

131 Der katholische Theologe Jürgen Werbick hat in einer Problemskizze zur Angst vor dem Verlust der Gewissheiten und der Frage danach, wie Religionen mit ihr umgehen können, auf die Kraft entspannter Gewissheiten verwiesen. Diese stellt er verwundeten Gewissheiten gegenüber. Entspannte Gewissheiten können sich entwickeln, wenn das „Sinnzentrum, von dem her alle Einzelüberzeugungen im Glauben vollzogen und gelebt werden" (Werbick (2010), 162) für Menschen in eben jenen Einzelüberzeugungen (seien es religiöse Handlungen oder Glaubenssätze) wahrnehmbar wird und damit Orientierung geben kann; vgl. Werbick (2010), 153f.

gegenwärtig nicht mehr überzeugend, von einem übergeordneten Standpunkt aus zu behaupten, dass Wahrheit und Einheit mit Gott nur innerhalb des eigenen Orientierungssystems zu finden sind.[132] Es kann nicht vernachlässigt werden, dass es auch in anderen religiösen Traditionen und Orientierungssystemen eine Wahrheit gibt, die vernünftige, ernsthafte Menschen dazu motiviert, ihr Leben danach auszurichten. Ein rationaler Umgang mit dieser Thematik ist erforderlich, insbesondere eine islamische Plausibilisierung der jeweiligen Positionen, die die Vielfalt der heterogenen Wahrheitsansprüche ernst nimmt. Hierfür orientieren wir uns an den Ansätzen der Komparativen Theologie.

3. Interreligiöses Lernen in den Lehrplänen des IRU

Interreligiöses Lernen im IRU ist ähnlich wie im evangelischen, katholischen oder jüdischen Religionsunterricht ein Inhaltsfeld bzw. -bereich, zu dem entsprechende Kompetenzanforderungen in allen Lehrplänen eines bekenntnisorientierten IRUs zu finden sind. Bereits im IRU in der Grundschule in Baden-Württemberg sollen die Schüler*innen „entdecken, dass Menschen in ihrer Umgebung und insbesondere auch in ihrer Schule verschiedenen Religionen angehören können."[133] In Niedersachsen sollen muslimische Schüler*innen in der Sekundarstufe I „nach Religionen fragen",[134] in NRW „[a]ndere Religionen und Weltanschauungen"[135] und in Baden-Württemberg „Religionen und Weltanschauungen"[136] kennenlernen. Dabei legen alle Lehrpläne den Schwerpunkt auf das Judentum und das Christentum. Muslimische Schüler*innen sollen nach den Kompetenzanforderungen in Niedersachsen bis zum Ende der Klasse 6 unterschiedliche religiöse Lebensformen in ihrem Umfeld beschreiben, Grundzüge des Christentums erläutern und christli-

132 Die ersten wissenschaftlichen Auseinandersetzungen für eine spezifisch islamisch-komparative Theologie, die die programmatischen und konzeptionellen Möglichkeiten für den Dialog mit anderen Religionen in Deutschland aufzeigt, werden geführt.

133 Ministerium für Kultus, Jugend und Sport Baden-Württemberg (2016a), 18. Auch im IRU in Niedersachsen und NRW werden für die Grundschule entsprechende Kompetenzerwartungen formuliert; vgl. Niedersächsisches Kultusministerium (2017), 29 und Ministerium für Schule und Weiterbildung des Landes Nordrhein-Westfalen (2013), 30.

134 Niedersächsisches Kultusministerium (2014), 12.

135 Ministerium für Schule und Weiterbildung des Landes Nordrhein-Westfalen (2014), 17.

136 Ministerium für Kultus, Jugend und Sport Baden-Württemberg (2016b), 31.

che Prägungen der Gesellschaft beschreiben.[137] Gegen Ende der Sekundarstufe I wird der Blick zusätzlich auf weitere Religionen und Weltanschauungen gerichtet, während NRW und Niedersachsen explizit nicht benennen, welche Religionen außerhalb des Christentums und Judentums Unterrichtsgegenstand sein sollen. Im Lehrplan in NRW sind bis zum Ende der Klasse 10 folgende Sachkompetenzen zu erreichen:

Kompetenzen

„Die Schülerinnen und Schüler

- stellen grundlegende Gemeinsamkeiten und Unterschiede in Glaube und Glaubenspraxis von Judentum und Christentum zum Islam dar,
- benennen ausgewählte andere Religionen und Weltanschauungen aus ihrem unmittelbaren Umfeld und erläutern deren zentrale Merkmale,
- erläutern das Gottes- und Menschenbild des Islam im Vergleich zu anderen Religionen und Weltanschauungen."[138]

andere Religionen in den Lehrplänen

Nach dem Bildungsplan in Baden-Württemberg für das Gymnasium hingegen setzen sich die Schüler*innen in den Klassen 9/10 „mit der Glaubenslehre, den Ausdrucksformen, Deutungsmustern und Lebenskonzepten anderer Religionen und Weltanschauungen, insbesondere des Hinduismus und des Buddhismus, sowie mit Vorurteilen gegenüber dem Glauben und Denken anderer wie auch gegenüber der eigenen Religion auseinander. Sie vergleichen deren Wahrheitsansprüche, unterscheiden lebensförderliche und lebensfeindliche Formen von Religion und Weltanschauung und setzen sich mit den Begriffen Religion, Philosophie und Weltanschauung auseinander. Sie kommen in Kontakt mit Vertretern anderer Religionen und Weltanschauungen und vertreten im Dialog ihre eigenen Glaubensüberzeugungen, wobei sie Toleranz, Verständnis und respektvollen Umgang mit anderen Religionen und Weltanschauungen festigen".[139] Damit zeigt der Bildungsplan Parallelen zu den Lehrplänen des katholischen und evangelischen Religionsunterrichts, in denen Buddhismus und Hinduismus ebenso ein Thema sind.[140]

---

137 Vgl. Niedersächsisches Kultusministerium (2014), 24.

138 Ministerium für Schule und Weiterbildung des Landes Nordrhein-Westfalen (2014), 33.

139 Ministerium für Kultus, Jugend und Sport Baden-Württemberg (2016c), 40.

140 Vgl. z. B. Ministerium für Kultus, Jugend und Sport Baden-Württemberg (2016d), Bildungsplan Gymnasium Evangelische Religionslehre, Stuttgart

Durch die exemplarische Betrachtung der Kernlehrpläne lässt sich festhalten, dass der IRU je nach Bundesland unterschiedliche Wege bei der Thematisierung anderer Religionen verfolgt. Die Inhaltsfelder in allen Bundesländern setzen den Schwerpunkt auf die Begegnung mit dem Christentum und Judentum und heben diese beiden Religionen hervor, die in der Lebenswelt der muslimischen Schüler*innen zu finden sind. Allerdings unterscheiden sich die Lehrpläne in der inhaltlichen Ausgestaltung der Kompetenzen. Während NRW z. B. einen wissenschaftspropädeutischen Zugang präferiert, setzt Niedersachsen auf eine lebensweltlich orientierte Begegnung. Die Ziele hingegen zeigen Parallelen, indem in der Begegnung „[...] ein friedliches und von Achtung geprägtes gleichberechtigtes Miteinander von Menschen unterschiedlichen Glaubens und verschiedener Weltanschauung“[141] bzw. „[...] die Bedeutung von Achtung, Respekt und Toleranz gegenüber Anders- oder Nichtgläubigen für ein friedliches Zusammenleben“[142] bewirkt und „[...] eine unvoreingenommene und angstfreie Öffnung gegenüber dem Anderen erleichtert [...]“[143] wird. Spätestens an dieser Stelle stellt sich die Frage nach einem didaktischen Modell, wie diese Ziele im IRU erreicht werden können.

4. Didaktische Grundlagen des interreligiösen Lernens

Während in der evangelischen und katholischen Theologie differenzierte Modelle für die Begegnung mit anderen Religionen vorliegen, fehlen diese bislang in der islamischen Theologie bzw. Religionspädagogik im deutschsprachigen Raum. Diese Aufgabe muss dringend von Religionspädagog*innen an den Universitäten angegangen werden. Denn muslimische Religionslehrkräfte sind angehalten, die Kompetenzanforderungen in den Kernlehrplänen zu erfüllen, interreligiöse Lernprozesse religionsdidaktisch zu strukturieren und zu reflektieren.

Religionenerschließungsmodi

Um die Handlungsfähigkeit der Religionslehrkräfte zu unterstützen, orientieren wir uns an den Ansätzen der evangelischen und katholischen Religionspädagogik zum interreligiösen Lernen und machen sie für den IRU fruchtbar. Hierzu greifen wir auf das Modell der Religionenerschließungsmodi des evangelischen Religionspäd-

und Ministerium für Kultus, Jugend und Sport Baden-Württemberg (2016e), Bildungsplan Gymnasium Katholische Religionslehre, Stuttgart.

141 Ministerium für Kultus, Jugend und Sport Baden-Württemberg (2016c), 31.

142 Ministerium für Schule und Weiterbildung des Landes Nordrhein-Westfalen (2014), 18.

143 Niedersächsisches Kultusministerium (2014), 24.

agogen Karlo Meyer zurück. Das Modell bündelt weitgehend die entwickelten Ansätze zum interreligiösen Lernen im evangelischen und katholischen Religionsunterricht und dient an dieser Stelle auch dazu, die Differenzen der derzeit vorliegenden Ansätze zu pointieren. Das Modell kann die muslimische Religionslehrkraft auch darin unterstützen, zu bestimmen, welche Ziele sie mit dem interreligiösen Lernen verfolgt und mit welcher Haltung sie Lernprozesse initiieren möchte.

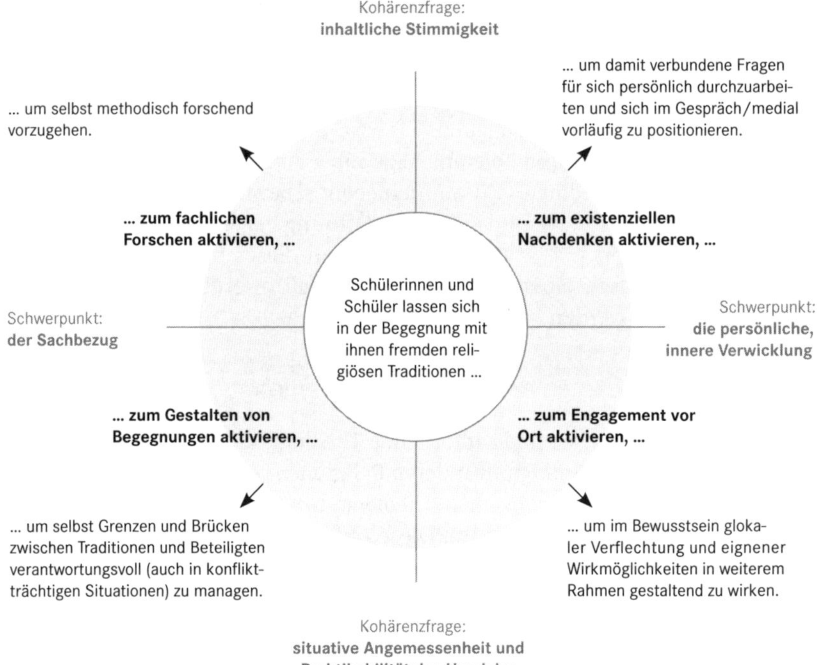

Abbildung 13: Grafisches Modell der vier Religionserschließungsmodi nach Karlo Meyer[144]

Meyer unterscheidet in seinem Modell vier Akzentsetzungen, die grundlegende Zugriffs-, Ansatz- oder Denkweisen in Bezug auf das Sachgebiet ‚andere Religionen' umfassen. Ihnen kommt eine gewisse Eigenständigkeit zu, sie lassen sich aber auch miteinander verbinden:

144 Meyer (2019), 178.

1. Im Modus des *fachlichen Forschens* steht ein auf religionswissenschaftliches Vorgehen und auf das Verstehen zielender Unterricht im Vordergrund. Der besondere hermeneutische Akzent ist hier auf die Sachlichkeit gerichtet, was bedeutet, dass das Lernen aus einer wissenschaftlichen Distanz erfolgt. Das Ziel besteht darin, Wissen über Strukturen, Methoden, Deutungsoptionen und Hintergründe zu erfahren. Wenn beispielsweise im IRU christliche Feiertage wie Ostern oder Weihnachten thematisiert werden, in denen der theologische Hintergrund der Feste und deren Stellenwert innerhalb der christlichen Theologie behandelt werden, wird den Schüler*innen ein Grundwissen vermittelt. Wenn muslimische Schüler*innen eine Kirche oder eine Synagoge besuchen und Informationen über die architektonischen Besonderheiten oder Innenraumgestaltung dieser Gebetshäuser erhalten, nimmt das interreligiöse Lernen einen religionskundlichen bzw. informierenden Charakter an.
2. Daneben geht es in dem Feld *existenziellen Fragen nachgehen* um ein dialogisches Durchdenken von Impulsen anderer religiöser Vorstellungen, auch im Blick auf eigene, persönliche Positionen. Hierbei stehen existenzielle Fragen im Religionsunterricht im Fokus, die über Traditionen hinweg Impulse geben können, zum einen die eigene Position zu vertreten, zum anderen aber diese im Dialog neu und weiterzuentwickeln.[145] Exemplarisch kann an dieser Stelle die Opfergeschichte[146] angeführt werden. Die Erzählung von Ibrāhīm/Abraham und seinem Beinahe-Sohnesopfer findet sich sowohl im Koran[147] als auch in der jüdisch-christlichen Bibel im Alten Testament.[148] Die Geschichten weisen in ihren Grundzügen Parallelen auf, d. h. konkret: In beiden Geschichten wird der Prüfungs- und Bewährungscharakter des Geschehens betont, indem Ibrāhīm Gott die Treue hält und er die härteste aller vorstellbaren Prüfungen besteht. Der Gott Ibrāhīms will kein Menschenopfer und verhindert es durch einen Engel. Bei genauerem Hinsehen jedoch unterscheiden sich die Geschichten wesentlich. Während in der Bibel beschrieben wird, dass Abraham und ʿĪsāak Holz für das Brandopfer sammeln und er seinen Sohn im Unklaren darüber lässt, dass er das

145 Vgl. ebd., 187.
146 Mitunter ließe sich auch die Bezeichnung „Opfer" problematisieren, die eine negative Konnotation in sich trägt. Als eine alternative Bezeichnung bietet sich „Darbringung" an, die auch in der Literatur verbreitet ist und den Kern des Werkes Ibrāhīms wohl am ehesten trifft.
147 Vgl. Koran 37:99–111.
148 Vgl. Bibel 1. Mose 22:1–19.

Opfer ist, geht Ibrāhīm im Koran dagegen offen mit seinem vermeintlichen Auftrag um und erzählt seinem Sohn von seinem Traum. Ein dialogisches Vorgehen mit dieser Geschichte würde bedeuten, dass die muslimischen Schüler*innen sich existenziell und theologisch mit Fragen auseinandersetzen, wie etwa welche Konsequenzen das unterschiedliche Verhalten von Ibrāhīm in Koran und Bibel auf das Vater-Sohn-Verhältnis hat, worin sich Ibrāhīms Gottvertrauen zeigt, was beide Geschichten unter „Prüfung" verstehen u. v. a. m. Dazu gehört aber auch eine eigene Positionierung durch die Schüler*innen, indem sie die bleibende Nähe und Fremdheit zu der biblischen wie koranischen Erzählung in Worten oder anderen kreativen Formen zum Ausdruck bringen.[149]

3. Im Modus des *Handlings in Überschneidungssituationen* wird neben Begegnungen in Alltagssituationen, in denen religiöse Belange eine Rolle spielen, auch das Verhalten bei der Begegnung mit Vertreter*innen anderer Religionen oder religiösen Artefakten im Unterricht einbezogen. Hierfür wählt die Lehrkraft passende Überschneidungssituationen, anhand derer aufgezeigt werden kann, wie beim Umgang mit Situationen, Personen oder religiösen Gegenständen angemessen gehandelt werden kann. Exemplarisch kann an dieser Stelle angeführt werden, ob z. B. muslimische Schüler*innen im Rahmen einer multireligiösen Feier von Pastor*innen gesegnet werden dürfen, ob sie bei der Teilnahme an einem katholischen Gottesdienst sich bekreuzen oder das Vaterunser sprechen können. Hierfür benötigen Schüler*innen hermeneutische Fähigkeiten, in konflikträchtigen Arrangements auf angemessene Lösungen hinzuarbeiten.

glokales Engagement

4. Der vierte Modus zielt auf das gesellschaftliche Engagement in Sachen Religionsdialog im weiteren (kommunalen und damit lokalen) Umfeld der Schule und darüber hinaus im globalen Horizont, was Meyer als *glokales*[150] *Engagement* bezeichnet. Dieses Profil kann in schulischen Lehr- und Lernsituationen so weit angebahnt werden, dass die Schüler*innen einen ersten Sinn für ein Engagement entwickeln und sich im Idealfall auch mit eigener Aktivität beteiligen.[151] Im Kontext des IRU könnte man z. B. Projekte nennen, bei denen muslimische und christliche

149 Vgl. Meyer (2019), 191.

150 Das Attribut ‚glokal' wird seit einiger Zeit vor allem im Kontext von ethischen Fragen verwendet, wenn es darum geht, lokales und globales Handeln sinnvoll miteinander zu verknüpfen.

151 Vgl. Meyer (2019), 189.

Religionsgruppen gemeinsam Spenden für einen guten Zweck sammeln, zur Wahrung der Schöpfung Müll-Sammel-Aktionen organisieren oder eine multireligiöse Schulfeier gestalten.

Inter- und multireligiöse Feiern

Eine interreligiöse Feier ist ein Gebetstreffen, an dem Angehörige verschiedener Religionen teilnehmen und gemeinsam Gebetstexte sprechen. Diese Form des gemeinsamen Betens wird sowohl christlicher- als auch muslimischerseits als problematisch erachtet, da die verschiedenen Religionen teilweise unterschiedliche Gottesvorstellungen haben und ihr religionsspezifischer Zugang nicht zum Ausdruck kommen kann.

Bei einer multireligiösen Feier kommen Angehörige verschiedener Religionen zusammen, um zu beten. Jedoch sprechen die Beteiligten ihre Gebetstexte der eigenen religiösen Tradition nacheinander und nehmen durch Zuhören an der fremden religiösen Tradition und Überzeugung respektvoll teil. Multireligiöse Schulfeiern werden im schulischen Kontext insbesondere bei Anlässen gefeiert, die alle Schüler*innen betreffen, wie Schuleingang oder Schulabschluss.

Es versteht sich von selbst, dass die Modi nicht isoliert für sich stehen: Um z. B. eine Anforderungssituation lösen oder eine multireligiöse Feier gestalten zu können, brauchen Schüler*innen auch Fachkenntnisse, auf deren Grundlage sie ein Urteil fällen bzw. einen eigenen Standpunkt entwickeln oder religionssensibel mit den Praktiken und Denkweisen anderer Religionsangehöriger umgehen können.

5. Koordinaten des interreligiösen Lernens im Sinne der Komparativen Theologie

Neuverstehen des eigenen Glaubens im Licht fremder Traditionen

Ausgehend von der Prämisse, dass der schulische IRU die Aufgabe hat, muslimische Schüler*innen zum konstruktiven Umgang mit der (religiösen) Pluralität in der Gesellschaft zu befähigen, orientieren wir uns an den Ansätzen der Komparativen Theologie. Der Religionsunterricht hat nicht vorrangig die Aufgabe, Wissen über *das Christentum* oder *das Judentum* als Religion und Glaubenssystem zu vermitteln. Vielmehr geht es um die Ermutigung der Schüler*innen, sich und anderen religiös-theologische Fragen zu stellen, sich respektvoll gegenseitig Antworten zu geben sowie gemeinsam nach ihnen zu suchen. Die bloße Gegenüberstellung von Jesus und Koran als Offenbarungsmedien in Christentum und Islam hilft wenig, wenn nicht verstanden sind, inwiefern beide Gestalten in der Tradition als Offenbarung Gottes begriffen werden.

Welche Relevanz haben sie also für den Menschen im Verständnis ihrer Traditionen? Wie entsprechen sie einer menschlichen Offenheit für das Unbedingte, für Gott? Von diesen Fragen aus kann es tatsächlich möglich sein, durch ein *mikrologisches Vorgehen* im Sinne einer komparativ-theologischen Auseinandersetzung[152] ein tieferes Verständnis nicht nur für die andere Religion, sondern auch für die Bedeutung der Religion für den Anderen zu gewinnen. Der Komparativen Theologie geht es um das Neuverstehen des eigenen Glaubens im Licht fremder Traditionen und somit um ein tieferes Verstehen der eigenen religiösen Tradition.[153] Eine komparativ-theologisch ausgerichtete Religionspädagogik kann die (Glaubens-) Inhalte und religiösen Erfahrungen einer in der religiösen Denkweise und Sprachwelt verwurzelten Überzeugung zur Sprache bringen, ohne die eigenen Geltungsansprüche in unzulässiger Weise zu relativieren. Indem das in der Auseinandersetzung mit zwei intra- oder interreligiösen Positionen geschieht, kann der Wert einer guten Argumentation, die um der Sache willen ernsthaft geführt wird und die für alle Beteiligten nachvollziehbar (wenn auch nicht unbedingt zustimmungsfähig) ist, aufscheinen.[154] Gerade die intrareligiöse Besonderheit von Tradition, z. B. in den Rechtsschulen oder in der Koranauslegung auf der muslimischen Seite, und (konfessionelle) Unterschiede in der Bibelauslegung auf christli-

Fragen zur Selbstpositionierung

Einer muslimischen Religionslehrkraft helfen folgende Fragen zur Selbstpositionierung bei der Initiierung interreligiöser Lernprozesse:

a) Selbstreflexion: Was denke ich über das Christentum/Judentum? Welche Berührungen habe/hatte ich mit Personen anderen Glaubens? Inwieweit haben diese mich geprägt?

b) Spezifische Fachkompetenzen: Wie viel Fachwissen besitze ich über die religiös Anderen? Aus welcher Perspektive (z.B. religionskundlich, Binnenperspektive der anderen Religion etc.) habe ich sie erworben?

c) Grundhaltung: Wie ist meine Haltung zu der anderen Religion? Was ist mein vorrangiges (persönliches) Ziel, wenn ich andere Religionen in meinem IRU thematisiere?

152 Dabei wird an einem überschaubaren Beispiel, z. B. der Opfergeschichte Ibrāhīms oder der Erzählung über den Propheten Yūnus im Koran und Jonas in der Bibel interreligiös gelernt.

153 von Stosch (2012), 151.

154 Vgl. von Stosch (2015), 289, der hier in Anlehnung an Jürgen Habermas vom „Wert des zwanglosen Zwangs des besseren Arguments" spricht.

cher Seite kann für Gemeinsamkeiten und Unterschiede entscheidend sein.

Hat die Lehrkraft für sich die Fragen beantwortet und auch ihre Position und ihr Ziel klar benannt, kann anhand des Modells von Karlo Meyer entschieden werden, welche Zugänge von ihr auf dieser Grundlage gestaltet werden können.

Grundhaltungen

Die im Folgenden ausgeführte didaktische Konkretisierung basiert auf den theologischen Voraannahmen der Komparativen Theologie. Diese Komparative Theologie ist *kein* religionsdidaktisches Modell, sondern vor allem eine theologisch-wissenschaftliche Disziplin für den Dialog zwischen Menschen unterschiedlicher Religionen und Weltanschauungen. Soll die Komparative Theologie für religiöse Lehr- und Lernprozesse im Religionsunterricht fruchtbar gemacht werden, bilden die Grundhaltungen vor allem den Rahmen, wie man sich der anderen Religion annähert.

epistemische Demut

Angesichts des Wissens um erkenntnistheoretische Grenzen des Nach-Denkens über die Offenbarung Gottes bzw. das Unbedingte als Unbedingtes geht es der erstgenannten Grundhaltung, der *doktrinalen bzw. epistemischen Demut,* um eine demütige Haltung der Wahrheit der eigenen Religion gegenüber, ohne zu bezweifeln, dass man selbst im Besitz der Wahrheit ist. Diese Haltung ist mit der Hoffnung verbunden, auch noch im Widerspruch vom Anderen zu lernen.[155]

konfessorische Verbundenheit

Doktrinale bzw. epistemische Demut setzt eine *konfessorische Verbundenheit* mit der eigenen Tradition voraus, sie hält die Treue zur eigenen religiösen Tradition, welche mit einem Engagement für deren Wahrheit verbunden ist und als Voraussetzung für den interreligiösen Dialog gesehen wird.[156]

Die dritte Grundhaltung besteht in der *Unterstellung von Kommensurabilität* und der *Wahrnehmung von Unterschieden.* Es geht um die Anerkennung einer prinzipiellen Verständigungsmöglichkeit von Menschen – und das angesichts aller Unterschiede im Denken, in der Kultur, im Welt-Deutungs-System. Damit wird aber auch deutlich, dass Erfahrungen einer „partielle[n] Inkommensurabilität"[157] ebenfalls dazugehören. Es geht darum, Unterschiede wahrzunehmen und für eine Transformation des eigenen Denkens fruchtbar zu machen oder sich auf kreative Neuaufbrüche in dem Suchen nach Wahrheit einzulassen.[158]

155 Vgl. von Stosch (2012), 156f.
156 Vgl. ebd., 157f.
157 Ebd., 159.
158 Vgl. ebd., 158f.

Empathie

Interreligiöse Begegnungen brauchen für das Gelingen ein Mindestmaß an *Empathie* und Aufmerksamkeit und die Bereitschaft, sich von ihnen berühren zu lassen. Die geforderte Empathie gilt also nicht nur der Person, sondern auch der Sache, der fremden Religion und deren religiöser Praxis. Mit der vierten Grundhaltung ist neben einer sozialen auch eine spirituelle Dimension angesprochen, wenn bspw. die eine oder andere religiöse Praxis mitvollzogen oder teilnehmend beobachtet wird.[159]

Gastfreundschaft

Die fünfte Grundhaltung schließlich öffnet sich in *Gastfreundschaft* für die mögliche Wahrheit des Anderen. Hierbei geht es um mehr als eine tolerante Haltung dem Fremden gegenüber. Gerade Erfahrungen von Differenz und Fremdheit stellen die eigentliche Herausforderung dar. Differenzerfahrungen werden ernst genommen und bilden damit die Grundlage für eine Veränderung des eigenen Denkens und der oben angesprochenen Empathie. Gastfreundschaft bedeutet, dass das eigene Haus anders wird, damit der Gast sich darin wohlfühlen und bewegen kann. Gastfreundschaft ist auch für den Gast eine keineswegs einfache Aufgabe, denn er ist aufgefordert, sich auf die Gepflogenheiten des Gastgebers einzulassen, denn dessen Haus ist nicht das eigene.[160]

methodische Grundsätze

Für die didaktische Konkretisierung orientieren wir uns auch an den methodischen Grundsätzen der Komparativen Theologie. An dieser Stelle erwähnen wir nur jene, die für die dargestellten Lernprozesse von Relevanz sind:[161]

1. Mikrologisches Vorgehen: Die Komparative Theologie ist an der Klärung exemplarischer Fragestellungen interessiert und stellt die Arbeit im Einzelfall in den Vordergrund. Damit die spezifischen Zugänge der beteiligten Religionen vergleichbar werden können, ist die Hinwendung zu spezifischen theologischen Texten oder auch konkreten Ritualen und Glaubensinhalten notwendig.
2. Einbeziehen der Fremdperspektive: Der Erwerb von Wissen geht über die eigene Tradition hinaus und bezieht auch den Zugang der anderen Religion ein, um einen Perspektivenwechsel herbeizuführen bzw. neue Erkenntnisse zu gewinnen.
3. Rückbesinnung auf religiöse Praxis: Um praxisrelevante Erkenntnisse für Verständigung zu gewinnen, wird die gelebte religiöse Praxis der beteiligten Religionen einbezogen. Es geht also um Glaubens- und Lebenspraxis und damit um die Relevanz des Lerngegenstandes für die jeweilige Religion.

159 Vgl. ebd., 161 f. Das Mitvollziehen einer anderen religiösen Praxis ist für den Lernort Schule in der Regel nicht geeignet. Zur Frage, wie damit umgegangen werden kann (→ *Performatives Lernen*).

160 Vgl. ebd., 163f.

161 Vgl. ebd., 193f.

6. Didaktische Konkretisierung

koranische Narration Maryam

In den koranischen Narrationen ist Maryam, die Mutter des Propheten ʿĪsā, die einzige Frau, die namentlich erwähnt und der auch eine herausragende Rolle gegeben wird. Im Koran ist Maryam eine hingebungsvolle und zugleich gesegnete Frau, an deren Geschichte Gottes Barmherzigkeit in besonderer Weise deutlich wird. Als Maria, die Mutter Jesu, ist sie innerhalb der christlichen Theologie insbesondere im Katholizismus eine wichtige Identifikationsfigur, sodass es sich anbietet, an Maryam bzw. Maria im IRU interreligiös heranzugehen.

Aus der Lebensgeschichte Maryams stellt der Koran einige wichtige Szenen dar. Die erste Szene beschäftigt sich in der Sure Āl-ʿImrān mit ihrer *eigenen Geburt*. Ihre Mutter wünscht sich sehnlichst ein Kind und betet zu Gott, dass sie – wenn sie das Kind bekommen sollte – es Gott weihen und in den Tempel bringen wird. Tatsächlich aber bringt sie eine Tochter zur Welt und hält sich an ihr Versprechen, auch wenn es damals unüblich ist, dass Mädchen dem Tempel dienen. Die zweite wichtige Szene ereignet sich im *Tempel*, als Maryam zu einer jungen Frau herangewachsen war. Dort erscheint ihr ein Engel in der Gestalt eines Mannes und kündigt ihr die Geburt eines Sohnes an. Maryam ist entsetzt darüber, da sie nach ihrer Aussage eine Jungfrau ist. Die dritte wichtige Szene ereignet sich in der Sure *Maryam in der Wüste*. Hier setzen ihre Wehen ein und Maryam bringt allein unter einer Palme ihren Sohn auf die Welt. Maryam schämt sich und wäre lieber gestorben oder vergessen worden. Trotz der für sie unverständlichen Situation hadert sie nicht mit Gott. Gott spricht ihr Zuversicht zu und lässt sie nicht alleine. Die vertrocknete Palme wird grün und trägt Datteln, von denen sie essen und sich stärken soll. In ihrer Nähe lässt er einen Bach fließen, dessen Wasser sie trinken soll. Gestärkt geht sie wieder zurück in die Stadt.

Exemplarisch möchten wir an diesen drei ausgewählten Szenen[162] Möglichkeiten aufzeigen, wie diese Geschichte für interreligiöse Lernanlässe fruchtbar gemacht werden kann. Dabei wollen wir anhand der Geschichte Maryams Umsetzungsmöglichkeiten für unterschiedliche Jahrgänge aufzeigen. Wir orientieren uns an den Methoden und Zielen der Komparativen Theologie, die darauf abzielen, den bekenntnisgebundenen Religionsunterricht durch didaktisch profilierte Phasen des interreligiösen Begegnungslernens gewinnbringend zu er-

162 Die Szene (Aufwachsen im Tempel) wird im Folgenden nicht aufgegriffen, da die Bibel das Aufwachsen Marias im Tempel nicht erzählt. Es gibt dazu lediglich Apokryphe, das sind von den christlichen Kirchen nicht anerkannte ‚Evangelien', in denen davon erzählt wird.

gänzen. Idealtypisch wäre gemäß dem religionskooperativen Religionsunterricht ein Austausch in inszenierten Unterrichtsphasen zwischen christlichen und muslimischen Schüler*innen wünschenswert, um sich mit Angehörigen anderer Bekenntnisse über ihre subjektiven religiösen Ansichten, aber auch über die entsprechenden Positionen bekenntnisgebundener Traditionen auszutauschen. Ist dieser Austausch allerdings nicht möglich, wird die Perspektive des Christentums über die Materialien eingeholt.

Die didaktische Inszenierung lässt sich wie folgt beschreiben: Die Lerngruppe eines IRUs behandelt das Unterrichtsthema aus der islamischen Perspektive. In einzelnen Unterrichtsstunden wird die Perspektive um den christlichen Zugang zu der Thematik erweitert. Das Ziel ist dabei, nicht nur Gemeinsamkeiten zwischen den einzelnen Traditionen zu erarbeiten, sondern gleichberechtigt auch bleibende Unterschiede deutlich zu machen und gleichzeitig einen angemessenen Umgang damit einzuüben. Der religionskooperative Ansatz kann nach dem Modell der Religionenerschließungsmodi von Karlo Meyer den Modi a) „religionswissenschaftliches Forschen" und b) „existenziellen Fragen nachgehen" zugeordnet werden.

6.1 Koranische Maryam und biblische Maria im Religionsunterricht in der Grundschule

Geburt ʿĪsā/Jesu

Muslimische Kinder werden schon sehr früh mit der Frage konfrontiert, ob sie auch Weihnachten feiern. Auch wenn der Koran von der Geburt ʿĪsā/Jesu berichtet und er im Islam ein besonderer Prophet ist, hat er dennoch für Muslim*innen nicht die Bedeutung, die er für Christ*innen hat. Daher bietet es sich an, die Geburtsgeschichte in der Adventszeit zu thematisieren, um – wenn es sich inhaltlich anbietet – mit der evangelischen oder katholischen Religionslehrkraft zu kooperieren. Das Ziel ist dabei, durch die Begegnung die Gemeinsamkeiten wie Unterschiede zu erarbeiten, aber auch – im Sinne der Komparativen Theologie – zum Austausch von Glaubenserfahrungen aus der Tradition der Schüler*innen anzuregen. Fehlt eine Kooperationsmöglichkeit, kann die biblische Geburtsgeschichte auch mit weiteren Unterrichtsmaterialien eingebracht werden. Den Grundlagen einer komparativ-theologischen Religionspädagogik entsprechend werden bereits in der Grundschule Formen des interreligiösen Dialogs eingeübt, die sowohl der Selbstfindung als auch der Akzeptanz anderer Lebensweisen dienen, ohne zentrale Unterschiede zu harmonisieren. Das Vorgehen gliedert sich in verschiedene Lernphasen.[163]

163 In Anlehnung an eine Unterrichtsreihe zu Maria im Lukasevangelium und im Koran für die Klassen 3/4 entwickelt; vgl. Stüttem/ Tautz (2022).

Abbildung 14: Maryam unter der Palme[164]

164 Loukonin/Ivanov (2010), 161.

konfessionelle Phase

1. In der *konfessionellen Phase* befinden sich die Schüler*innen in ihren religions- bzw. konfessionell homogenen Gruppen. Die muslimischen Schüler*innen erarbeiten die Geburtsgeschichte von ʿĪsā aus der Sure Maryam,[165] die zwei Szenen zur Verkündigung und Geburt enthält. Dabei kann die muslimische Religionslehrkraft die Erzählung dem Alter der Schüler*innen entsprechend in einer einfachen Sprache nacherzählen oder auf eine einfachere Koranübersetzung zurückgreifen. Die Geschichte kann auch mit Legematerialien illustriert werden.[166] Im Anschluss wird den Schüler*innen die Geschichte in schriftlicher Form zur Verfügung gestellt und u.a. über folgende Fragen reflektiert:
   - Was erfährst du in dieser Geschichte über Maryam?
   - Was erfährst du über Gott?
   - Was erfährst du über ʿĪsā?

   Die Ergebnisse werden auf einem Arbeitsblatt mit drei Spalten festgehalten. Die Schüler*innen tragen die Ergebnisse in die linke Spalte ‚Maryam im Koran' ein. Die zweite Spalte ‚Gemeinsamkeiten und Unterschiede' und die dritte Spalte ‚Maria in der Bibel' bleiben zunächst frei. Die christliche Religionslehrkraft erarbeitet parallel die biblische Geschichte und die Schüler*innen tragen ihre Ergebnisse in die Spalte ‚Maria in der Bibel' ein.

kooperative Phase

2. In der *kooperativen Phase* kommen die muslimische und christliche Lerngruppe zusammen. In der christlichen Lerngruppe haben sich die Schüler*innen parallel mit der biblischen Geburtsgeschichte auseinandergesetzt und auch dieselben Fragen bearbeitet. Die beiden Lerngruppen werden in gemischtreligiöse Arbeitsgruppen aufgeteilt, sodass in jeder Arbeitsgruppe nach Möglichkeit dieselbe Anzahl von muslimischen und christlichen Schüler*innen ist. Die Gruppenmitglieder tauschen sich inhaltlich aus, indem die christlichen Schüler*innen den muslimischen die biblische Geschichte erzählen und muslimische Schüler*innen die koranische Version. Danach werden die Ergebnisse auf dem Arbeitsblatt ausgetauscht und ergänzt, sodass die muslimischen Schüler*innen die dritte Spalte und christliche Schüler*innen die erste Spalte ergänzen.

komparative Phase

3. In der *komparativen Phase* wird im Plenum die mittlere Spalte ausgefüllt, indem die Schüler*innen sich auf die Gemeinsamkeiten und Unterschiede der beiden Geschichten konzentrieren.

165 Koran 19:16–26.
166 Aderras et al. (2018), 85f.

Dieser Aspekt wird durch das Bauen von Standbildern noch einmal vertieft, indem die Bilder ‚eingefroren' bzw. abfotografiert werden, um darüber nachzudenken, ob die Standbilder die Botschaft der Geschichte wiedergeben.

4. In der *konfessorischen* Phase reflektieren die Schüler*innen zuletzt in ihren ursprünglichen Religionsgruppen die Rolle von Maria/Maryam und erarbeiten, was sie von Maryam/Maria lernen können und in welchen Situationen ihr Gottvertrauen die Schüler*innen ermutigen kann.

konfessorische Phase

6.2. Maryam und Maria im Religionsunterricht in der Sekundarstufe I

Maryam als Emanzipationsfigur

In der Sekundarstufe I kann der Schwerpunkt der Auseinandersetzung mit Maryam und Maria auf eine emanzipatorische Auseinandersetzung gelegt werden. In der koranischen Erzählung geht die Genealogie von ʿĪsā auf das Matriarchat zurück. Der Koran hebt das Gebet seiner Großmutter hervor, die das Kind Maryam nennt und es Gott anvertraut. Maryam wächst im Tempel auf. Unberührt von einem Mann wird ihr durch einen Engel die Schwangerschaft mit ʿĪsā verkündet. Die Geburt ihres Sohnes steht Maryam alleine als Frau durch. Im Koran attribuiert Gott den Namen ʿĪsā stets mit ‚Sohn Maryams' und hebt ihre besondere Stellung hervor. Das Bild des Koran von Maryam ist die einer hingebungsvollen und reinen Seele, die trotz der schwierigen Situation standhaft und demütig bleibt und Gottes Barmherzigkeit in besonderer Weise erfährt. In diesem Sinne kann Maryam als emanzipatorische Gestalt und Impuls für mehr Geschlechtergerechtigkeit gelesen werden, die patriarchale Traditionen infrage stellt und gesellschaftliche Gewohnheiten durchbricht.[167]

Im Unterricht werden die Szenen aus der Sure Āl-ʿImrān[168] und Maryam[169] behandelt und mit Vorstellungen des katholischen Christentums in Beziehung gesetzt. Dieses hat eine dogmatische Mariologie entfaltet, in der Maria als Gottesgebärerin verehrt wird. Im Neuen Testament übernimmt sie vor allem beim Evangelisten Lukas eine aktive Rolle, die nicht zuletzt im Magnificat[170] deutlich wird. Im Magnificat leuchtet im christlichen Verständnis die Tradition der biblischen Prophetengestalten auf, mit der die andere Gerechtigkeit Gottes gesellschaftskritisch besungen und bestätigt wird. Das Gott-

167 Vgl. Tatari/von Stosch (2021), 324f.
168 Koran 3:33–37.
169 Koran 19:16–34.
170 Lukas Evangelium 1:26–56.

vertrauen Marias lebt aus dieser Überzeugung und zeigt emanzipatorische Stärke.[171]

Phasen der Auseinandersetzung

Entsprechend den verschiedenen Phasen eines religionskooperativen Religionsunterrichts bietet sich ein Ablauf nach folgenden Phasen an:

1. In der *konfessionellen Phase* erarbeiten die muslimischen Schüler*innen im IRU das Bild der koranischen Maryam aus den Suren Āl-ʿImrān und Maryam heraus. Wenn mit dem evangelischen oder katholischen RU kooperiert wird, erarbeitet die christliche Lerngruppe das Bild der Maria aus dem Lukasevangelium.
2. In der *dialogischen Phase* kommen die Schüler*innen in religionsgemischten Gruppen zusammen und tauschen sich über die Gemeinsamkeiten und Unterschiede in den Darstellungen des Koran und der Bibel aus.
3. In der *komparativen* Phase intensivieren sie den interreligiösen Austausch durch weiterführende Fragestellungen wie etwa:
   - Welche Erfahrungen machen die koranische Maryam und die biblische Maria mit Gott?
   - Welche Machtstrukturen lassen sich um Maryam und Maria identifizieren?
   - Welches Frauenbild zeigen die beiden Geschichten?
   - Inwieweit können die beiden Geschichten Impulse für heutige Vorstellungen geben?
4. In der *konfessorischen* Phase steht zum Abschluss der Unterrichtssequenz in den ursprünglichen Religionsgruppen im Sinne der komparativen Religionsdidaktik die Frage nach dem Nutzen des komparativen Vorgehens bei dieser Thematik an. Für die Vertiefung eines individuell religiösen Standpunktes bietet sich zum einen ein Austausch darüber an, was die Schüler*innen aus dem Zugang des Christentums zu Maryam ‚mitgenommen' haben, was für sie eine Bereicherung sein könnte, zugleich aber auch, was sie als problematisch oder distanziert betrachten.

171 Vgl. Tatari/von Stosch (2021), 26f.

7. Anregungen zur persönlichen Vertiefung

Lesen Sie sich die Anforderungssituation zu Beginn des Kapitels noch einmal durch. Wie könnte die Frage des Schülers beantwortet werden? Ziehen Sie dazu vor allem theologische Argumente heran, aus denen die Bedeutung von ʿĪsā/Jesus für Islam und Christentum hervorgeht.

1. **Biografisch:** Notieren Sie, wann Sie das erste Mal in Ihrer Biografie mit einer anderen Religion in Berührung gekommen sind. Wie haben Sie die Situation erlebt?
2. **Theologisch-anthropologisch:** Welche Argumente liefert der Koran für die Beschäftigung mit anderen Religionen? Suchen Sie sich mindestens fünf Verse heraus und diskutieren Sie mit Kolleg*innen ihre Relevanz für die bundesdeutsche Situation.
3. **Bildungstheoretisch:** Diskutieren Sie, welchen Beitrag das interreligiöse Lernen für das schulische Zusammenleben leisten kann.
4. **Didaktisch:** Für das komparativ-theologische Arbeiten im Religionsunterricht eignen sich insbesondere Themen, die sowohl in der eigenen als auch in der anderen Religion Relevanz haben. Für eine islamisch-christliche Kooperation sind es vor allem Themen wie Gott, prophetische Gestalten, Engel, Schöpfung, Tod und Auferstehung. Entscheiden Sie sich für ein Thema Ihrer Wahl und konzipieren eine Unterrichtsreihe, in der zwei Religionsgruppen miteinander kooperieren.

Weiterführende Literatur

Kamcili-Yildiz, Naciye/Sajak, Clauß Peter/Schlick-Bamberger, Gabriele (2022), Kippa, Kelch, Koran. Mit religiösen Gegenständen Judentum, Christentum und Islam erschließen, München.

Sajak, Clauß Peter (2018), Interreligiöses Lernen, Darmstadt.

Stosch, Klaus von (2021), Einführung in die Komparative Theologie, Paderborn.

Isik, Tuba/Langenfeld, Aaron (2016), Religion und Bildung in der Einwanderungsgesellschaft. In: Dietmar Molthagen/Thilo Schöne (Hrsg.), Lernen in der Einwanderungsgesellschaft, Lern- und Arbeitsbuch, Bonn, 211–224.

Abbildungsverzeichnis

Literaturverzeichnis

Abhari, Gholam Reza Heidari (2021), Mohammad ist einfach liebenswert. Die Lebensweise des Propheten erklärt für Kinder, Hamburg.

Abū Dawūd, Sunan, über. İbrahim Kocasli, Sünen-i Ebi Davud ve Tercemesi (1983), Istanbul.

Aderras, Saida/Brauckhoff, Beate/Horn, Reinhard/Landgraf, Michael/Walter, Ulrich (2018), Aufeinander zugehen – gemeinsam Schätze teilen. Christliche und islamische Geschichten, Lieder und Ideen für die interreligiöse Begegnung in Kita und Schule, Lippstadt.

AIWG (Hrsg.) (2020), Islamischer Religionsunterricht in Deutschland. Qualität, Rahmenbedingungen und Umsetzung, Frankfurt a. M.

Almila-Akca, Ayse (2020), Moscheeleben in Deutschland. Eine Ethnographie zu Islamischem Wissen, Tradition und religiöser Autorität, Bielefeld.

Altmeyer, Stefan (2014), Sprache im Religionsunterricht. In: Magdalena Michalak (Hrsg.), Sprache als Lernmedium im Fachunterricht. Theorien und Modelle für das sprachbewusste Lehren und Lernen, Baltmannsweiler, 154–174.

Altmeyer, Stefan (2021), Religionspädagogische Erschließungen. Sprachsensibler Religionsunterricht – Grundlagen und konzeptionelle Klärungen. In: Stefan Altmeyer/Bernhard Grümme/Helga Kohler-Spiegel/Elisabeth Naurath/Bernd Schröder/Friedrich Schweitzer (Hrsg.), Sprachsensibler Religionsunterricht. Jahrbuch der Religionspädagogik (JRP), Band 37, Göttingen, 14–29.

And, Metin (2021), Osmanlı sanat tasvirleri, Istanbul.

Anscombe, G. E. M. (1958), Modern Moral Philosophy. Philosophy 33: 1–6.

Arslan, Ahmet (2011), Deutsch als Medium des islamischen Religionsunterrichts. Ein neuer Weg zur Sprachförderung für DaZ-Schüler islamischer Zugehörigkeit. In: Ludger Hoffmann/Yüksel Ekinci-Kocks (Hrsg.), Sprachdidaktik in mehrsprachigen Lerngruppen. Vermittlungs-praxis Deutsch als Zweitsprache, Baltmannsweiler, 198–208.

Austin, John L. (2002), Zur Theorie der Sprechakte. Zweite Vorlesung. In: Uwe Wirth (Hrsg.), Performanz. Zwischen Sprachphilosophie und Kulturwissenschaften, Frankfurt/M. 2002, 63–82.

Asad, Muhammad (2015), Die Botschaft des Koran, Ostfildern.

Badawia, Tarek (2019), Gläubige – Ungläubige – Andersgläubige. Pluralitätssensible Differenzierungen wider einfache Übersetzungen theologischer Konzepte. In: Haußmann, Werner/Roth, Andrea/Schwarz, Susanne (Hrsg.), EinFach übersetzen: Theologie und Religionspädagogik in der Öffentlichkeit und für die Öffentlichkeit, Stuttgart, 229–239.

Badawia, Tarek (2022), „Wer ist bereit, die ethischen Maximen zu übernehmen!?" – Religionsethische Bildung im schulischen Islamunterricht, in: Aslan, Ednan (Hrsg.), Handbuch islamischer Religionspädagogik. Teil 1, Göttingen, 335–352.

Bandura, Albrecht (1979), Sozial-kognitive Lerntheorie, Stuttgart.

Bauknecht, Bernd Ridwan (2015), Die Heilige Schrift des Islams: der Koran. In: Clauß Peter Sajak (Hrsg.), Heilige Schriften. Texte – Themen – Traditionen, Paderborn, 26–33.

Baumert, Jürgen (2002), Deutschland im internationalen Bildungsvergleich. In: Nelson Killius u. a. (Hrsg.), Die Zukunft der Bildung, Frankfurt a. M., 100–150.

Behr, Harry Harun/Kulaçatan, Meltem (2022), DİTİB Jugendstudie 2021. Lebensweltliche Einstellungen junger Muslim:innen in Deutschland, Weinheim.

Berg, Detlef/Imhof, Margarete (1996), Zuhören lernen -Lernen durch Zuhören. In: Franz Sedlak (Hrsg.), Ich –Du –Wir. Persönlichkeitsentwicklung und Gemeinschaftsförderung, Wien, 39–53.

Berglund, Jenny (ed.) (2018), European Perspectives on Islamic Education and Public Schooling, Equinox.

Bobzin, Hartmut (2000), Mohammed, München.

Bobzin, Hartmut 2019), Der Koran, München.

Bronner, Kerstin/Paulus, Stefan (2021), Intersektionalität: Geschichte, Theorie und Praxis, Opladen/Toronto.

Brown, Jonathan (2014), Misquoting Muhammad: The Challenge and Choices of Interpreting the Prophet` s Legacy, London.

Bruner, Jerome (1986), Actual Minds, Possible Worlds, Cambridge Mass., 11–43.

Busch, Rolf (Hrsg.) (2000), Integration und Religion. Islamischer Religionsunterricht an Berliner Schulen, Berlin.

Bürig-Heinze, Susanne et. al. (2014), Anforderungssituationen im kompetenzorientierten Religionsunterricht. 20 Beispiele, Göttingen.

Cadwallader, Jessica (2009), Diseased States: The Role of Pathology in the (Re)Production of the Body Politic. In: Samantha Murray/Sullivan, Nikki (Hrsg.), Somatechnics: Queering the Technologisation of Bodies, London, 13–27.

Calmbach, Mark et al. (2016), Wie ticken Jugendliche 2016? Lebenswelten von Jugendlichen im Alter von 14 bis 17 Jahren in Deutschland, Berlin.

Claussen, Claus (2006), Mit Kindern Geschichten erzählen. Konzept – Tipps – Beispiele, Berlin.

Cavis, Fatima (2021), Den Koran verstehen lernen. Perspektiven für die hermeneutisch-theologische Grundlegung einer subjektorientierten und kontextbezogenen Korandidaktik, Religionspädagogik in pluraler Gesellschaft, Bd. 27, Paderborn.

Debus, Katharina (2012), Dramatisierung, Entdramatisierung und Nicht-Dramatisierung in der geschlechterreflektierten Bildung. Ein als Text ausgearbeiteter Vortrag: https://www.schulentwicklung.nrw.de/q/upload/Gender/debus_dramatisierung.pdf, aufgerufen am 12.2.2022.

Degele, Nina (2008), Gender/Queer Studies. Eine Einführung, München.

Deutsche Islam Konferenz (Hrsg.) (2008), Muslimisches Leben in Deutschland, Berlin.

Diyanet İşleri Başkanlığı yayınları (Hrsg.) (2007), Kur'an yolu, Bd. 5, 696.

Dressler, Bernhard (2002), Darstellung und Mitteilung, Religionsdidaktik nach dem Traditionsabbruch. In: Religionsunterricht an höheren Schulen 45, 11–19.

Eisenhardt, Saskia (2019), Theologisieren mit Jugendlichen In: Saskia Eisenhardt/Kathrin S. Kürzinger/Elisabeth Naurath/Uta Pohl-Patalong: Religion unterrichten in Vielfalt. Konfessionell – religiös – weltanschaulich, Göttingen, 137–145.

Englert, Rudolf (2016), Performativer Religionsunterricht – eine Zwischenbilanz. In: Thema: Didaktik-Performanz-Bildung, ZPT 1/08, 3–17.

Ess, Josef von (1975), Zwischen Ḥadīṯ und Theologie. Studien zum Entstehen prädestinatianischer Überlieferung, Berlin/New York.

Feindt, Andreas (2010), Kompetenzorientierter Unterricht – wie geht das? Didaktische Herausforderungen im Zentrum der Lehrerarbeit. In: Friedrich Jahresheft, 85–89.

Ferrari, Cleophea (2016), Antike Tugendethik in der arabischen Philosophie. In: Dagmar Kiesel/Cleophea Ferrari (Hrsg.), Tugend, Orient und Okzident, Bd. 1, Frankfurt a. M..

Fischer, Dietlind/Elsenbast, Volker (Hrsg.) (2006), Grundlegende Kompenzen religiöser Bildung. Zur Entwicklung des evangelischen Religionsunterrichts durch Bildungsstandards für den Abschluss der Sekundarstufe I, Münster.

Frisch, Michael (2004), Grundsätzliches und Aktuelles zur Garantie des Religionsunterrichts im Grundgesetz. ZevKR 49, 589–638.

Fröhlich, Anne-Sophie (2013), Der musterhafte Gesandte. Die überlieferten Taten und Worte des Propheten sind eine wichtige Quelle des Islam. In: Der Islam. 1400 Jahre Glaube, Krieg und Kultur, 52–56.

Gärtner, Claudia (2016), Artikel Bildung, ästhetische. In: Wissenschaftlich Religionspädagogisches Lexikon im Internet (www.wirelex.de).

Gärtner, Claudia (2021), Ästhetisches lernen. In: Ulrich Kropač/Ulrich Riegel (Hrsg.), Handbuch Religionsdidaktik, Stuttgart, 266–272.

Ghandour, Ali (2018), Die theologische Erkenntnislehre Ibn al-Arabis, Hamburg.

Gibbons, Pauline (2009), English Learners. Academic Literacy, and Thinking, Portmouth.

Gogolin, Ingrid (2021), Interdisziplinäre Perspektiven. Was heißt „sprachsensibler Fachunterricht"? Stand der Diskussion. In: Stefan Altmeyer/Bernhard Grümme/Helga Kohler-Spiegel/Elisabeth Naurath/Bernd Schröder/Friedrich Schweitzer (Hrsg.), Sprachsensibler Religionsunterricht. Jahrbuch der Religionspädagogik (JRP), Band 37, Göttingen, 42–52.

Green, Jens-Peter (2021), Scaffolding im Religionsunterricht. Lerngerüste als Hilfen zur Entwicklung religiöser Diskursfähigkeit. In: Stefan Altmeyer/Bernhard Grümme/Helga Kohler-Spiegel/Elisabeth Naurath/Bernd Schröder/Friedrich Schweitzer (Hrsg.), Sprachsensibler Religionsunterricht. Jahrbuch der Religionspädagogik (JRP), Band 37, Göttingen, 169–178.

Grümme/Helga Kohler-Spiegel/Elisabeth Naurath/Bernd Schröder/Friedrich Schweitzer (Hrsg.), Sprachsensibler Religionsunterricht. Jahrbuch der Religionspädagogik (JRP), Band 37, Göttingen, 14–29.

Günther, Sebastian (2017), „Eine Erkenntnis, durch die keine Gewissheit entsteht, ist keine sichere Erkenntnis". Arabische Schriften zur klassischen islamischen Pädagogik. In: Yaşar Sarıkaya/Franz-Josef Bäumer (Hrsg.), Aufbruch zu neuen Ufern: Aufgaben, Problemlagen und Profile einer Islamischen Religionspädagogik im europäischen Kontext: Konferenzband, Münster/New York, 69–94.

Hagedorn, Annette/Wolf (2011), Islamische Kunst, Köln.

Hagemann-White, Carol (1984), Sozialisation: Weiblich–männlich? Alltag und Biografie von Mädchen, Opladen/Berlin/Toronto.

Hagen, Mechthild (2006), Förderung des Hörens und Zuhörens in der Schule. EDITION ZUHÖREN. hrsg. v. Zuhören e.V. Bd. 6, Göttingen.

Heinig, Hans Michael/Walter, Christian (Hrsg.) (2007), Staatskirchenrecht oder Religionsverfassungsrecht?, Tübingen.

Hemel, Ulrich (1988), Ziele religiöser Erziehung. Beiträge zu einer integrativen Theorie, Frankfurt.

Hilger, Georg (2010), Wahrnehmen und gestalten: Ästhetisches Lernen. In: Georg Hilger/Stephan Leimgruber/Hans-Georg Ziebertz: Religionsdidaktik. Ein Leitfaden für Studium, Ausbildung und Beruf, München, 334–343.

Hofmann, Renate (2003), Geschlechtergerechter Religionsunterricht –Impulse für die Praxis. In: Theo-Web, Zeitschrift für Religionspädagogik, 2. Jg., H. 2, 53–60.

Hübner, Dietmar (2021), Einführung in die philosophische Ethik, Göttingen.

Ibn Isḥāq, Muḥammad (2008), Das Leben des Propheten. Aus dem Arabischen von Gernot Rotter, Kandern im Schwarzwald.

Ibn Manẓūr, Muḥammad (1994), Lisān al-ʿarab, Beirut.

Ibn Miskawayh (2011), Tahḏīb al-aḫlāq, Ammād al- Hilālī (Hrsg.), Freiburg.

Isik, Tuba (2015), Die Bedeutung des Gesandten Muhammad für den Islamischen Religionsunterricht. Systematische und historische Reflexionen in religionspädagogischer Absicht (Beiträge zur Komparativen Theologie 18), Paderborn.

Isik, Tuba (2021a), Ethik und ethische Bildung im Islam. In: Konstantin Lindner/Mirjam Zimmermann (Hrsg.), Handbuch ethische Bildung. Religionspädagogische Fokussierungen, Tübingen, 191–196.

Isik, Tuba (2021b), Tugenden – ein muslimischer Zugang. In: Katechetische Blätter, H. 1, 35–38.

Isik, Tuba (2022), Self-Cultivation as the Main Objective of Islamic Religious Education: The Idea of an Ethical Turn in Islamic Education in Germany, Sarajevo 2022

Islamische Föderation in Berlin (2017), IKRA 4. Mein Islambuch, Köln.

Johnston, David (2004), A Turn in the epistemology and hermeneutics of Twentieth-Century uṣūl al-fiqh, Islamic Law and Society 11 (2), 233–282.

Kaddor, Lamya/Müller, Rabeya (2010), Der Koran für Kinder und Erwachsene, München.

Kaddor, Lamya/Müller, Rabeya/Behr, Harry Harun (2012), Saphir 5/6, München.

Kaddor, Lamya/Müller, Rabeya/Behr, Harry Harun (2011), Saphir 7/8, München.

Kaddor, Lamya/Müller, Rabeya/Behr, Harry Harun (2017), Saphir 9/10, München.

Kamali, Mohammad Hashim (2005), A Textbook of Ḥadith Studies: authenticity, compilation, classification and criticism of Ḥadīth, Leicester.

Kamali, Mohammad Hashim (2011), Principles of Islamic Jurisprudence, 3. Aufl., Cambridge.

Kamcili, Yildiz, Naciye/Keloglu, Melpomeni (2016), „O ihr Menschen“, Muhammad verkündet die Worte des Himmels, Wassenberg.

Kamcili-Yildiz, Naciye/Kammeyer, Katharina/Tombrink, Claudia/Biricik, Şenay (2015), Kinder feiern Ramadan, München.

Kamcili-Yildiz (2021), Zwischen Glaubensvermittlung und Reflexivität. Eine quantitative Studie zu professionellen Kompetenzen von islamischen ReligionslehrerInnen, Münster.

Kammeyer, Katharina (2019), Theologisieren mit Kindern. In: Saskia Eisenhardt/Kathrin S. Kürzinger/Elisabeth Naurath/Uta Pohl-Patalong: Religion unterrichten in Vielfalt. Konfessionell – religiös – weltanschaulich, Göttingen, 127–136.

Karimi, Milad (2014), Der Koran, Freiburg i. Br.

Karimi, Milad (2016), Die Bedeutung der Koranrezitation. Zur inneren Verwobenheit von Ästhetik und Offenbarung im Islam. In: Theologisch-praktische Quartalschrift: Gute Klänge, Bd. 3/164. Jg., Regensburg, 265–271.

Kassem, Amani (2021), Der Islamische Religionsunterricht als Ort (mehr-)sprachlicher Bildung, Theo-Web, 20 (2), 302–320.

Kermani, Navid (1999), Gott ist schön. Das ästhetische Erleben des Koran, München.

Kermani, Navid (2010), Wer ist Wir? Deutschland und seine Muslime, München.

Kermani, Navid (2015), Reden anlässlich der Verleihung des Friedenspreises des Deutschen Buchhandels, online unter: https://www.friedenspreis-des-deutschen-buchhandels.de/die-preistraeger/2010-2019/navid-kermani, aufgerufen am 01.04.2022.

Khorchide, Mouhanad/Döbber, Frauke/Yilmaz, Burcu (2012), Miteinander auf dem Weg 1/2. Islamischer Religionsunterricht, Stuttgart.

Kılıç, Mahmud Erol (2015), Sufi ve Sanat. Makaleler – Konferanslar 2, Istanbul.

Kisi, Melahat (2017), Ist Gender eine religionspädagogische Kategorie für den Islamischen Religionsunterricht? In: Yasar Sarikaya/Franz-Josef Bäumer, Aufbruch zu neuen Ufern, 273–290.

Klepacki, Leopold/Zirfas, Jörg (2012), Die Geschichte der ästhetischen Bildung. In: Hildergard Bockhorst/Vanessa-Isabelle Reiwand/Wolfgang Zacharias (Hrsg.): Handbuch kulturelle Bildung, München, 68–77.

Klieme, Eckhard et. al. (2003), Zur Entwicklung nationaler Bildungsstandards. Expertise, hrsg. vom Bundesministerium für Bildung und Forschung, Berlin.

Knauth, Torsten/Tatari, Muna (2005), Lernen aus „Ver-gegnung“. In: Lernen durch Begegnung, Jahrbuch der Religionspädagogik, Neukirchener-Vlyn, 59–68.

Kniffka, Gabriele (2010), Scaffolding. Online verfügbar unter: https://www.uni-due.de/imperia/md/content/prodaz/scaffolding.pdf, aufgerufen am 07.05.2022.

Korn, Lorenz (2008), Geschichte der islamischen Kunst, München. Lange, Günter (2010), Umgang mit Kunst. In: Gottfried Adam/Rainer Lachmann (Hrsg.): Methodisches Kompendium für den Religionsunterricht 1, Basisband, Göttingen, 247–261.

Kurnaz, Serdar (2016), Methoden zur Normderivation im islamischen Recht – Eine Rekonstruktion der Methoden zur Interpretation autoritativer, textueller Quellen bei ausgewählten islamischen Rechtsschulen, Berlin.

Lämmermann, Godwin (1998), Grundriß der Religionsdidaktik, Stuttgart/Berlin/Köln.

Lange, Günter (2010), Umgang mit Kunst. In: Gottfried Adam/Rainer Lachmann (Hrsg.): Methodisches Kompendium für den Religionsunterricht 1, Basisband, Göttingen, 247–261.

Leisen, Josef (2013), Handbuch Sprachförderung im Fach, Sprachsensibler Fachunterricht in der Praxis, Grundlagenteil, Stuttgart.

Lenhard, Hartmut (2018), Kompetenzorientierter Religionsunterricht. In: Wissenschaftlich Religionspädagogisches Lexikon im Internet (www.wirelex.de).

Lessing, Gotthold Ephraim (1965), Über den Beweis des Geistes und der Kraft. In: Die Erziehung des Menschengeschlechts und andere Schriften, Stuttgart.

Lindner, Heike (2014), Musik für den Religionsunterricht. Praxis-und kompetenzorientierte Entfaltungen, Göttingen.

Loukonin, Vladimir/Ivanov, Anatoli (2010), Persische Miniaturen, London.

Mar, Raymond A./Oatly, Keith (2008), The function of fiction is the abstraction and simulation of social experience. Perspectives on Psychological Science, 3 (3), 173–192.

Mendl, Hans (2015), Modelle-Vorbilder-Leitfiguren. Lernen an außergewöhnlichen Biografien, Stuttgart.

Mendl, Hans (2019), Taschenlexikon Religionsdidaktik. Das Wichtigste für Studium und Beruf, München.

Mendl, Hans (2021), Performativer Religionsunterricht. In: Ulrich Kropač/Ulrich Riegel (Hrsg.), Handbuch Religionsdidaktik, Stuttgart, 239–245.

Meyer, Hilbert (2004), Was ist guter Unterricht?, Berlin.

Meyer, Karlo (2019), Grundlagen interreligiösen Lernens, Göttingen.

Michalke-Leicht, Wolfgang (Hrsg.) (2011), Kompetenzorientiert unterrichten. Das Praxisbuch für den Religionsunterricht, München.

Ministerium für Kultur, Jugend und Sport Baden-Württemberg (Hrsg.) (2016a), Islamische Religionslehre sunnitischer Prägung. Gemeinsamer Bildungsplan der Grundschule, Stuttgart.

Ministerium für Kultur, Jugend und Sport Baden-Württemberg (Hrsg.) (2016b), Islamische Religionslehre sunnitischer Prägung. Gemeinsamer Bildungsplan der Sekundarstufe I, Stuttgart.

Ministerium für Kultur, Jugend und Sport Baden-Württemberg (Hrsg.) (2016c), Islamische Religionslehre sunnitischer Prägung. Gemeinsamer Bildungsplan des Gymnasiums, Stuttgart.

Ministerium für Kultur, Jugend und Sport Baden-Württemberg (Hrsg.) (2016d), Bildungsplan Gymnasium Evangelische Religionslehre, Stuttgart.

Ministerium für Kultur, Jugend und Sport Baden-Württemberg (Hrsg.) (2016e), Bildungsplan Gymnasium Katholische Religionslehre, Stuttgart.

Ministerium für Schule und Weiterbildung des Landes Nordrhein-Westfalen (Hrsg.) (2013), Kernlehrplan für die Grundschulen Nordrhein-Westfalen, Islamischer Religionsunterricht, Düsseldorf.

Ministerium für Schule und Weiterbildung des Landes Nordrhein-Westfalen (Hrsg.) (2014), Kernlehrplan für die Sekundarstufe I in Nordrhein-Westfalen, Islamischer Religionsunterricht, Düsseldorf.

Ministerium für Schule und Weiterbildung des Landes Nordrhein-Westfalen (Hrsg.) (2016), Kernlehrplan für die Sekundarstufe II Gymnasium/Gesamtschule in Nordrhein-Westfalen, Islamischer Religionsunterricht, Düsseldorf.

Mohagheghi, Hamideh/Steinwede, Dietrich (2016), Was der Koran uns sagt: Schülerbuch – Für Kinder in einfacher Sprache, Ostfildern.

Mokrosch, Reinhold (2016), Art. Ethische Bildung und Erziehung. In: Das wissenschaftlich-religionspädagogische Lexikon im Internet www.wirelex.de, (https://doi.

org/10.23768/wirelex.Ethische_Bildung_und_Erziehung.100188, PDF vom 29.04.2020).

Mollenhauer, Klaus (2007), Art. Bildung, ästhetische. In: Pädagogische Grundbegriffe I, 222–229.

Morek, Miriam/Heller, Vivien (2012), Bildungssprache – kommunikative, epistemische, soziale und interaktive Aspekte ihres Gebrauchs. In: Zeitschrift für angewandte Linguistik, Heft 57, 67–101.

Morschitzky, Hans/Sator, Sigrid (2021), Wenn die Seele durch den Körper spricht. Psychosomatische Störungen verstehen und heilen, Ostfildern.

Möller, Rainer/Sajak, Clauß Peter/Khorchide, Mouhanad (Hrsg.) (2014), Kompetenzorientierung im Religionsunterricht: Von der Didaktik zur Praxis. Beiträge aus evangelischer, katholischer und islamischer Perspektive, Münster.

Naef, Silvia (2016), Kunst. In: Brunner, Rainer (Hrsg.): Islam. Einheit und Vielfalt einer Weltreligion, Stuttgart, 379–385.

Neuwirth, Angelika (2010), Der Koran als Text der Spätantike: ein europäischer Zugang, Frankfurt a. M.

Niedersächsisches Kultusministerium (Hrsg.) (2017), Kerncurriculum für die Grundschule, Islamische Religion, Hannover.

Niedersächsisches Kultusministerium (Hrsg.) (2014), Kerncurriculum für die Schulformen des Sekundarbereichs I, Schuljahrgänge 5–10, Islamische Religion, Hannover.

Niehl, Franz W./Thömmes, Arthur (1998): 212 Methoden für den Religionsunterricht, München.

Obst, Gabriele (2008), Kompetenzorientiertes Lehren und Lernen im Religionsunterricht, Göttingen.

Oertel, Holger (2004), „Gesucht wird Gott?“, Jugend und Religion der Spätmoderne, Gütersloh.

Oser, Fritz/Edelstein, Wolfgang/Schuster, Peter (Hrsg.) (2001), Moralische Erziehung in der Schule. Entwicklungspsychologie und pädagogische Praxis, Darmstadt.

Özsoy, Ömer (2007), ‚Leute der Schrift' oder Ungläubige? Ausgrenzungen gegenüber Christen im Koran. In: Hansjörg Schmid/Andreas Renz/Jutta Sperber/Duran Terzi (Hrsg.), Identität durch Differenz? Wechselseitige Abgrenzungen in Christentum und Islam, Regensburg, 107–118.

Paçacı, Mehmet (2006), Der Koran und ich – wie geschichtlich sind wir? In: Felix Körner (Hrsg.), Alter Text – neuer Kontext. Koranhermeneutik in der Türkei heute, Freiburg/Basel/Wien, 32–69.

Perry, Milton (2011), Modelldarbietung. In: Michael Linden/Martin Hautzinger (Hrsg.), Verhaltenstherapiemanual, Berlin/Heidelberg, 227–231.

Pfündel, Katrin/Stichs, Anja/Tanis, Kerstin (2021), Muslimisches Leben in Deutschland 2020 – Studie im Auftrag der Deutschen Islam Konferenz. Forschungsbericht 38 des Forschungszentrums des Bundesamtes, Nürnberg.

Pohl-Patalong, Uta (2012), Lernen in Schule und Gemeinde. Ein Vergleich am Beispiel der Konfirmandenarbeit. In: Martin Rothgangel/Gottfried Adam/Rainer Lachmann (Hrsg.), Religionspädagogisches Kompendium, Göttingen, 124–143.

Raven, Wim (2022), "Biography of the Prophet. In: EI 3, online, http://dx.doi.org/10.1163/1573-3912_ei3_COM_23716, aufgerufen am 12.04.2022.

Reis, Oliver/Lenze, Alina/Nagels, Johanna/Potthast, Fabian Potthast (2021), Wie sehen sprachsensible Aufgabenstellungen für den Religionsunterricht aus? In: Stefan Altmeyer/Bernhard Grümme/Helga Kohler-Spiegel/Elisabeth Naurath/Bernd Schröder/Friedrich Schweitzer (Hrsg.), Sprachsensibler Religionsunterricht. Jahrbuch der Religionspädagogik (JRP), Band 37, Göttingen, 160–168.

Reiß, Annike/Freudenberger-Lötz, Petra (2012), Didaktik des Theologisierens mit Kindern und Jugendlichen. In: Grümme, Bernhard (Hrsg. u. a.): Religionsunterricht neu denken, Stuttgart, 133–145.

Reiß, Annike (2015), Artikel Jugendtheologie. In: Wissenschaftlich religionspädagogisches Lexikon im Internet (www.wirelex.de).

Riebling, Linda (2013), Sprachbildung im naturwissenschaftlichen Unterricht. Eine Studie im Kontext migrationsbedingter sprachlicher Heterogenität, Münster.

Riegel, Ulrich (2014), Religionsunterricht planen. Ein didaktisch-methodischer Leitfaden für die Planung einer Unterrichtsstunde, Stuttgart.

Riegel, Ulrich (2021), Wertorientierungen von Kindern und Jugendlichen. Ergebnisse empirischer Studien. In: Konstantin Lindner/Mirjam Zimmermann, Handbuch ethische Bildung. Religionspädagogische Fokussierungen, Tübingen, 16–24.

Robson, James (2022), 'Ḥadīth'. In Encyclopaedia of Islam, Second Ed., P. Bearman/Th. Bianquis/C. E. Bosworth/et al., accessed February 28/2022.

Rohe, Mathias (2011), Das islamische Recht. Geschichte und Gegenwart, München.

Rohe, Mathias (2012), Der Islam im demokratischen Rechtsstaat, Erlanger Universitätsreden Nr. 80/3.

Roper, Geoffrey (2013), The History of the Book in the Middle East, Burlington.https://www.br-online.de/jugend/izi/deutsch/publikation/televizion/28_2015-2/Haager-Was_macht_Pippi_Langstrumpf_zum_Klassiker.pdf

Rumī, Ǧalaladdīn, Maṯnawī (2007), Bd. I, Ankara.

Sachverständigenrat deutscher Stiftungen für Integration und Migration u.a. (Hrsg.) (2017), Vielfalt im Klassenzimmer. Wie Lehrkräfte gute Leistungen fördern können, Berlin.

Ṣaḥīḥ Buḫārī, übers. Mehmed Sofuoğlu (1989), Sahih-i Buhari ve Tercemesi, Istanbul.

Ṣaḥīḥ Muslim, über. Ahmet Davudoğlu (1977), Sahih-i Müslüm Tercümesi ve Şerhi, Istanbul.

Sajak, Clauß Peter (2021), Kompetenzorientierung. In: Ulrich Kropač/Ulrich Riegel (Hrsg.): Handbuch Religionsdidaktik, Stuttgart, 341–352.

Sajak, Clauß Peter/Feindt, Andreas (2012), Räume zur selbsttätigen Aneignung schaffen. Zur Signatur kompetenzorientierter Unterrichtsgestaltung im Religionsunterricht. In: Theo-Web. Zeitschrift für Religionspädagogik 11 (2012), 164–178.

Sarıkaya, Yaşar (2011), 401 Hadithe für den Islamunterricht, Hückelhoven.

Sarıkaya, Yaşar (mit Elif Gömleksiz) (2020), „Hadith und Hadithdidaktik", in: I. Schröter (Hrsg.): Islam-Didaktik. Praxishandbuch für die Sekundarstufe I und II. Berlin, 164–193.

Sarıkaya, Yaşar (2021), Hadith und Hadithdidaktik. Eine Einführung, Paderborn.

Scheller, Ingo (1998), Szenisches Spiel. Handbuch für die pädagogische Praxis, Berlin.

Schimmel, Annemarie (1995), Die Zeichen Gottes: Die religiöse Welt des Islams, München.

Schlag, Thomas (2021): Kinder- und Jugendtheologie. In: Ulrich Kropač/Ulrich; Riegel, Ulrich (Hrsg.): Handbuch Religionsdidaktik, Stuttgart, 232–238.

Schnurr, Ansgar (2021), Die bildende Seite der Ambiguität. In: Ansgar Schnurr/Sabine Dengel/Julia Hagenberg/Julia Kelch, Mehrdeutigkeit gestalten. Ambiguität und die Bildung demokratischer Haltungen in Kunst und Pädagogik, Bielefeld, 27–53.

Schroeter-Wittke, Harry/ (2020), Als ob…Was unterscheidet die Lernorte Schule und Gemeinde? In: Oliver Reis/Hanna Roose/Thomas Schlag/Patrick C. Hörnig (Hrsg.), „Weil man halt ja nebenbei, so etwas gelernt hat…“: lernortspezifische Jugendtheologie in Schule und Gemeinde, Jahrbuch für Kinder- und Jugendtheologie, Band 4, Stuttgart, 22–33.

Schröter, Imran (Hrsg.) (2020), Islamischer Religionsunterricht. Praxishandbuch für die Sekundarstufe I und II, Kapitel 7, Berlin.

Schulte, Andrea (2021), Sprachliche Anforderungen in den Bildungszielen des Religionsunterrichts. In: Stefan Altmeyer/Bernhard Grümme/Helga Kohler-Spiegel/Elisabeth Naurath/Bernd Schröder/Friedrich Schweitzer (Hrsg.), Sprachsensibler Religionsunterricht. Jahrbuch der Religionspädagogik (JRP), Band 37, Göttingen, 79–89.

Schwarz, Elisabeth (2007), Methoden der Kindertheologie. Oder: Wie hilft ein Philosoph wie Sokrates beim Theologisieren mit Kindern? In: Bucher, Anton A. et al. (Hrsg.), Man kann Gott alles erzählen, auch kleine Geheimnisse“. Kinder erfahren und gestalten Spiritualität, Jahrbuch für Kindertheologie, Stuttgart, 166–177.

Schweitzer, Friedrich (1998), Die Suche nach dem eigenen Glauben. Einführung in die Jugendtheologie, Gütersloh.

Seker, Nimet (2013), Bilderverbot und bildende Kunst im Urteil des Qur'ān und der klassischen muslimischen Gelehrsamkeit. Eine Spurensuche. In: Bernd Schröder/Harry Harun Behr/Daniel Krochmalnik (Hrsg.), „Du sollst Dir kein Bildnis machen…“ Bilderverbot und Bibeldidaktik im jüdischen, christlichen und islamischen Religionsunterricht, 119–143.

Seker, Nimet (2020), Koran und Gender. Exegetische und hermeneutische Studien zum Geschlechterverhältnis im Koran, Hamburg.

Seker, Nimet (2021), Gender als Herausforderung theologischer Schrifthermeneutik. Eine islamische Perspektive. In: Anja Middelbeck-Varwick/Armina Omerika/Christian Ströbele/Amir Dziri, Theologie gendergerecht? Perspektiven für Islam und Christentum (Theologisches Forum Christentum-Islam), 61–81.

Sekretariat der KMK (Hrsg.) (2019), Standards für die Lehrerbildung: Bildungswissenschaften. Beschluss der KMK vom 16.12.2004 i. d. F. vom 16.05.2019, Berlin.

Shakir, Amena (Hrsg.) (2015), Islamstunde 6. Die Schöpfung bewahren, Wien.

Shell Deutschland Holding (Hrsg.) (2020), Jugend 2019. Eine Generation meldet sich zu Wort, Bonn.

Snow, Nancy E. (2015), Cultivating virtue. Perspectives from philosophy, theology, and psychology, Oxford/New York.

Staatsinstitut für Schulqualität und Bildungsforschung München (2009), Kompetenzorientierung im Unterricht. Eine Präsentation für die Arbeit in schulischen Gremien, München.

Stahlberg, Dagmar/Sczesny, Sabine (2001), Effekte des generischen Maskulinums und alternativer Sprachformen auf den gedanklichen Einbezug von Frauen. In: Psychologische Rundschau, H. 3, 52. Jg., 131–140.

Stosch, Klaus von (2012), Komparative Theologie als Wegweiser in der Welt der Religionen, Beiträge zur Komparativen Theologie 6, Paderborn.

Stosch, Klaus von (2015), Komparative Theologie und Religionspädagogik. Versuch einer Replik und Bestandsaufnahme aus komparativ fundamentaltheologischer Sicht. In: Rita Burrichter/Georg Langenhorst/Klaus von Stosch (Hrsg.), Komparative Theologie: Herausforderungen für die Religionspädagogik. Perspektiven zukunftsfähigen interreligiösen Lernens, Paderborn, 279–301.

Storn, Rainer (2020), MINT-Fächer erfolgreich studieren, Wiesbaden.

Sukalla, Freye (2019), Narrative Persuasion, Baden-Baden.

Stüttem, Maria Magdalena/Tautz, Monika (2022), Maria – Brückenfigur für die Begegnung von Menschen christlichen und islamischen Glaubens. In: Notizblock. Materialdienst für Religionslehrerinnen und Religionslehrer in der Diözese Rottenburg-Stuttgart, H.71, 15–27.

Tatari, Muna/Renz, Andreas (2014), Stellvertreter Gottes: Würde und Aufgabe des Menschen. In: Volker Meißner/Martin Affolderbach/Hamideh Mohaghegi/Andreas Renz (Hrsg), Handbuch christlich-islamischer Dialog, Freiburg im Breisgau, 148–159.

Tatari, Muna (2016), Gott und Mensch im Spannungsverhältnis von Gerechtigkeit und Barmherzigkeit, Münster/New York.

Tatari, Muna/von Stosch, Klaus (2021), Prophetin – Jungfrau – Mutter. Maria im Koran, Freiburg im Breisgau.

Tautz, Monika (2007), Interreligiöses Lernen im Religionsunterricht: Menschen und Ethos im Islam und Christentum, Stuttgart.

Theis, Joachim (2020), Biblisches Lernen. In: Ulrich Kropač/Ulrich Riegel (Hrsg.), Handbuch Religionsdidaktik, Stuttgart, 299–308.

Topalovic, Said (2019), Der kompetenzorientierte Unterricht – Bausteine zur Entwicklung einer Didaktik für den Islamischen Religionsunterricht. In: HIKMA – Zeitschrift für Islamische Theologie und Religionspädagogik, 10(1), 26–48.

Turner, Victor (2002), Dramatisches Ritual, rituelles Theater. Performative und reflexive Ethnologie. In: Uwe Wirth (Hrsg.), Performanz. Zwischen Sprachphilosophie und Kulturwissenschaften, Frankfurt/M., 193–209.

Uçar, Bülent (2011), Zur Beheimatung des Islams, der islamischen Theologie und des islamischen Religionsunterrichts in Deutschland. Online verfügbar unter: http://repo.saw-leipzig.de/pubman/item/escidoc:19042:3/component/escidoc:20013/denkstroeme-heft7_195-206_ucar.pdf, aufgerufen am 07.05.2022.

Ulfat, Fahimah (2017), Qualitative Untersuchungsergebnisse zur Gottesbeziehung von muslimischen Kindern als Basis für die theoretische Grundlegung einer Kindertheologie im Islamischen Religionsunterricht. In: Hikma. Zeitschrift für Islamische Theologie und Religionspädagogik, H.2, Jahrgang 8, 98–111.

Ulfat, Fahimah (2019), Sprachsensibler Islamischer Religionsunterricht? – Mit Begriffsarbeit zu fachspezifischer Sprachreflexion. In: Christina Peuschel/Anne Burkard (Hrsg.), Studienbuch Sprachliche Bildung und Deutsch als Zweitsprache in den geistes- und gesellschaftswissenschaftlichen Fächern, Tübingen, 187–196.

Ulfat, Fahima (2021), Mit der Kraft der Narrationen in den Islamischen Religionsunterricht – Auf dem Weg zu einer narrativen Kompetenz. In: Fahim Ulfat/Ali Ghandour (Hrsg.), Islamische Bildungsarbeit in der Schule. Theologische und didaktische Überlegungen zum Umgang mit ausgewählten Themen im Islamischen Religionsunterricht, Wiesbaden, 49–64.

vbw –Vereinigung der Bayerischen Wirtschaft e.V. (Hrsg.) (2009), Geschlechterdifferenzen im Bildungssystem, Jahresgutachten 2009.

Wegener, Judith (2017), Zuhören lernen –die didaktische Funktion des Hörens im Religionsunterricht zwischen überfachlicher Kompetenz und Kompetenzen religiöser Bildung. Dissertation zur Erlangung des Grades eines Doktors der Philosophie an der Philosophischen Fakultät der Technischen Universität Dresden, Dresden.

Wehr, Hans (2008), Arabisches Wörterbuch für die Schriftsprache der Gegenwart, Wiesbaden.

Weinert, Franz E. (2001), Vergleichende Leistungsmessungen in Schulen – eine umstrittene Selbstverständlichkeit. In: Franz E. Weinert (Hrsg.), Leistungsmessungen in Schulen, Weinheim.

Werbick, Jürgen (2010), Die Angst vor dem Verlust der Gewissheiten – und wie Religionen mit ihr umgehen können. Eine Problemskizze. In: Jürgen Werbick/Muhammad Sven Kalisch/Klaus von Stosch (Hrsg.), Verwundete Gewissheit. Strategien zum Umgang mit Verunsicherung in Islam und Christentum, Paderborn, 143–165.

West, Candace/Zimmerman, Don H. (1987), Doing gender. In: Gender & Society, Vol. 1, No. 2, 125–15.

Woppowa, Jan (2018), Religionsdidaktik, Paderborn.

Yavuzcan, Ismail H. (2010): Kindertheologie oder altersgerechtes Lernen? Einführende Gedanken im Kontext des Islamischen Religionsunterrichtes. In: Bülent Ucar/Danja Bergmann (Hrsg.): Islamischer Religionsunterricht in Deutschland. Fachdidaktische Konzeptionen: Ausgangslage, Erwartungen und Ziele, Osnabrück, 223–232.

Yücel, Ahmet (1999), Art. Ibn Sīrīn. In: Diyanet Islam Ansiklopedisi, Bd. 20, Istanbul, 358–359.

Zander, Helmut (2016), Europäische Religionsgeschichte, Berlin.

Zimmermann, Mirjam (2015): Artikel Kindertheologie, in: Wissenschaftlich religionspädagogisches Lexikon im Internet (www.wirelex.de).

Zirker, Hans (2018), Der Koran, Darmstadt.